普通高等教育公共基础课精品教材

大学生心理卫生与发展

（第2版）

主　编　王祥君
副主编　吴　辉　李翠景

重庆大学出版社

内容提要

本书是普通高等教育公共基础课精品教材，书中结合大学生的心理卫生与发展状况，针对大学生在认知、情绪、意志、行为等心理过程和人格、能力等个性心理中表现出的特点，设置八章内容，具体包括绪论、遇见最好的自己——塑造健全的自我意识、情绪与情绪管理、人际交往、爱情心理、大学生常见心理问题与疏导、学习心理、职业生涯规划，从科学心理学方面解读了相应的心理现象发生发展的规律及自我调适和提升的方法。

本书可作为大学生心理卫生与发展方面的通识教育教材，也可作为青少年健康成长的指导手册和提高自身心理素质的自学用书。

图书在版编目（CIP）数据

大学生心理卫生与发展 / 王祥君主编．--2 版．--
重庆：重庆大学出版社，2023.1（2024.8重印）

ISBN 978-7-5689-1407-9

Ⅰ．①大… Ⅱ．①王… Ⅲ．①大学生—心理卫生—健康教育—高等学校—教材 Ⅳ．①G444

中国版本图书馆CIP数据核字（2022）第241726号

大学生心理卫生与发展（第2版）

DAXUESHENG XINLI WEISHENG YU FAZHAN

主　编　王祥君

副主编　吴　辉　李翠景

策划编辑：袁文华

责任编辑：夏　宇　　版式设计：袁文华

责任校对：刘志刚　　责任印制：赵　晟

*

重庆大学出版社出版发行

出版人：陈晓阳

社址：重庆市沙坪坝区大学城西路21号

邮编：401331

电话：（023）88617190　88617185（中小学）

传真：（023）88617186　88617166

网址：http://www.cqup.com.cn

邮箱：fxk@cqup.com.cn（营销中心）

全国新华书店经销

重庆紫石东南印务有限公司印刷

*

开本：787mm×1092mm　1/16　印张：17　字数：362 千

2023年1月第2版　　2024年8月第10次印刷

印数：21 501—23 700

ISBN 978-7-5689-1407-9　定价：39.00元

序

大学生的健康成长离不开健康的心理环境，大学生心理素质的培养离不开良好的校园文化氛围。校风是校园文化建设的重要内容，也是影响学生心理发展的重要条件。良好的校风会潜移默化地优化学生的心理品质，如团结友爱的校风是学生形成群体凝聚力、集体荣誉感的土壤，有利于同学之间保持和谐的人际关系，促进同学之间相互沟通、相互帮助。

丰富多彩的校园文化活动有助于培养学生乐观向上的生活态度和健康愉悦的情绪特征。因此，学校应该花大力气狠抓校园文化建设，开展形式多样的文体活动和学术活动，形成健康向上的氛围、宽松和谐的环境，有助于学生深化自我认识，充分发展个性，改善适应能力。

当前，大学生对情感方面的问题能否正确认识与处理，已直接影响到大学生的心理健康。大学生的成长伴随性发育的成熟，生理的成熟和心理的不成熟之间发生激烈碰撞，他们渴望爱情，憧憬婚姻，却缺乏成熟的爱情观念和正确的性观念及性道德，遇到此类问题时往往不知所措。另外，因恋爱所造成的情感危机，是诱发大学生心理问题的重要因素。恋爱失败往往导致大学生心理变异，有的人甚至因此而走向极端，造成悲剧。

学好心理学能帮助大学生提高自己处理情感的能力，因此不论是在人际交往还是恋爱中，对大学生进行心理健康教育都具有重要意义。

阅读完本书，深深地被书中涵盖的科学知识以及生动的案例所吸引。本书对年轻人的成长有很好的指导作用，对心理素质的提升也有着操作性的指导意义。本书的编者是有着丰富工作经验和扎实专业基础的心理健康工作者，书中内容也是他们多年工作经验和心得体会的总结，祝愿他们获得更多的成绩，为大学生心理健康教育做出自己的贡献。

吴叙桥
2023 年 1 月

前 言

大学阶段是一个人身心成长发育的关键时期，大学生应具备良好的个性心理品质和自尊、自爱、自律、自强的健康人格，具有较强的心理调适能力。然而，许多人在工作、学习、恋爱、生活中遇到困难、挫折或重大的刺激时，在使用以往应付问题的方法失败后，出现了心理失衡，产生悲观、烦恼、焦虑、抑郁、孤独等消极情绪及行为紊乱，严重的甚至产生了自杀或杀人的念头。

心理学研究表明：个体所处环境的巨大变迁容易使个体产生心理应激问题。生活环境的变迁对大学新生是一个不小的挑战，这种变化最主要的是要求自己独立生活，应付一切生活琐事。例如，几个同学同住一个寝室，彼此生活习惯、作息安排、语言隔阂等都需要面对和适应，尤其是很多新生远离家乡、亲人，要适应起来还需要一段时间。

相对而言，大学生对新的人际关系的适应远比对学习和生活环境的适应困难。进入大学意味着进入全新的人际关系中，面对来自全国各地、特点各异的新同学，如何建立协调、友好的人际关系是非常重要的。大多数学生入学前一直生活在有自己熟悉的同学或亲人的环境里，人际关系相对稳定。一旦进入大学，他们将经历一个重新结识别人，确立人际关系的过程，这一过程的进展对整个大学生活将产生非常大的影响。在大学生中普遍存在的人际关系、交往以及适应障碍，都与新生阶段的人际关系状况有一定联系。

对新环境的适应也包括对自己地位变化的适应。这种变化既包括全新的学习内容与学习方法，也包括新的人际关系、语言表达能力与未来发展定位等。全新的角色要求大学生重新评价自己与他人，重新设计自我。在适应过程中，一个基本的特点是大学生在新的环境中希望自己优秀。对于刚刚经历巨大环境变迁的新生来讲，不仅存在一个适应外部环境的问题，更要面临一个如何自我调适的过程。以前的新生入学教育更多注重前者，对后者则不太重视，实际上后者对他们的心理健康状况影响更大。

教育部明确提出，要把心理健康教育作为高等学校德育工作的重要组成部分。在习近平新时代中国特色社会主义思想的指导下，落实学科建设新要求，我们编写了本书。本书设置八章内容，具体包括绪论、遇见最好的自己——塑造健全的自我意识、情绪与情绪管理、人际交往、爱情心理、大学生常见心理问题与疏导、学习心理、职业生涯规划，从科学心理学方面解读了相应的心理现象发生发展的规律及自我调适和提升的方法。本书作者均是心理学专业教师，心理咨询经验以及授课经验丰富，希望通过本书能让大学生更好地认识自己，预防心理问题、缓解心理压力，了解心理健康对成才的重要意义，树立心理健康意识，优化心理品质，增强心理调适能力和社会生活的适应能力。

由于时间仓促，书中疏漏之处在所难免，欢迎广大师生批评指正。衷心希望《大学生心理卫生与发展》的出版，能为在校大学生心理健康教育工作的开展发挥积极的作用。

编　者

2023 年 1 月

第五章　爱情心理

第六章　大学生常见心理问题与疏导

第七章　学习心理

第八章　职业生涯规划

参考文献

目　录

CONTENTS

第一章

绪　论

如果做好心理准备，一切准备都已经完成。

——莎士比亚

第一节　走进心理学

【导入】

请同学们分享当听到“心理学”三个字时脑海中浮现的内容。

——心理学家知道我在想什么？

——心理咨询就是聊天？

——心理学只研究变态的人？

——心理学家都会催眠？

一、对心理学的误解

心理学作为一门古老而又年轻的科学，常常被冠以“玄”“神秘”“不可信”，甚至是“伪科学”的名号。如果问非专业的人士“什么是心理学”，可能会得到各种不同的答案，其中不乏一些偏见和误解，我们先来澄清一下。

误解 1：心理学家知道你在想什么。

大多数心理学家都有过这样的经历：当周围人得知了你的专业时，他们会马上好奇地发问：“你是学心理学的？那么你说说我正在想什么。”人们总是以为心理学家应该能透视眼前人的所思所想。

纠正：心理活动并不只是人在某种情境下的所思所想，它具有广泛的含义，包括人的感觉、知觉、思维、情绪和意志等。心理学家的工作就是要探索这些心理活动的规律，即它们如何产生、发展，受哪些因素影响以及相互间有什么联系等。心理学家通常是根据人的外显行为和情绪表现等来研究人的心理。也许他们可以根据你的外在特征或测验结果来推测你的内心世界，但再高明的心理学家也不可能具有所谓的“读心术”（一眼就能看穿你的内心），除非他有超感能力。

误解 2：心理学就是心理咨询。

现在，心理咨询作为一个新兴的行业日渐火热，各种所谓的心理咨询中心、心理门诊、心理咨询热线等不断涌现，通过不同的渠道冲击着人们的视听。很多人听到的第一个与心理学有关的名词就是心理咨询，并把它当作心理学的代名词。此外，人们关注一门学科，更容易从实际应用的角度去认识它。心理学最为广泛的应用就是心理咨询或心理治疗，也更为大家所熟知，因此很多人会把心理咨询与心理学等同起来。

纠正：心理咨询只是心理学的一个应用分支。咨询心理学家的工作对象可以是一个人、一对夫妇、一个家庭或一个团体。心理咨询的目的是帮助人们应对生活中的困扰，更好地发展，增加生活的幸福感受。一般来说，心理咨询是面向正常人的，来访者有心理困扰，但没有出现严重的心理偏差。如果是严重的精神疾病，就要由临床心理学家或精神病学家来处理。目前，国内的心理咨询机构多分布在高校、医院，也有一些专门成立的咨询中心。但有一点，心理咨询的宗旨是帮助人们解决心理困扰，使其更好地生活。现在有心理困扰的人越来越多，对心理咨询的需求也越来越大，从事这项工作的人不仅要有专业知识背景，还要有足够的实际技能培训和良好的职业道德规范，这是一个专业性很强、责任重大的职业。心理学是一个比较系统的学科体系，有两大分支：基础 + 应用。

误解 3：心理学只研究变态的人。

很多人都说他们走进心理咨询室是需要很大勇气的，可能还有过思想斗争："去还是不去？人家会不会认为我是精神病？朋友知道了会怎么看我？……"这在一定程度上反映了很多人对心理学的看法：去心理咨询的人都是"心理有问题"的人，心理有问题就是变态；心理学家只研究变态的人，所以与心理学有干系的非专业人士都不正常。

纠正：大多数心理学研究都是针对正常人的。有些人把心理学家和精神病学家混淆了。精神病学是医学的一个分支，精神病学家主要从事精神疾病和心理问题的治疗，他们的工作对象是所谓"变态"的人，即心理失常的人。精神科医生和其他医生一样，在治疗精神疾病时可以使用药物，他们还必须接受心理学的专业培训。与精神病学家不同，临床心理学家虽然也关注病人，但他们不能使用药物。除此之外，大多数研究都探讨正常人的心理现象，如儿童情绪的发展、性别差异、智力、老年人心理、跨文化的比较、人机界面，等等。

误解 4：心理学家会催眠。

在很多人眼中，催眠术是一种很玄妙的技术，而知道催眠术的人又往往把它和心理学家的工作联系起来。

纠正：催眠术只是精神分析学家在心理治疗中使用的一种方法，并非心理学家的"招牌本领"，而且大多数心理学家的工作并不涉及催眠术，他们更喜欢严谨的科学研究方法，如实验和行为观察。同时，催眠并不像大多数人认为的那样神秘，催眠其实是一个人完全专注并能达到某种目标，是一种深度放松和高度体认的表现，就像做白日梦或冥想一样。在催眠中，没有人可以使你做你不想做的事情，同样，在催眠状态下，你不想做或不想说的事情，可以不必做或不必说，它不是"吐真剂"；而且，所有的催眠都是自我催眠，催眠实际上是一种"团队合作"，而成功的"团队合作"取决于被催眠者与催眠师之间的信任和合作关系。

误解 5：心理学就是梦的分析。

这种误会同样是受弗洛伊德的影响所致。很多人认为，在弗洛伊德的理论中，最吸引人的内容就是释梦。这也不足为怪，因为人总是对自己和别人内心深处的秘密有一种顽固的挖掘欲望，而梦似乎是透视内心风景的一扇窗户。因此，许多人把弗洛伊德的理论等同于梦的分析，又因为弗洛伊德的“代表性”而进一步使之成为心理学的代名词。

纠正：梦的分析只是精神分析流派所使用的治疗技术之一，是心理学工具里的一个起子。梦有时候可以反映出个体当前的状态或者困扰，能帮助我们更好地理解自我。弗洛伊德认为梦是通向潜意识领域的途径，梦的意象包含夜间感觉的印象，如闹铃声、饥渴、尿意或者便意、身体某部分受压、受热或过冷等都会引发梦。比如，当有尿意的时候会梦到自己在梦中找厕所，闹铃响的时候梦到自己听到了寺庙的钟声。正所谓“日有所思，夜有所梦”，做梦者白天的活动或者相关的一些想法会在晚上成为梦的内容，因此，有研究认为梦能够在个体睡眠时处理白天未解决的问题或情绪。

误解6：心理学是伪科学。

还有一种让心理学者感到伤心的看法，有些人认为心理学是“伪科学”，是骗人的东西。为什么会有这种评价呢？一是对心理学科学性的怀疑；二是有些人对心理咨询的“失望”。

纠正：1982年国际科学联合会（ICSU）接收国际心理科学联合会（IUPsyS）为其会员协会，肯定了心理学的学术地位。心理学中有很多领域向来就与自然科学研究相近，如实验心理学、心理物理学和生理心理学。现在，心理学的各个领域都采取了严格的科学设计，从实验控制、统计学分析直到结论的提出，都服从于统一的科学标准。成功的心理咨询，既需要时间，又需要来访者的自助动力。

二、心理学的科学性

心理学是研究人类的心理现象及其规律的一门学科，使用的科学研究方法包括观察法、实验法、相关法、调查法和个案法。心理学的科学性具有以下几个基本特征。

1. 客观性

客观性指科学研究依据客观事实，遵守公认的基本程序和规范。这些事实、程序和规范不因人的主观意志或个人的好恶而改变。科学家的主观性和创造性与客观要求不仅不矛盾，而且集中体现在揭示事物的客观本质和规律性上。

2. 验证性

验证性指科学研究的结果或依据研究所建立的科学理论，应该经得起他人的重复验证。可见，客观性是验证性的保证，验证性是客观性的体现。

3. 系统性

系统性指科学研究必须按照一定的程序，系统地、全面地收集数据，在此基础上通过分析综合得出结论。

心理学的目标与其他科学的目标一样，也是描述、解释、预测和控制，只是对象不同，心理学描述、解释、预测和控制的对象是心理和行为。

对于大学生来说，没有哪一门课程像心理学这样与我们每个人的关系如此密切。心理学正在走进广大民众的生活，成为大众生活的必需品，在发达国家它已经是一个大学科，在我国也正在以前所未有的速度发展着。心理学作为现代科学技术的组成部分，正在改变着我们的思想观念和生活方式，关怀着个人的生活满意度和主观幸福感。作为当代大学生，面临诸多的压力与挑战，也面临诸多的机遇与选择。学业即将完成，事业即将开始，“我是谁？我能干什么？我如何设计自己的未来？”有太多的不确定。心理学作为研究人而又特别关注个人成长的学科，理应为大学生认识自我、设计自我和实现自我助一臂之力。有一种说法：“没有学过心理学，就不能算受过完整的教育。”心理学作为一种研究，旨在探索心理与行为的一般规律及其在生活中的应用，它不能为每个人开出现成的“药方”，但可以帮助人们认识甚至改变自我。

三、心理的物质基础

【扩展阅读】

菲尼亚斯·盖奇先生：铁棍穿透头颅

25 岁的菲尼亚斯·盖奇在美国佛蒙特州铁路建设工地上工作，他负责爆破岩石。1848 年 9 月 13 日，正当盖奇用一根铁锹把甘油炸药填塞到孔中的时候，一颗火星意外地点燃了炸药。当时他的头正歪向一边，提前引爆的甘油炸药将他手中的铁锹从他的左颧骨下方穿入头部，然后从眉骨上方飞出，在空中飞行 100 多英尺（ 1 英尺 = 0.304 8 米）后落在他身后 70 英尺远的地方。当他被铁锹击倒后，尽管颅骨的左前部几乎完全被损毁了，但他并未失去知觉。在一位年轻的外科医生哈罗的精心治疗下，盖奇在 10 周后出院了。此后，他的体力逐渐恢复，又可以工作了。

研究发现，盖奇大脑的左侧额叶部分受到了严重损伤，他的行为也产生了巨大的变化，最明显的就是性格。他之前是个勤劳负责的搬砖青年，但是愈后，按照他老板的意思，他已经不再是个称职的员工了。也就是说，他的很多基本功能恢复了，但是性格有不可逆的变化，酗酒、赌博、粗言粗语、谎话连篇，他从一个良好的公民变成了他所不屑的那一类人。

人的思维、感觉、行为、语言都是由大脑中枢神经所控制的，每一次人所表现出的，都源于脑部神经系统，心理是没有这些功能的。神经系统是心理活动的物质基础，大脑是心理活动最重要的器官。

心理的产生是脑的反射，反射是有机体通过神经系统对内外刺激作出的规律性的反应。心理是脑的机能，人有这样或那样的思想就会产生动机，就会按照自己的思想去做，去改变周围的环境或一切。这里需要把心理形象化，脑是“本”，心理是“质”。

四、人类的大脑

1. 基本结构

人类大脑位于颅腔内，成人的平均重量约 1 400 克，起源于胚胎时期神经管的前部，一般可分为五个部分：端脑、间脑、中脑、后脑和延髓。其中端脑和间脑合称前脑，后脑与延髓合称菱脑，后脑又由脑桥和小脑构成。依据其所处的位置，人们习惯上把中脑、脑桥和延髓三部分合称为脑干。延髓向下经枕骨大孔连接脊髓。随着脑各部的发育，胚胎时期的神经管就在脑的内部形成一个连续的脑室系统。

大脑皮层是神经元胞体集中的地方，是构成大脑两半球沟回的表层灰质。人的大脑皮层分为六个层次，各层神经元从机能上可分为：大脑中央后回称为躯体感觉区；中央前回称为运动区；枕极和矩状裂周围皮层称为视觉区；颞横回称为听觉区；额叶皮层大部，顶、枕和颞叶皮层的其他部分都称为联合区，它们都收受多通道的感觉信息，汇通各个功能特异区的神经活动。

运动区是管理身体运动的神经中枢，体觉区是管理身体上各种感觉的神经中枢，视觉区是管理视觉的神经中枢，听觉区是管理两耳听觉的神经中枢，联合区是具有多种功能的神经中枢。

2. 基本功能

大脑分左右两个半球，在整个大脑功能上，两半球并不是各自独立的，两者之间仍具有交互作用，而交互作用的发挥则是靠胼胝体的连接得以完成。在正常情形下，大脑两半球的功能是分工合作的，在两半球之间，由神经纤维构成的胼胝体负责沟通两半球的信息。如果将胼胝体切断，大脑两半球被分割开来，各半球的功能陷入孤立，缺少相应的合作，在行为上就会失去统合作用。

人类大脑的两半球，在功能划分上，大体是左半球管右半身，右半球管左半身。每一半球的纵面，在功能上也有层次之分，原则上是上层管下肢、中层管躯干、下层管头部，如此形成上下倒置、左右分叉的微妙构造。在每一半球上，又各自分区为数个神经中枢，每一中枢各有其固定的区域，分区专司形成大脑分化而又统合的复杂功能。在区域的分布上，两半球并不完全相同：其中布氏语言区与威氏语言区，只分布在左脑半球，其他各区则两半球都有。

小脑是后脑的最大部分，也是中枢神经系统中仅次于大脑的第二大器官，参与躯体平衡和肌肉张力的调节，以及随意运动的协调。

脑干的功能主要是维持个体生命，包括心跳、呼吸、消化、体温、睡眠等重要生理功能。经由脊髓传至脑的神经冲动，呈交叉方式进入：来自脊髓右边的冲动，先传至脑干的左边，再送入大脑；来自脊髓左边的冲动，先送入脑干的右边，再传到大脑。

五、神经元的工作模式

神经元，又称神经原或神经细胞，是构成神经系统结构和功能的基本单位。神经元是具有长突触（轴突）的细胞，由细胞体和细胞突起构成。在长的轴突上套有一层鞘，组成神经纤维，它的末端的细小分支称为神经末梢。细胞体位于脑、脊髓和神经节中，细胞突起可延伸至全身各器官和组织中。细胞突起是由细胞体延伸出来的细长部分，又可分为树突和轴突。每个神经元可以有一个或多个树突，可以接收刺激并将兴奋传入细胞体。每个神经元只有一个轴突，可以把兴奋从细胞体传送到另一个神经元或其他组织，如肌肉或腺体。

神经元是组成大脑的最小单元，是通过接收和传递神经冲动来交往的。神经冲动有两种传导方式：神经细胞内的电传导；神经细胞间的化学传导。当任何一种刺激作用于神经时，神经系统就会从比较静息的状态变为比较活跃的状态，这就是神经冲动。

第二节　心理学的研究对象

【导入】

桑代克是美国心理学家，动物心理学的开创者，教育心理学体系的创始人。他提出了一系列学习的定律，包括练习律和效果律等。

关于桑代克，有个八卦：他之所以选择动物实验，是因为其性格特别害羞，认为与动物打交道比跟人打交道容易些。在哈佛时他专攻心理学，并且设计了一个奇怪的课题“鸡的直觉及智力行为”。后来，桑代克因为追求一位年轻漂亮的女人失败而羞愧难当，便带着两只小鸡转学到哥伦比亚大学，在那里他丰富了自己的实验，把小猫小狗也列进了研究名单。

桑代克最著名的动物实验被称为“饿猫迷笼”，他将饥饿的猫禁闭于迷笼之内，饿猫可以用抓绳或按钮等不同的动作逃出笼外获得食物。一开始，猫被关进迷笼之后只是盲目地乱撞乱叫，东抓西咬，但会在偶尔做对了打开迷笼门的动作后“逃出生天”。桑代克重复这个过程，记录饿猫逃出迷笼所用的时间，得出猫的学习曲线。

按进化论的观点，本质上来说，人也是一种动物，只是人是进化到高级形式的动物。虽然进化了，但人的心理依旧保留了一些与动物共有的机制或特性，通过动物实验或观察得出来的结论可以应用到人的心理研究上。因此，心理学的研究对象不只是人，还有动物。

心理学是研究人的心理现象及其发生发展规律的科学。心理现象并不是人类所独有

的，一些高级动物也有一定的心理现象，但心理学主要研究人的心理现象。心理学也研究团体心理和社会心理，但更侧重于研究个体的心理现象。

一、个体心理现象

1. 心理过程

人的心理过程就其性质与功能来说可以分为认知过程、情绪过程和意志过程，它是心理活动发生、发展的过程，即人脑对现实的反映过程。以知觉过程为例，我们看到一个物体，先要用眼睛来接受来自物体的光刺激；然后经过神经系统的加工，把光刺激转化为神经冲动，从而察觉到物体；接着要将看到的物体，从它的环境或背景中区分开来；最后要确认这个物体，并叫出它的名称。

人的心理是复杂的，但总的来说可以分为两个方面：心理过程和个性心理特征。心理过程是心理活动的重要方面，个性心理特征是个体心理活动过程体现出来的特点。整个心理过程又包括认识过程、情感过程和意志过程，这三个过程既互相区别又互相联系。管理的中心问题就是要爱人，爱人就是要爱心。因此，研究人的心理活动过程的特点和规律，对于搞好管理工作具有极为重要的意义。

心理过程是指心理现象发生、发展和消失的过程，它具有时间上的延续性。心理过程着重探讨人的心理的共同性，主要包括认知、情绪和意志三个方面，即人们常说的知、情、意。知是人脑接收外界输入的信息，经过头脑的加工处理转换成内在的心理活动，进而支配人的行为的过程；情是人在认知输入信息的基础上所产生的满意、不满意、喜爱、厌恶、憎恨等主观体验；意是推动人的奋斗目标并且维持这些行为的内部动力。知、情、意不是孤立的，而是互相关联的一个统一的整体，它们相互联系、相互制约、相互渗透。

（1）认知过程（知）

认知过程是人在认识客观世界的活动中所表现的各种心理现象。在这个过程中，人们由表及里、由现象到本质地反映客观事物的特性与联系，包括感觉、知觉、记忆、思维、想象和语言等。注意则是伴随心理过程的心理特性，以保证心理过程顺利进行。人们首先通过感觉获得事物的个别属性和特性，又通过知觉获得对事物的整体认识与相互关系，知觉是在感觉的基础上产生的，但不是感觉的简单相加。在知觉中，人的知识经验起着重要作用。人通过感、知觉获得的知识经验保存在人的头脑中，在需要的时候被提取出来，积累并保存个体经验，即记忆。人运用头脑中已有的知识经验去间接、概括地认识事物，揭示事物的本质和内在联系，形成事物的概念并进行推理和判断，即思维。人利用头脑中已用的形象进行加工并形成新形象，即想象。人利用语言把自己思维活动的结果、认识活动的成果与别人进行交流，即语言。

（2）情绪情感过程（情）

情绪情感过程是指人对客观事物是否能满足自身物质和精神上的需要而产生的主观体验的心理活动，其反映的是人和事物之间的需要关系，包括喜、怒、哀、乐、爱、恨、憎、惧等。

（3）意志过程（意）

意志过程是指人为了满足某种需要，在一定动机的激励下，自觉确定目标，克服外部和内部困难，有意识地支配、调节行为并力求实现目标的心理过程。

（4）知、情、意的关系

认知是产生情、意的基础；行是在认知的基础上和情的推动下产生的，它能提高认识，增强情感，磨炼意志；行为控制，调节情感，提高认知。

2. 个性心理

人的心理过程具有共同的规律和特征，由于每个人的先天素质和后天环境影响的不同，心理过程在每个人身上产生和发展总是带着个人的特征，从而形成个人不同的个性。个性是个人心理活动稳定的心理倾向和心理特征的总和，主要包括个性倾向性和个性心理特征两个方面。

（1）个性倾向性

个性倾向性是人所具有的心理倾向，它决定着人对现实的态度及对认识活动对象的去向和选择。个性倾向性是从事活动的基本动力，其中主要包括需要、动机、兴趣、理想、价值观、世界观。人的个性倾向性是在社会实践中形成、发展和变化的，它反映了人和客观现实的关系，也反映了一个人的生活经历。当一个人的个性倾向性成为一种稳定而概括的心理特点时，就构成了一个人的个性心理特征。

（2）个性心理特征

个性心理特征是指一个人经常地、稳定地表现出来的心理特点，主要包括能力、气质、性格，它是人的多种心理特征的一种独特的组合，集中反映了一个人心理面貌的类型差异。

二、个体心理与行为

心理学通过行为来研究人的心理。行为就是个体对所处情境的一种反应系统。行为不同于心理，但又和心理有密切的关系。引起行为的刺激通常是以人的心理为中介而起作用的。行为的复杂性是由心理的复杂性引起的，由于心理条件的不同，同样的刺激在不同的人身上反应不同，同样的刺激也可能引起相同的反应。因此，不理解人的内部心理就很难理解人的外部行为。

心理支配行为，通过行为来表现。心理现象是一种主观精神现象，看不见、摸不着，而行为却有显露在外的特点，有客观的方法测量。由于行为表现人的心理活动，我们可以通过观察与分析行为来研究人的心理活动。当然，人的心理对行为的支配和调节是很复杂的，要正确理解人的行为，确定行为所表达的心理活动，最重要的是要了解引起和制约行为的各种条件，系统地揭示这些条件和行为的因果关系，才能明确行为的意义。从外部行为推测内部心理过程是心理学研究的一条法则。从这个意义上说，心理学是研究心理和行为的一门科学。

三、社会心理与社会行为

人是社会的人，作为社会的成员，总是生活在各种生活团体中，并与其他人结成各种各样的关系，从而产生各种社会心理现象。尽管社会心理现象也表现在个体的心理现象之中，但是仅研究个体心理而不从团体及团体关系的角度加以研究，就无法解释和理解这些社会心理现象。因此，心理学还要研究团体的社会心理现象。

在社会交往中，社会心理表现在社会行为中，社会行为是受社会心理支配的，我们可以借社会行为来研究社会心理。当然，两者之间的关系是很复杂的，这就需要我们研究并了解引起和制约社会行为的各种条件，系统地揭示这些条件和社会行为的因果关系，明确了解社会行为的意义。

第三节　心理学及其应用

【导入】

心理学是一门帮助我们了解人，并影响与改变人和人生活的学科。所有和人的思想与行为有关的领域都会涉及心理学。随着社会的发展，对“人”本身的关注越来越多，心理学应用的深度和广度也有了很大的发展空间。心理学本身是一个非常庞大的领域，与很多学科都有交叉，现在几乎没有与心理学不相交的领域。

人类对心理现象的探索可以追溯到远古时代。由于当时的生产力水平很低，人们只能被动地顺应自然。面对大自然的无可抵御的可怕力量以及种种难以解释的神奇现象，人们无奈地将心灵之感归于神灵而加以崇拜。所以，人类历史上产生最早的心理学思想，就是“灵魂说”。古希腊哲学家亚里士多德的《论灵魂》一书被认为是最早的心理学专著。从古代开始，历经中世纪、文艺复兴以至到 19 世纪中叶，对心理的探索与研究不断继续着，但是，在一个相当漫长的岁月里，这种探索仅仅是在无明确的研究目的、无明确的研究目标、无明确的研究思想、无明确的研究方法的混沌状态下进行的，而且夹杂在哲学和神学的研究中。心理学的方法也主要是思辨的方法，在那个年代，心理学实际上还是与哲学、神学处于一种没有分化的统一状态中，其内容被包容于哲学和神学的内容体系中。

1879 年，冯特在莱比锡大学创建了世界上第一个心理实验室，使心理学有史以来第一次像其他学科一样被作为一门正式科学进行研究，他成为把心理学转变成一门独立学科的奠基者。从此，心理学从哲学、神学、医学等其他科学中分离出来，正式成为一门真正独立的科学。心理学作为一门探索心灵奥秘、揭示人类自身心理活动规律的科学，它研究人类自身，帮助人们认识自我，发挥自我的才能，实现自身的价值。冯特创立心理学的时候认为，心理学的任务就是要分析心理的结构和内容，发现心理元素复合成复杂观念的内在原理与规律。不过，早期以冯特为代表的内容心理学派认为，心理学是一门“纯粹”的科学，不存在应用的问题，但是这种观点仅仅持续了三四十年，心理学开始走出实验室，面向大众，服务于社会生活。

一、心理学对健康事业的应用

在心理学领域，弗洛伊德的精神分析从一开始就直接服务于社会生活，致力于精神病人的治疗。20 世纪以来，心理学更加支持了生物—心理—社会医学模式，成为人类健康事业的主旋律。人们不仅注意到了人的生物学方面，同时也注意到了作为完整人的心理、意识方面和社会行为方面。当今世界，人们更加崇尚预防医学，不仅考虑自然环境对人体的影响，还要考虑社会环境，包括心理因素对人体的影响。

疾病，过去一直是指身体的某一部分、过程、系统在功能或结构上的反常这一纯生物学概念；健康，则仅意味着没有疾病。新的医学观下，健康是指“人不仅仅没有疾病和虚弱，而且要有身体、心理、社会生活的圆满适宜的状态”。不能达到这一状态，即可称之为疾病或亚健康状态。现代健康观认为，人类疾苦的发生，有生物、心理、社会、生态诸多方面的因素，只有在人类处于自然、社会、生理、心理的整体平衡协调运动中，才能实现真正的健康。

20 世纪 70 年代后期，健康心理学成为独立的学科。健康心理学的研究及其工作实践与人类健康的各种问题紧密相连，甚至直接关系到社会的进步与个人的幸福，建立不久就获得了迅速的发展。人们自觉运用心理学知识、技术探讨和解决有关保持或促进人类健康、预防和治疗躯体疾病的问题。现代心理学在矫正影响人类健康或导致疾病的某些不良行为，尤其是在预防不良行为与各种疾病的发生方面发挥着特殊的功能，运用心理学知识改进医疗与护理制度，建立合理的保健措施，节省医疗保健费用和减少社会损失，以及对有关的卫生决策提出建议。健康心理学在理论研究和实际应用的过程中，综合运用了行为理论、程序学习、行为健康和条件反射的原理。在疾病的防治、不良行为的矫正、生理功能障碍的康复、意外事故的减少、精神紧张的缓解，以及运动锻炼与健康教育的普及等方面，都获得了较为显著的成效；也对降低许多疾病，如对降低心血管病和癌症的发病率等起了重要作用。如今在欧洲成立了欧洲健康心理学会，比利时、德国、英国、荷兰等许多国家都建立了国立健康心理学机构。在美国，通过健康心理学家与各界人士的共同努力，青少年吸烟者的比率已明显下降，成人的吸烟率比 20 年前下降了 12%，在一定程度上缓解了因吸烟致病致死的这一尖锐社会问题。实践表明，健康心理学在与相关学科的协同合作中，必将越来越显示出其造福人类的特殊作用。

二、心理学在经济理论中的应用

20 世纪以来，心理学逐步向着经济学领域渗透。首先，大量的心理原理和行为研究成果被应用于经济学。被称作“心理学的经济学”的行为经济学应运而生，正日益受到人们的关注和重视。认知心理学、行为心理学的思想流派，为经济学考察人类的经济行为提供了充分的科学依据。行为经济学，剥去了传统经济学假设理性人光鲜的外衣，主张对行为的分析应以行为的真实心理形成机制为基础，不能以主观的先验假定为依据。

其次，在市场领域，消费者心理研究已被广泛应用。从消费主体出发，研究消费者购买、使用商品和劳务的行为规律；研究消费者的态度、情感、爱好以及决策过程等；研究影响消费行为的一系列社会、个人和体制变量；研究满足消费的产品特点和消费者对产品特点的反应；以及研究市场需求的现状和动态，有针对性地开发应需适销产品等。心理学使现代营销活动充满生机，使社会生产目的的实现更加具有针对性。

三、心理学在生产管理活动中的应用

20 世纪末，心理学方法就被引入工业生产活动中，早期如泰勒的工作时间研究，吉尔布雷思夫妇的动作分析，以及后来关于传送带生产的操作研究等，都是工业心理学中的经典性工作。在心理学发展的百年时间里，许多心理学学派都对工业心理学的理论做出过贡献。从经典的心理物理法、反应时学习心理，到当代的认知心理学、信号觉察论等，都对工业心理学产生了深远的影响。格式塔心理学的整体观强调知觉的形与基，在工业心理学的数符辨认、图形识别及服装设计中都是必须考虑的条件。

工业心理学是心理学应用于工业领域的应用理论，研究如何运用心理方法和成果解决工业或经济领域中产生的问题。它主要研究工作中人的行为规律及其心理学基础，利用心理学研究每一种职业的要求；利用测验来选择工人和安排工作；规划利用人力的最佳工作方法；制订培训方案，使人力得到最有效的发展；决定最优良的工作条件；研究最合理的管理组织形式；研究工作动机，调整工人和管理人员间的通力协作。工业心理学强调探究人们在工作时的行为和产生这种行为原因的基本知识，同时也强调一些已知的人类行为知识在实际中的应用，从而更好地满足工业或经济机构与劳动者的需求。

管理心理学是把心理学的知识应用于分析、说明、指导管理活动中的个体和群体行为的工业心理学分支。行为科学管理理论是管理心理学启蒙阶段，其奠基就是以社会心理学家梅奥为首的一批专家进行的“霍桑实验”，提出了“社会人”的假设。他们认为，单靠物质刺激不能保证调动工人的积极性，良好的人际关系、有利的社会条件与工作效率有更密切的关系。此外，他们还提出了非正式组织在群体中的作用。现代管理心理学主要研究与组织行为有关的人的个体特点，如动机、能力、性向等；人的群体特点，如群体的分类、人与组织的相互作用等；领导行为特点，如领导风格、领导的评估与培训等；组织理论与组织变革，如组织的模型、组织变革与组织开发研究等；工作生活质量研究，着重从改善工作环境，工作丰富化、扩大化方面调动职工的积极性，提高生产率。

除此以外，现代工业心理学的分支逐渐增多，包括管理心理学、劳动心理学、工程心理学、人事心理学等。工作环境是否适合于保证人的安全、健康和舒适并保证生产的高效率，是否能适合生理上的需要，以及工作者心理需要是否得到满足等问题，日益得到人们的关注，人们在利用心理方法实施工作内容的丰富化和扩大化，减少简单、重复的劳动，提高工作本身对人的意义，增加工作者的满意度等方面，都得到了满意的效果。人事心理学在提高人的激励水平，改善培训方法，对人进行科学的评价和选拔任用，以及职业的设计和人事安排等方面，都发挥了重要作用，也为科学制定有关人事管理制度提供了依据。

四、心理学在教育事业中的应用

早期教育心理学偏重学习心理的研究和学习规律的讨论，并且大多集中于智育方面的问题。随着教育对人的全面发展的日益重视，道德行为、道德情感以及审美情感的培养也就越来越被重视。1947 年，美国心理学会成立了对教育心理学研究进行规划的委员会，认为教育心理学的研究任务和对象应包括八个项目：教育评价和测量；儿童发展的特点；特殊儿童及其教育；有关学习心理学的教育方法；特殊学科的学习；学习辅导和心理健康；教师人事和促成学习的教师行为；教育心理学的方法。

现代教育心理学的研究一般集中在：人类生长和发展，包括遗传与环境、一般生长和发展、社会与情绪的发展、动机的基本理论、智慧、性向与兴趣以及个别差异等；学习，包括学习的本质、影响学习的因素、学习的动机、技能、推理与问题解决、态度、特殊科目的学习以及训练的转移等；人格与适应，包括情绪、学生与教师的心理卫生、特殊儿童、品格以及社会活动；测量与评价，包括测量的基本原则、智力与性向的测量、学习的测量、适应的测量以及测量结果的应用；教育心理学的方法与技术，包括教育问题的科学研究、统计技术以及为教师所提供的研究方法。

现代教育心理学发展的趋势之一，是逐渐转向教育过程和学生心理的探讨，也重视教学手段的改进。人们高度关注教材、教法改革研究特别是关于学生创造能力的培养，通过教学手段的改进，开发学生智力，促进创造性思维的发展，已成为教育心理学研究的热门。许多教育心理学家纷纷提出培养创造力的各种建议，开展了许多创造力课题的研究，教学中提倡发现学习，鼓励学生的幻想、好奇心、个性、独立性等，都是着眼于教学的改革。

现代教育心理学发展的另一个趋势是更加重视研究教学中的社会心理因素问题。随着社会心理学研究的深入，不少教育心理学家开始从社会心理学的角度，把学校和课堂看作社会情境，注意研究其中影响教学的社会心理因素。如运用社会心理学理论研究学习动机，试图用造成某种外部压力或不平衡状态的方法来促使学生产生改革行为的欲望。

总之，进入 20 世纪，心理科学取得了突飞猛进的发展，它向世人证明心理学不仅是一门年轻的基础科学，也是一门应用极其广泛的应用科学。除了上述领域外，几乎在任何社会经济活动领域中，人们都开始注入心理科学的思想和方法。比如，环境心理学研究环境与人的心理和行为之间的关系；运动心理学研究人在从事体育运动时的心理特点及其规律，研究人们参加各种运动项目时，在性格、能力和气质方面的特点及体育运动对个性特征的影响；研究体育运动教学训练过程和运动竞赛中有关人员的心理特点，如运动技能形成的心理特点等。

心理学的研究不仅有助于丰富人类的知识，增加对自身的了解，而且其理论、方法和技术可以直接运用于社会生活，促进社会发展与社会和谐。一个多世纪以来，应用是心理学学科发展的生命力之所在。联合国教科文组织将心理学列为 21 世纪重点发展建设的学科之一，有人认为“21 世纪是心理学的世纪”。心理学之所以能成为新世纪发展的重点学科，主要是它应用范围广泛，涉及人类活动的各个领域，产生了良好的社会效益。心理学对不同领域做出巨大贡献，具有重大的理论意义和实用价值，标志着它逐渐成为一门与现代前沿科学发展结合最紧密的学科之一，以及对人类现代生活工作应用最广泛的学科之一。

第四节　心理学对大学生的意义

【导入】

斯宾塞说：“良好的健康状况和由之而来的愉快情绪，是幸福的最好资金。”如今大学生的心理健康问题亟需受到社会的迫切关注。一项以全国 12.6 万大学生为对象的调查显示，20.3% 的大学生有不同程度的心理障碍。“郁闷”“变态”成为大学生的口头禅。

因为各种心理疾病而休学、退学的大学生人数已占总休学、退学人数的50%左右。在校大学生中，存在人际关系、环境适应、情感障碍、焦虑等心理问题的人数占了相当大的比例。

心理学是一门研究人类及动物的心理现象、精神功能和行为的科学，既是一门理论学科，也是一门应用学科。它不仅能让我们掌握一些基本知识，还对我们的学习、生活以及情感都具有很大的作用。了解大学阶段的发展任务以及面临的课题，对于如何运用心理学的知识来更好地享受自己的大学生活至关重要。

一、赫威斯特"青年人的十项发展任务"

美国心理学家赫威斯特列举了青年人的十项发展任务，对于青少年来说，可以视为自我心理成熟的标准，也可作为教育与辅导青年的行为目标。

①能在日常生活中与同学和朋友建立起和谐的人际关系。这种关系应包括同性朋友和异性朋友在内，不仅是一种状态，也是一种动力过程，当个体出现人际关系方面的困扰时能够找到或者形成良好的方式来应对。

②在平常的活动或行为上能够扮演适当的性别角色。青少年时期是性心理发展的重要阶段，也是个体重新认同性别角色的时期，著名的心理学家埃里克森认为，人的整个成年过程，就是一个认同形成的过程，逐渐认同自己的性别以及自己的社会角色。

③接纳自己的身体和容貌，不过分炫耀自己的优点，也不过分掩饰自己的缺点，发挥出自己最大的潜能。能够认清自己的定位，只要是人都会有不完美，接纳自己并不是不求上进，而是更好地认识自己，发挥自己的长处，改变自己能改变的，释怀自己不能改变的，做一个智者。

④情绪表达渐趋成熟独立，遇到事情的时候不再依赖父母，能够独立地去解决。

⑤有经济独立的信心。青少年特别是大学生，在经济方面还需要接受父母的资助，但是在这个过程中通过学习技能、学习知识，或者提升自己的能力会产生可以养活自己的想法，拥有经济独立的信念和自信。

⑥能够选择适合自己能力和自己感兴趣的职业，奋发努力，为取得该种职业而准备。

⑦认真考虑选择婚姻对象，并开始准备成家过独立的家庭生活（对自己的感情负责任）。

⑧在知识、观念等各方面，都能达到作为一个现代公民所需要的标准。

⑨乐于参加各种社会活动，也能在社会活动中对自己的行为负责任。

⑩在个人的行为导向上，能建立起自己的道德标准。康德说了一句很著名的话："有两种东西，我对它们的思考越深沉和持久，它们在我心灵中唤起的惊奇和敬畏就会日新月异，不断增长，这就是我头顶的星空和内在的道德律。"当你仰望星空时，会产

生特别浩瀚的感觉，宇宙是如此之大，这个世界如此浩瀚无边，可是你内心还是有某种约束，那就是内在的道德律。

二、大学生所面临的问题

大学生在大学阶段需要面临很多课题，具体列举如下。

①有效学习，获得学习技巧、增强学习动机、提高学习效率等。

②管理时间，大学生时间相对自由，如何确立目标，更好地去分配时间，为自己的事情排列次序对于提高效率至关重要。

③人际交往，了解沟通技巧和与他人相处之道，学习运用言语和非言语的表达技巧，从而更好地协调人际关系。

④求职择业，在整个大学阶段对于自己的职业有更为深入的探索，找到与自己的兴趣爱好、性格、价值观相匹配的职业，建立自己的专业形象，学会面试技巧以及撰写求职信等求职必备的技能。

⑤认识自己，包括认识自己的人格特点、价值观，从而更好地发挥自己的长处。

⑥管理情绪，包括识别情绪、调节情绪以及提高情商系数。

⑦应对压力，相对来说大学生承担的责任更为具体，在面对诸多任务时容易产生压力，如何了解压力来源、化解内在压力以及处理外在压力是大学生度过危机的关键。

⑧思考训练，大学生不仅应该掌握知识，提高能力，同时也应该掌握基本的思考方法，学会思考。

⑨提高创造，智力决定了你可以走多远，而创造力决定了你的路有多宽，在大学更应该培养自己的创新能力，不让自己或思维被限制。

从以上可以看出，大学的学习生活与高中有很大的不同，大学是一个新的学习方法、思维方式甚至生活方式的转型期。相对以前单纯的人际关系，大学的交往是广泛的，有同学、师生、异性、社会活动团体等。同一个宿舍的同学来自不同的省市，有着不同的城乡背景、不同的方言、不同的性格。一些同学个性强，以自我为中心，不会设身处地为别人着想；而性格内向的同学不合群，孤独寂寞，经常埋怨自己没有朋友，甚至想逃避。因此，大学生活的人际交往也尤为重要。转型期是一个动态期，一系列的转变都可能让人茫然、忧郁甚至恐惧，必然对心理健康产生不良的影响。面对这个竞争日益激烈的社会，考上大学意味着即将面临新一轮的压力——考研和就业。

三、心理学对大学生成长的影响

学习心理学有利于缓解大学生的压力和焦躁紧张的情绪，也能引导大学生有条不紊地学习。当面临学习困难和压力时，保持积极乐观的健康心态非常关键。当前，部分大学生不知道该干什么，无所事事，没有目标，自我评价失调等，学习心理学有利于帮助大学生缓解这些问题，能够清楚地认识自己，培养自己良好的心理素质。

情绪是人的心理过程中所产生的内心体验，在日常生活中也免不了人际交往，塑造一种良好的个性，学会控制好自己的情绪，在人际交往中具有重要的作用。学好心理学，有利于帮助大学生塑造良好的个性，很好地控制自己的情绪，还有利于大学生很好地利用网络培养对生活的热情。

总的来说，学习心理学对大学生的学习、生活以及情感有着重要的意义。因此，当代大学生应该积极树立正确的人生观，培养积极健康的心理素质，勇敢地迈向人生，创造属于自己的未来。

思考题

1. 学习心理学的意义是什么？
2. 心理的物质基础是什么？
3. 神经冲动的传导原理是什么？
4. 大脑的基本结构包括哪些？
5. 学习本章后有没有影响你对心理学的认识？

第二章

遇见最好的自己

——塑造健全的自我意识

我们一来到世间，社会就会在我们面前树起了一个巨大的问号，你怎样度过自己的一生？我从来不把安逸和享乐看作是生活目的本身。

——爱因斯坦

第一节　我是谁

【导入】

“认识你自己”这句刻在神庙上的名言激励着人们不断探索自我、实践自我、超越自我。但“人贵有自知之明”又说明一个人认识自己并非易事。认识自己的过程艰难而曲折，并且贯穿人的一生。我是谁？我是否有价值？我为什么要生活？我努力奋斗为的是什么？我的人生目的是什么？

观看《生命列车》，看完之后分享短片中印象深刻的部分，并谈谈自己的感受。

一、自我意识及其内涵

依据系统论的整体观点，意识是人类心理机能的整体活动状态。既然人类意识是各系统活动的产物，它就应该包括认知、情感、意志三大方面。其中，自我意识是意识结构中最有特色的组成部分。

1. 自我意识的定义

自我意识是对自己身心活动的觉察及自己对自己的认识。具体包括认识自己的生理状况（如身高、体重、体态等）、心理特征（如兴趣、能力、气质、性格等），以及自己与他人的关系（如与自己周围的人相处的关系，自己在集体中的位置和作用等）。

2. 自我意识的内容

从自我意识的定义来看，自我意识包含三个方面的内容：生理自我、心理自我和社会自我。

（1）对自身生理状态的认识和评价

对自身生理状态的认识和评价是指对自己身高、体重、容貌、身材、性别等的认识以及生理病痛、温饱饥饿、劳累疲乏的感受等。如果一个人对生理自我不能接纳，嫌自己个子矮、皮肤黑、不英俊、不漂亮、身材胖，就会讨厌自己，表现出自卑和缺乏自信，严重的会导致心理疾病（可观看心理访谈《换脸心魔》）。

（2）对自身心理状态的认识和评价

对自身心理状态的认识和评价是指对自己知识、能力、情绪、兴趣、爱好、性格、气质等的认识和体验。如果一个人对自己的心理自我评价低，嫌自己能力差、智商不高、情绪起伏太大、自制力差、性格不成熟，就会否定自己。

（3）对自己与周围关系的认识和评价

对自己与周围关系的认识和评价是指对自己在群体中的地位、作用以及与他人相互关系的认识、评价和体验。

【课堂提问】

回答20次“我是谁”，要求不能重复，结合马克思的“人是一切社会关系的总和”这句话，分享自己回答问题之后的感受。

二、自我意识的结构

自我意识是指作为主体的“我”对自己以及自己与周围事物之间的关系的认识。人需要把“我”与“非我”区别开来，才能觉察到自己内心的想法、体验和感受，才能认识到自己与他人以及自己与周围客观事物之间的关系，逐步积累关于自己的知识。这种关于自己的全部知识，如对自己内心活动的觉察及调控，对自己行为的认知，对自己整体的评价，就构成了自我意识。

自我意识带有强烈的倾向性，是对事物间特定关系及意义的认识，主要包括认知成分、情感成分和意志成分。因此，自我意识的结构表现在自我认识、自我体验和自我调控方面。

1. 自我认识

自我认识——自我意识的认知成分，是主观自我对客观自我的认识和评价，包括自我感觉、自我观察、自我印象、自我评价等，自我认识需要回答“我是一个什么样的人”以及“我如何看待我自己”。

【扩展阅读】

斯芬克斯之谜

在传说中，古希腊的奥林匹斯山居住着诸神，包括主神宙斯以及他所统率的众神。凡人是难以涉足神界的，而神的箴言——人，认识你自己——应该让人知晓。于是，传说中的一个奇特的生物——狮身人面的斯芬克斯，作为神的使者，带着神对人类的忠告，从奥林匹斯山来到忒拜城堡，驻扎在城堡通向城外的唯一道路上。她把那句神的箴言化作了一个谜语——什么东西早晨用四条腿走路，中午用两条腿走路，晚上用三条腿走路？每个路过的人都必须面对她猜一猜这个谜语，如果猜不到，就会被她毫不留情地吃掉。当时忒拜城堡中没有一个人知道谜底，整个城邦都陷入恐慌之中。有一天，一个叫俄狄浦斯的青年路过这里，解答出了斯芬克斯的谜语——那就是人本身。新生的婴儿不会走路，只能在地上爬，是用“四条腿”走路的；长大了能够直立行走了，是用“两条腿”走路的；但是到了老年，就需要借助拐杖了，是用“三条腿”走路的；而人一生中从婴儿到成年到晚年，正相当于一天中的早晨、中午和晚上。俄狄浦斯解答了斯芬克斯之谜，解救了城堡中的人，斯芬克斯也完成了自己的使命，即告诫人类要对自己或自身进行认识——作为人，你必须要认识你自己！

---

2. 自我体验

自我体验——自我意识的情感成分，是指主观自我对客观自我产生的情绪体验，是在自我认知基础上产生的，主要包括自尊、自信、自豪感、成功感、自卑感、愧疚感等，自我体验的核心内容是自我价值感，需要回答“我对自己感觉怎么样”。

【扩展阅读】

自我妨碍

自我妨碍是指当自己担心没有能力完成某项任务时，就会故意采取一些破坏行为，尽力维护自尊的一种自我防御策略。

如果你担心自己是否能通过某个重要的考试，你可能会主动约朋友聚会而不是珍惜考前的宝贵时间去努力准备。这样，如果你没有取得成功，你可以将失败解释为“因为我参加了聚会，我不太关注”。即使自我妨碍保护了你的自尊也只是暂时的，它会令你缺乏一种自我认识，即对自己是否具备真正能取得成功的能力的认识。你没有为明天的考试而抓紧时间学习，却在图书馆睡着了或者去逛商场了，如果在考试中没有得到好成绩，你可以说：“唉，我真的没有努力。”你有采取自我妨碍的类似情况吗？

---

3. 自我调控

自我调控——自我意识的意志成分，是个体对自己行为和心理活动自觉地、有目的地调节和控制，主要包括自制、自立、自我监督、自我控制等。自我调控是自我意识结构中的最高阶段，需要回答“我将如何改变自己”或者“我将如何实现理想的人生”。

三、自我意识的特征

自我意识在个体发展中有十分重要的作用，是认识外界客观事物的条件，是个体自觉性的前提，也影响着人的道德判断和个性的形成，对个性倾向性的形成尤为重要。自我意识具有意识性、社会性、能动性、同一性等特点。

1. 意识性

意识性是指个体对自己以及自己与周围世界的关系有着清晰、明确的理解和自觉的态度，而不是无意识或潜意识。从马克思主义哲学的角度来看，这种自我意识是主体我对客体我的一切主观能动的反映。心理学家弗洛伊德认为，人的言行举止只有少部分由意识控制，其他大部分都是由潜意识所主宰，而且是主动地运作，人却没有觉察到。

2. 社会性

自我意识是个体长期社会化的产物。这不仅因为它是在社会实践中产生的，而且因为它的主要内容是个体社会属性的反映。对自我本质的意识，不是意识到个体的生理特性，而是意识到个体的社会特性，意识到个体的社会角色，意识到个体在一定的社会关系和人际关系中的地位和作用，这是自我意识发展到成熟的重要标志。个体往往具有多重角色，大学生只有更好地认识自己的社会角色，如作为学生、子女、朋友、男（女）朋友、社团成员、寝室长、班长等的角色，才能更好地去承担自己的社会责任。

3. 能动性

自我意识的能动性不仅表现在个体能根据社会或他人的评价、态度和自己实践所反馈的信息来形成自我意识，而且还能根据自我意识调控自己的心理和行为。这也是自我意识的动力特性。

4. 同一性

心理学研究表明，个体一般需要经过20多年的发展，直到青年中后期才能形成比较稳定、成熟的自我意识。虽然这种自我意识有可能因个体实践的成败和他人评价的改变而发生变化，但到青年期以后，个体会对自己的基本认识和态度保持同一性。正因为自我意识的同一性，才会使个体表现出前后一致的心理面貌，从而使自己与他人的个性区别开来。

【扩展阅读】

乔韩窗口理论

美国心理学家提出乔韩窗口理论，认为人对自己的认识是一个不断探索的过程，因为每个人的自我都有四个部分：公开的我、盲目的我、秘密的我和未知的我。

1. 公开的我——面试

自己知道别人也知道的部分，如性别、外貌、身高、婚否、职业、能力、兴趣爱好、特长、成就等。

2. 盲目的我——瓷器店里的公牛

自己不知道而别人知道的部分，即“当局者迷，旁观者清”。如一个人无意识的动作、无意识的表情和语言等，自己觉察不到，但别人觉察到了。

3. 秘密的我

秘密的我属于逃避或隐藏的部分，自己知道别人不知道的部分，也就是我们常说的隐私、个人秘密，留在心底，不愿意或不能让别人知道的事实或心理。几乎每个人都有秘密的我。

4. 未知的我

未知的我是自己和别人都不知道的部分，有待挖掘和发现。通常是指一些潜在能力或特征，也包含潜意识层面——隐藏在海水下面的冰山，力量巨大却又容易被忽视。对未知自我的探索和开发，才能更全面地认识自我、发展自我、超越自我。

第二节　先天的气质类型

【导入】

世界上没有相同的两个人，无论是外表还是人格，都有很多不同，除了家庭背景、受教育程度、同伴影响不同之外，刚出生的婴儿也是不同的。人格结构包含气质、性格和能力，气质是先天的特征，是神经系统活动的快慢、灵活度的体现。

一、气质类型

气质是个人生来就具有的心理活动的典型而稳定的动力特征，是人格的先天基础，现代心理学家认为气质类型反映的是神经系统活动的特点。按气质特征的不同组合，可以把人的气质分成几种不同的类型。希波克拉底是最早划分气质类型并且提出气质类型学说的人，早在 2 500 多年以前，他就根据自己的观察将人划分为胆汁质、多血质、黏液质和抑郁质四种气质类型。

1. 胆汁质——夏天里的一团火

胆汁质的神经特点：感受性低，耐受性、敏捷性、可塑性均较强，不随意反应高，反应速度快但不灵活。

胆汁质的心理特点：情绪兴奋性高，抑制能力差，外倾性明显，冲动，制止力差，办事粗心。

2. 多血质——喜形于色，喜怒都在展现中，可塑性强

多血质的神经特点：感受性低，耐受性高，不随意反应高，具有可塑性，情绪兴奋性高，反应速度快而灵活。

多血质的心理特点：活泼好动，善于交际，思维敏捷，容易接受新鲜事物，情绪情感容易产生也容易变化、消失和外露，体验不深刻。

3. 黏液质

黏液质的神经特点：感受性低，耐受性高，不随意反应低，外部表现少，情绪具有稳定性，反应速度慢但灵活。

黏液质的心理特点：稳重，考虑问题全面，安静，沉默，善于克制自己，善于忍

耐，情绪不易外露，注意力稳定而不容易转移，外部动作少而缓慢。

4. 抑郁质

抑郁质的神经特点：神经类型属于弱型，体验情绪的方式较少，稳定的情感产生也慢，但对情感的体验深刻、有力、持久，而且具有高度的情绪易感性。

抑郁质的心理特点：小心谨慎，思考透彻，优柔寡断。

二、了解气质类型的意义

1. 对自己的心理健康、职业选择、学业进步以及人际交往都有意义

气质不同的人，在说话、走路、与别人交往、学习、工作、休息以及怎样表现自己的痛苦和欢乐、怎样对不同的事情作出反应等方面都会有不同的特点。了解这一点，对于同学之间加深理解、融洽相处有很大的好处。大学生在人际交往中，要注意学会观察、分析周围同学的气质特征，采取合适的交往方法。

2. 了解到自己和他人的气质特征

胆汁质的人常与他人发生一些情感上的冲撞。比如刚开始谈话时，根本没有想到要吵架，但也许是什么事情触犯了他（对别人来说可能是小事一桩），于是他突然之间怒不可遏。如果谈话对方是神经系统微弱型（抑郁质）的人，他将长期处于委屈之中，导致孤僻古怪、谨小慎微，甚至会给人冷若冰霜的感觉，说话也会话中带刺。黏液质的人常常很难同胆汁质的人在一起生活。胆汁质的人坐立不安，容易冲动，手忙脚乱；黏液质的人则慢慢腾腾，四平八稳；抑郁质的人又过分敏感，对胆汁质的人也难以忍受。了解自己和他人的气质类型可以帮助个体更好地与他人交流。

3. 正确对待气质，促进个性优化

气质是一种最稳定、变化最少也最慢的心理特征。虽然气质会受到后天环境的影响，但改变气质却不是一件容易的事情，因此我们要了解自己的气质，尽可能发挥气质中的积极面，克服消极面，扬长避短。

【心理测试】

你是哪种类型的气质

下面60道题，可以帮助你大致确定自己的气质类型，请根据自己的情况在“很符合、比较符合、不太确定、比较不符合、完全不符合”五个答案中选择适合自己的一项（很符合2分，比较符合1分，不太确定0分，比较不符合 -1分，完全不符合 -2分）。

1. 做事力求稳妥，不做无把握的事。（　）
2. 遇到可气的事就怒不可遏，想把心里话全说出来才痛快。（　）
3. 宁可一个人干事，不愿很多人在一起。（　）
4. 到一个新环境很快就能适应。（　）

5. 厌恶那些强烈的刺激，如尖叫、噪声、危险镜头。 ( )
6. 和人争吵时，总是先发制人，喜欢挑衅。 ( )
7. 喜欢安静的环境。 ( )
8. 善于和人交往。 ( )
9. 羡慕那种善于克制自己的人。 ( )
10. 生活有规律，很少违反作息时间。 ( )
11. 在多数情况下情绪是乐观的。 ( )
12. 碰到陌生人觉得很拘束。 ( )
13. 遇到令人气愤的事，能很好地自我克制。 ( )
14. 做事总是有旺盛的精力。 ( )
15. 遇到问题总是举棋不定，优柔寡断。 ( )
16. 在人群中从不觉得过分拘束。 ( )
17. 情绪高昂时，觉得干什么都有趣；情绪低落时，又觉得什么都没意思。 ( )
18. 当注意力集中于一件事物时，别的事物很难使我分心。 ( )
19. 理解问题总比别人快。 ( )
20. 碰到危险情景时，常有一种极度恐惧感。 ( )
21. 对学习、工作、事业怀有极高的热情。 ( )
22. 能够长时间做枯燥、单调的工作。 ( )
23. 符合兴趣的事情，干起来劲头十足，否则就不想干。 ( )
24. 一点小事就能引起情绪波动。 ( )
25. 讨厌做那种需要耐心、细致的工作。 ( )
26. 与人交往不卑不亢。 ( )
27. 喜欢参加热烈的活动。 ( )
28. 爱看感情细腻、描写人物内心活动的文学作品。 ( )
29. 工作学习时间长了，常感到厌倦。 ( )
30. 不喜欢长时间谈论一个问题，愿意实际动手干。 ( )
31. 宁愿侃侃而谈，不愿窃窃私语。 ( )
32. 别人说我总是闷闷不乐。 ( )
33. 理解问题常比别人慢些。 ( )
34. 疲倦时只要短暂的休息就能精神抖擞，重新投入工作。 ( )
35. 心理有话宁愿自己想，不愿说出来。 ( )
36. 认准一个目标就希望尽快实现，不达目的誓不罢休。 ( )
37. 学习、工作一段时间后，常比别人更疲倦。 ( )
38. 做事有些莽撞，常常不考虑后果。 ( )
39. 老师讲授新知识时，总希望他讲得慢些，多重复几遍。 ( )
40. 能够很快地忘记那些不愉快的事情。 ( )

41. 做作业或完成一件工作总比别人花的时间多。（ ）
42. 喜欢运动量大的剧烈体育运动或参加各种文艺活动。（ ）
43. 不能很快地把注意力从一件事转移到另一件事上去。（ ）
44. 接受一个任务后，就希望能把它尽快完成。（ ）
45. 认为墨守成规比冒风险强。（ ）
46. 能够同时注意几件事物。（ ）
47. 当我烦闷的时候，别人很难使我高兴起来。（ ）
48. 爱看情节跌宕起伏、激动人心的小说。（ ）
49. 对工作抱认真严谨、始终一贯的态度。（ ）
50. 和周围人的关系总相处不好。（ ）
51. 喜欢复习学过的知识，重复做能熟练做的工作。（ ）
52. 希望做变化大、花样多的工作。（ ）
53. 小时候会背的诗歌，我似乎比别人记得清楚。（ ）
54. 别人说我"语出伤人"，可我并不这样觉得。（ ）
55. 在体育活动中，常因反应慢而落后。（ ）
56. 反应敏捷、头脑机智。（ ）
57. 喜欢有条理而不甚麻烦的工作。（ ）
58. 兴奋的事情常使我失眠。（ ）
59. 老师讲新概念，常常听不懂，但是弄懂了以后很难忘记。（ ）
60. 假如工作枯燥无味，马上就会情绪低落。（ ）

【结果统计与解释】

记分：

1. 胆汁质型得分：第 2、6、9、14、17、21、27、31、36、38、42、48、50、54、58 题的得分之和。

2. 多血质型得分：第 4、8、11、16、19、23、25、29、34、40、44、46、52、56、60 题的得分之和。

3. 黏液质型得分：第 1、7、10、13、18、22、26、30、33、39、43、45、49、55、57 题的得分之和。

4. 抑郁质型得分：第 3、5、12、15、20、24、28、32、35、37、41、47、51、53、59 题的得分之和。

确定气质类型的标准：

1. 如果某类气质得分明显高出其他三种，均高出 4 分以上，则可定为该类气质。如果该类气质得分超过 20 分，则为典型；如果该类得分在 10 ~ 20 分，则为一般型。

2. 两种气质类型得分接近，其差异低于 3 分，而且又明显高于其他两种，高出 4 分以上，则为这两种气质的混合型。

3. 三种气质得分均高于第四种，而且接近，则为三种气质的混合型，如多血—胆汁—

黏液质混合型或黏液—多血—抑郁质混合型。

【四种气质详细分析】

1. 胆汁质

对人对事注重感情，情绪高涨时，工作效率高，干劲大；情绪低落时，萎靡不振，无精打采。喜欢新颖、场面壮观、气氛热烈的活动，其间能保持旺盛的精神状态。做事匆匆忙忙，完成任务比别人快，办事干脆利落，不拖泥带水。讲求效率，干事喜欢一气呵成，对有兴趣的事情，可以废寝忘食、夜以继日去做。对事情的理解力比别人快，但不求甚解，喜欢边思考边动手。声音洪亮，行为急躁，容易激动。常因情急而中伤别人，但自己还不曾觉察。表现欲强，自我感觉良好，希望占上风，争上游，不甘示弱。姿态举止幅度大，手势丰富，动作夸张。

这种气质类型又称“不可遏制型”，特点是情绪兴奋性高，发生得快，带有爆发的性质；情绪体验强烈，外部表现明显，但爆发后又很快平静下来。典型代表：李逵、鲁智深、张飞、猪八戒等。

2. 多血质

感情丰富，喜怒于色，稍不如意就会暴跳如雷或大声痛哭，但稍得宽慰又会破涕为笑。做事时开头劲头很大，但表现散漫，有始无终。学习上缺乏毅力，成绩起伏较大。喜欢直观、形象的思考，对抽象的分析、概括感到枯燥无味。注意力很不集中，容易见异思迁。自我评价多受别人的态度影响，注意别人对自己的评论，也好评论别人。善于交际，对朋友重感情，讲义气，但友谊不巩固，缺少知心、稳定的朋友。活动敏捷，举止轻盈，但不老成稳重。兴趣广泛而不稳定，钻研精神不足。在多数情况下抱乐观态度。

这种气质类型又称“活泼型”，特点是热情，开朗，无忧无虑，活泼好动，对外界事物感受迅速、强烈但不深入，不能持久；兴趣广泛但注意力易分散，感情易变化。典型代表：赵云、孙悟空、薛宝钗等。

3. 黏液质

面部表情不丰富，举止幅度也不大。喜欢引人注目，不易激动，行为平静、一贯。能长时间地从事一项工作，长时间地保持一种姿态。自制力较强，能尊重社会上的各种制度规范。在工厂、学校是遵守纪律的人。理解问题比别人慢，但能认真听讲，并希望多听几遍。工作认真，有始有终，工作进程有条不紊，工作安排井井有条，不做没把握的事，容易被人信任。兴趣集中，有毅力，不受环境干扰，注意力集中，不容易分散。对工作环境的要求高，喜欢安静的工作环境，渴望平静的工作。平时沉默寡言，说话声调不高，慢条斯理。为人平和，心胸开阔，善于克制自己，生活上不与人计较。

这种气质类型又称“安静型”，特点是情绪不易激动，内心冷漠，动作稳妥，不善于交往但善于忍耐，注意力稳定，有较强的自制力。典型代表：沙僧、诸葛亮等。

4. 抑郁质

情绪黯然，表情总是平淡中带有哀愁，做大部分事情很难引起强烈的愉快情绪。不合群，喜欢独来独往，善于独自深思。感情脆弱，常为一点小事愁眉不展，行为上患得患失。怯弱，害羞，讲话声音细弱，好脸红，怕与生人打交道。对别人的态度体验深刻，容易耿耿于怀。对新知识、新观念接受较慢，但接受后很难忘记，对过去的事比别人记得清楚。精力不充沛，容易疲劳。有惊人的观察力，别人不注意的细小变化，他都能了如指掌。不善交往，不喜欢吵闹繁杂的环境，有心里话不愿说出来。

这种气质类型又称“抑制型”，特点是情绪兴奋性高，敏感，体验深刻、持久、内倾，各种心理活动的外部表现都是缓慢而柔弱的。典型代表：林黛玉、唐僧等。

【扩展阅读】

四人看戏

有这样一个故事：四个具有不同气质类型的人去看戏，但都迟到了，检票员不让他们进去。第一个人立刻面红耳赤地与检票员吵了起来，声称自己有票，一定要进去。第二个人头脑灵活，他想，检票员是不会让他们进入剧场的，他绕剧场一周，发现了一个无人看管的边门，就溜进去了。第三个人很有耐心，他慢条斯理地与检票员磨嘴皮，阐述自己想进去看戏的种种理由，在他的软磨硬缠下，检票员动了恻隐之心让他进去。第四个人首先想到是自我责怪，认为是自己运气不好，难得出来看戏就碰上这等倒霉的事情，算了，还是回家吧。

以上这个故事是由苏联心理学家达维多娃编写的，目的在于描述四种具有典型气质的人在同一情境中的不同行为表现。其中第一个人属于胆汁质，第二个人属于多血质，第三个人属于黏液质，第四个人属于抑郁质。

试想一下，如果是你遇到这种情境，你会怎么做呢？

第三节　大学生自我意识发展的特点

【导入】

从个体发展的角度看，大学生正处于青春晚期向成人的转变时期，大学阶段正是个体逐渐走向成熟、走向独立的重要阶段，是大学生走向社会的适应阶段。伴随着生理成熟与知识技能的进一步提高，大学生的自我意识是如何发展的？都有哪些特点？

小马，男，19岁，大一学生，小学时为人老实，唯父母和老师的意见是从。上初中后，妈妈还是像过去一样没完没了地唠叨，一件小事，总是千叮咛万嘱咐，小马一听就烦。于是他一反常态，开始和家长唱反调。进入大学后小马更是不相信他人，我行我素，凡是学校和班级要求的，他就反对，学校和班级反对的，他偏要去做。

请分析小马的自我意识。

一、自我意识的产生与发展

1. 自我意识发展的三阶段

自我意识的发展经历了三个阶段：生理自我、社会自我、心理自我。

（1）第一阶段：生理的自我意识阶段——自我中心期

人出生时，并不能区分自己和非自己的东西，生活在主客体未分化的状态；七八个月的婴儿开始出现自我意识的萌芽，即能意识到自己的身体，听到自己的名字会明确作出反应；2岁左右的儿童，开始掌握第一人称代词“我”的使用，这在自我意识的形成过程中是一个飞跃；3岁左右的儿童，开始出现羞耻感、占有欲，凡事要求“我自己来”（要求自主性），其自我意识有了新的发展。但处于这一时期的幼儿的行为是一种以自我为中心的行为，他们以自己的身体为中心，从自己的想法和情感出发去认识外部世界并把自己的情感投射其中。因此，这一时期的自我意识被认为是生理自我时期，也有人称之为自我中心期，它是自我意识最原始的形态。

（2）第二阶段：社会的自我意识阶段——以社会要求、他人要求为标准

从3岁到青春期（3～14岁）这段时期，是个体接受社会教化影响最深的时期，也是角色学习的重要时期。儿童在幼儿园、小学、中学接受正规教育，通过在游戏、学习、劳动等活动中的不断练习、模仿和认同，逐渐习得社会规范，形成各种角色观念，如性别角色、家庭角色、同伴角色、学校中的角色等，并能有意识地调节控制自己的行动，道德心理开始发展。虽然青春期的青少年开始积极关注自己的内部世界，但他们主要是根据别人的观点去评价事物、认识他人，对自己的认识也趋从于权威或同伴的评价。因此，这一时期个体自我意识的发展被称为社会自我发展阶段，也称为客观化时期。本阶段，自我意识服从社会和他人，即“用别人的观点评价事物，认识他人，对自己的认识也服从权威或同伴的评价”。

（3）第三阶段：心理的自我意识阶段——主体我对客体我进行考察认识，独立意向增强

从青春发动期到青年后期，是自我意识发展的关键期。其间自我意识经过分化、矛盾、统一趋于成熟。此时，个体开始清晰地意识到自己的内心世界，关注自己的内在体验，喜欢用自己的眼光和观点去认识和评价外部世界，开始有明确的价值探索和追求，强烈要求独立，产生了自我塑造、自我教育的紧迫感和实现自我目标的驱动力。这一时

期被称为心理自我发展时期，也被称为自我意识主观化时期。青年的世界观、人生观、价值观的形成是心理自我成熟的标志。

2. 青少年的自我意识发展

青少年自我意识的发展，经历着一个特别明显的、典型的分化、矛盾和统一的过程。

（1）分化

进入青春期以后，个体的视线由外向内转移，开始关注自己的内心世界和内心体验，于是个体自我分裂为两部分：主体自我和客体自我。主体自我处于自我意识的主体地位，起观察者、评价者和调节者的作用；客体自我处于自我意识的客体地位，充当被观察、被评价和被调节的角色。经过分化，个体开始认识和改造自己的主观世界，进入心理自我的发展时期，也可以说进入了自我意识发展的主观化时期。个体自我意识的发展进入了一个崭新的阶段。

（2）矛盾

自我意识的分化，引起了自我意识内部的矛盾，使青少年开始感受到儿童期从未体会到的种种内心冲突和思想斗争。自我意识的矛盾最突出地表现在理想自我与现实自我的矛盾。理想自我往往与主体自我相联系，反映了个体希望成为什么样的人，体现了一定社会要求和道德准则的内化情况；现实自我则往往与客体自我相联系，反映了个体实际上是怎样的人，体现了个体各方面的实际发展情况。自我意识的矛盾就是当主体自我去考察、认识和评价客体自我时，常常会发现现实自我不能符合理想自我，于是出现了心理不平衡，即自我的分裂。为此，他们常常感到内心困惑、苦闷和烦恼，甚至迷茫不解。能否解决好这个问题，对青少年的心理发展将会产生重大影响。

（3）统一

经过一段时间的矛盾与冲突，个体的自我便在新的水平上实现了协调与一致，即自我统一。但怎样统一，统一的性质如何，则是个体自我意识发展的关键。

二、大学生自我意识发展的特点

大学生自我意识明显在“主观的我和客观的我”“理想的我与现实的我”方面分化，使大学生主动、迅速地关注自己的内心世界和行为，产生了新的认识和体验，由此而来的种种激动、不安、焦虑和喜悦随之增加，自我沉思增多，要求有属于自己的一片空间，渴望被理解、被关怀。大学生自我意识发展有以下四个特点。

1. 自我认识的矛盾性

由于自我意识的分化，加剧了“理想自我”和“现实自我”之间的矛盾冲突，大学生开始对现实自我不满意，产生了“我是什么样的人”和“我希望是什么样的人”之间的困扰。同时还产生了独立性与依附性、社交性与封闭性、自尊感与自卑感等的矛盾，这些矛盾一方面使大学生产生不安和焦虑，另一方面也促使大学生对自我进行积极思考，使自我意识逐渐统一。

2. 自我体验的情绪化

自我体验的情绪化是个体对于客观事物符合自己的需求而产生的心理体验。青春晚期的大学生情绪常常表现出短暂、易变等特点，他们的自我评价常常发生矛盾，对自我的态度常常是波动的。他们在情绪好的时候自我认同度高，对自己充满信心；情绪低落遇到挫折时自我认同感骤然下降，自我判断失准，认为自己什么都不会。另外，他们的情绪容易走极端，考虑问题时容易受到各种社会思潮与其他外部环境的影响，容易偏激、冲动。

3. 自我调节的中心化

大学生强烈地关注自我，往往从自己的角度和自我的标准去认识、评价事物和他人并采取行动，很容易出现自我中心的倾向。

4. 自我意识发展的阶段性

大学生自我意识发展非常迅速，已经开始逐渐探索自我，建立自我同一性。在这个过程中并非所有人都一帆风顺，很多人都会经历怀疑自己—找不到方向—迷茫的阶段。一旦能够从迷茫中重新找回自己，便会重建一个新我。根据现有的研究，这个阶段大致如下：大一是自我意识分化的时期；大二和大三是内心矛盾冲突最尖锐、思想斗争最激烈的时期；大三、大四是自我意识趋于稳定和统一的时期。

【扩展阅读】

自我同一性

自我同一性，即青少年同一性的人格化，是指青少年的需要、情感、能力、目标、价值观等特质整合为统一的人格框架，即具有自我一致的情感与态度，自我贯通的需要和能力，自我恒定的目标和信仰。最早是由美国精神分析学家埃里克森在人格发展八阶段的理论中提出来的。

自我同一性本意是证明身份，指个体尝试着把与自己有关的各方面结合起来，形成一个自己决定协调一致不同于他人的独具统一风格的自我。简单理解大概就是把自己“众多的人格”统一起来，形成一个比较稳定的人格。具体是指个体在寻求自我的发展中，对自我的确认和对有关自我发展的一些重大问题，诸如理想、职业、价值观、人生观等的思考和选择。在这一过程中必然要涉及个体的过去、现在和将来这一发展的时间维度。自我同一性的确立，就意味着对个体和自身有充分的了解，能够将自我的过去、现在和将来，组合成一个有机的整体，确立自己的理想与价值观念，并对未来自我的发展作出自己的思考。如果无法将众多人格统一起来，那么就会出现自我同一性混乱。

玛西亚提出青少年同一性发展的四种情形，它们是同一性达成、同一性拒斥、同一性分散、延期偿付。

【案例】

小张，24 岁，有许多爱好，大四时通过了会计师资格考试，是当年男生中取得会计师资格证最年轻的一位，因此受到了周围很多人的关注。他提前进入了当地相当著名的会计师事务所，在毕业之前就开始了实习工作。在最后一个学期还要继续上学的同学们都很羡慕他，但是小张本人对会计工作一点兴趣都没有，他从来就没有过做会计师的打算。小张是在自己还不知道自己喜欢什么、该做什么工作的状态下被朋友们拉去准备会计师资格考试的，意想不到的是他通过了，并且突然就开始了社会生活。不久前小张递上了辞呈并开始旅行。

分析：

小张的事例就是在不明确自我同一性的状态下经历社会环境变化的情况。在这种变化的社会环境和自我观念的相互作用中，我们会不断地针对存在感、同一性等事项向自己提问。最终小张所直接面对的社会变化要求他重新整理个人观念，明确自我同一性。虽然我们还不知道他是否通过旅行找到了自己，但是他这种积极探索自己的态度，想要在确信之后再来建构社会生活的想法让我们为他鼓掌。只有自我观念明确，社会关系才能顺利。

那么，小张所寻求的自我观念“我”是什么呢？我们来想想表示自己的“self”这个单词，我们可以把“self”分为主体上的“看着的我”和客体上的“展现出来的我”。想象一下，我们拿着照相机站在镜子前“自拍”的样子。这个时候站在镜子前拿着相机的我就是“看着的我”，即“I–self”；而镜子里那个摆出造型的我则是“展现出来的我”，即“Me–self”。这个“Me–self”是意识到的“I–self”整个框架存在的客体。“看着的我”即“I–self”作为积极的观察者，对于自身是一贯性的、整合的主体对象，当自己的行为得到特定的结果，对方又表现出预想的反应时，“I–self”就形成了。举个非常简单的例子，新生儿的手在碰到雕塑的时候，看到雕塑在移动，他们就产生了使雕塑移动的“I–self”的概念。换句话说，“I–self”是调节自己的想法和行动，并可以得到他人或对方的反应的主体“我”的概念。相反地，“展现出来的我”即“Me–self”则指的是作为被观察对象的“我”。“我”不仅仅是看着行动的“我”，也是展现出来的被人评价的“我”，这就是“Me–self”的概念。“Me–self”是作为被认知和评价对象的“我”的感觉。特别的是，“Me–self”是基于来自其他人的认知和评价这一点，这和日后存在感和同一性的形成有着很深的关联，对于社会性也有着直接的影响。小张就是缺少成为会计师的自我概念，即形成了“Me–self”，却缺少自我主动意识的主体。但是新的环境和刺激又要求他有主体的自我观念，即确立“I–self”。小张很晚才开始寻找自我同一性，可以说就是在拉近这两种相互背离的自我观念。实际上，虽然平时我们并没有意识到“I–self”和“Me–self”这两个概念，但对它们一直是有所认知的，它们也成为限制我们行动的标准。能够同时拥有主体上的自我和客体上的自我，可以加深对自己的认识和了解，更进一步说，还能开发出理解其他人感情和思维的共情能力。换句话说，自我观念越清晰，我们就越能正确地理解与自己不同的其他人的感情和想法，作为独立的个体就能够尊重其他人并能接受他们的意见。只有把对社会性存在的“我”的理解作为基础，社会性的相互作用才能顺利进行，也才能够成长为成熟的成人。建议加强自我认识，应认识到当前的主要任务就是学习，大学的学习机会是非常宝贵的；同时，积极参加各种有益的校园活动使心态趋于平和，更加努力学习使自己逐渐成熟。

【心理测试】

自我同一性测验

此问卷主要用于评估自我同一性 VS 角色混乱。问卷可以让你了解你在同龄人中所处的位置，初步了解自我同一性的状况。以下呈现的问题，如果哪一种适合你自身的实际情况，请在对应的括号里画上“√”。

	没有	偶然	一般	经常
1. 我常常思考我是一个什么样的人。	（ ）	（ ）	（ ）	（ ）
2. 人们似乎改变了对我的看法。	（ ）	（ ）	（ ）	（ ）
3. 我对人生中应当做什么相当确定。	（ ）	（ ）	（ ）	（ ）
4. 对某些东西在道德上是否正确，我感到不能确定。	（ ）	（ ）	（ ）	（ ）
5. 对我是一个什么样的人，大多数人的看法是一致的。	（ ）	（ ）	（ ）	（ ）
6. 我感到我的生活道路适合于我。	（ ）	（ ）	（ ）	（ ）
7. 我的价值被其他人所认同。	（ ）	（ ）	（ ）	（ ）
8. 当远离那些非常熟悉我的人群时，我感到非常轻松。	（ ）	（ ）	（ ）	（ ）
9. 我感到生活中做着的许多事情不那么有价值。	（ ）	（ ）	（ ）	（ ）
10. 我感到我在自己生活的社区里很融洽。	（ ）	（ ）	（ ）	（ ）
11. 我很骄傲自己成为这种类型的人。	（ ）	（ ）	（ ）	（ ）
12. 别人看我和我看自己的方式不太一样。	（ ）	（ ）	（ ）	（ ）
13. 我感到被别人忽视。	（ ）	（ ）	（ ）	（ ）
14. 人们似乎不赞同我的观点。	（ ）	（ ）	（ ）	（ ）
15. 我改变了向生活索取的观点。	（ ）	（ ）	（ ）	（ ）
16. 我不确定别人是如何看我的。	（ ）	（ ）	（ ）	（ ）
17. 我对自己的看法改变了。	（ ）	（ ）	（ ）	（ ）
18. 我感到我正在付诸行动，或努力使一些事情生效。	（ ）	（ ）	（ ）	（ ）
19. 我为成为我所生活的社会中的一员而感到骄傲。	（ ）	（ ）	（ ）	（ ）

【结果统计与解释】

题 3、5、6、7、10、11 和 19，没有得 1 分，偶然得 2 分，一般得 3 分，经常得 4 分。

题 1、2、4、8、9、12、13、14、15、16、17 和 18，没有得 4 分，偶然得 3 分，一般得 2 分，经常得 1 分。

每项得分加起来得到总分。我们提供一个平均分为 59、标准差为 6 的常模参数，可以帮助你了解你的自我同一性以及在同学们中的大致水平。

得分≤ 47，与你同水平的概率为 2%。
得分 48 ~ 53，与你同水平的概率为 14%。
得分 54 ~ 58，与你同水平的概率为 34%。
得分 59 ~ 64，与你同水平的概率为 34%。
得分 65 ~ 71，与你同水平的概率为 14%。
得分≥ 72，与你同水平的概率为 2%。

第四节　遇见最好的自己——塑造健全的自我意识

【导入】

个人对自我的认识决定着其人格的发展和健康心理的发展。一个具有积极统一的自我意识的大学生，对现实自我和理想自我的认识比较清晰和客观，形成了较好的自我同一性。这样的大学生往往目标具体、心情舒畅、积极进取。相反，一个具有消极统一的自我意识的大学生，对自己的评估或高或低，理想自我与现实自我之间的差距过大。这样的大学生往往容易悲观失望，难有作为。

一、健康的自我意识的作用

1. 积极的自我意识是个体心理健康的重要标志

心理健康的人，能较为客观地认识自己，悦纳自己，有适当的自尊，能及时洞察自己的感觉和意图；而消极的自我意识如自卑、自我否定、缺乏自制力等则是心理不健康的表现。只有认识和了解自我，对自己的经验持一种接受态度的人，才可能得到快乐幸福的生活，以及充分发掘自己的潜能获取更大的成功。

2. 正确的自我意识可以促进个体生活质量的提高

一个具有良好自我意识的人，能够客观、全面地分析、评价自己；理想自我与现实自我之间的相关性较高；能够自觉地按现实的要求设计、安排自己的生活。这样的人生活充实，自我发展顺利，生活质量较高。

3. 良好的自我形象是个体成功的基础

自我形象设计是当代大学生成长发展过程中极为关注的内容之一。良好的自我意识恰恰是大学生塑造良好自我形象的前提。事实证明，主观自我和客观自我越接近的人，他的自我形象越良好。自我形象良好的大学生，对自己有合理的期望，乐观从容，处事积极，善于抓住和利用个人成长中的机会改进和完善自己。

马斯洛指出，一个有稳定自我形象的人，更容易达到自我实现。自我形象不仅影响人的心理健康，而且影响人的成就水平。一般而言，有恰当自尊的人也能尊重别人，有自信的人往往也相信别人。自我形象差的人大都伴随着这样那样的心理困扰，这使他们在走向成功的路上困难重重、事倍功半。

【心理测试】

个人评价问卷

以下列出了许多反映普遍情感、态度和行为的陈述，请仔细阅读每一个陈述，考虑一下它是否适用于你。尽量诚实、准确地回答，但没有必要每一条都刻意花太多时间。除非特别标明时间界限，否则请考虑一下近两个月内这些条目对你是否适用。请像下面所列的那样，表明你同意每一个陈述情况的程度（非常同意1分，基本同意2分，基本不同意3分，极不同意4分）。

1. 我是个会交际的人。（ ）
2. 近几天来有好几次我对自己非常失望。（ ）
3. 使我烦恼的是我的模样不能更好看点。（ ）
4. 维持一个令人满意的爱情关系对我没有困难。（ ）
5. 我此刻比之前更快乐。（ ）
6. 我对我的身体外貌很满意。（ ）
7. 有时我不去参加球类及非正式的体育活动，因此我认为自己对此不擅长。（ ）
8. 当众讲话会使我不舒服。（ ）
9. 我愿意认识更多的人，可我又不愿外出和他们见面。（ ）
10. 体育运动是我擅长的活动之一。（ ）
11. 学业表现是显示我的能力、让别人认识我的成绩的一个方面。（ ）
12. 我比一般人长得好看。（ ）
13. 在公共场合演节目和讲话，我想都不敢想。（ ）
14. 想到大多数体育活动时，我便充满热情和渴望，而不是疑惧和焦虑。（ ）
15. 即使身处那些我过去曾应付得很好的场合，我仍然常常对自己没把握。（ ）
16. 我常怀疑自己是否有这份天资，能成功地实现我的职业和专业目标。（ ）
17. 我比与我年龄、性别相同的大多数人更擅长体育。（ ）
18. 我缺少使自己成功的一些重要能力。（ ）
19. 当众讲话时，我常常有把握做到清楚、有效地表达自己的看法。（ ）
20. 我真庆幸自己长得漂亮。（ ）
21. 我已经意识到，与同我竞争的人相比，我并不是个好学生。（ ）

22. 最近几天，我对自己不满意的地方比以往更多。 ( )
23. 对体育运动不擅长是我一个很大的缺点。 ( )
24. 对我来说，结识一个新朋友是我所盼望的愉快感受。 ( )
25. 许多时候，我感到自己不像身边许多人那样有本事。 ( )
26. 在晚会或其他许多聚会上，我几乎从未感到过不舒服。 ( )
27. 比起大多数人来，我更少怀疑自己的能力。 ( )
28. 我在建立爱情关系上，比大多数人困难更多。 ( )
29. 今天我比平常对自己的能力更无把握。 ( )
30. 令我烦恼的是，我在智力上比不上其他人。 ( )
31. 当事情变得糟糕时，我通常相信自己能妥善地处理它们。 ( )
32. 我比大多数人更担心自己在公共场合讲话的能力。 ( )
33. 我比我认识的多数人更自信。 ( )
34. 当我考虑继续约会时，我感到紧张或没把握。 ( )
35. 大多数人可能会认为我的外表没有吸引力。 ( )
36. 当我学一门新课时，我通常可以肯定自己在结束时成绩处于班上前1/4。 ( )
37. 我像大多数人一样有能力当众讲话。 ( )
38. 当我参加社交聚会时，常感到笨拙和不自在。 ( )
39. 通常我的爱情生活似乎比大多数人好。 ( )
40. 有时我因为不想当众发言而回避上课或做其他事情。 ( )
41. 当我必须通过重要的考试或完成其他专业任务时，我知道自己能行。 ( )
42. 我似乎比大多数人更擅长结识新朋友。 ( )
43. 我今天比平时更为自信。 ( )
44. 我时时避开那些可能会与之产生爱情关系的人，因为我在他/她们身边会感到太紧张。 ( )
45. 我希望我能改变自己的容貌。 ( )
46. 我比大多数人更少担心在公共场合讲话。 ( )
47. 现在我感到比平时更乐观和积极。 ( )
48. 对我来说，吸引一个渴慕得到的男朋友或女朋友从来就不成问题。 ( )
49. 假如我更自信一点，我的生活就会好一些。 ( )
50. 我追求那些智力上富有挑战性的活动，因为我知道我能比大多数人做得更好。 ( )
51. 我能毫无困难地得到许多约会。 ( )
52. 我在人群中不能像大多数人那样感到舒服。 ( )
53. 今天我比平时对自己更有把握。 ( )
54. 要是我长得更好看一些，我会在约会上更成功。 ( )

【结果统计与解释】

雅典卫城的帕特农神庙里刻着一句永恒的神谕："认识你自己。"在心理学中，一个人对自己的认识往往表现为对自己的评价。"个人评价问卷"常用来评定自我评价的一个重要方面——自信。一般认为自信是一个人对自己能力或技能的感受，是对自己有效地应对各种环境能力的主观评价。这个问卷考查的是你在以下六个方面对自己的评价：学业表现、体育运动、外表、爱情关系、社会相互作用及同人们交谈。测验使用的是自测法，也就是请你对自己的各个健康指标作出主观评定。

量表的总分范围为 54 ~ 216 分，得分越高表示你越自信。

二、自我意识发展中的偏差

1. 自我中心

适度的自我关注、自我分析有利于正确、客观地认识自己，有利于正确地意识到自己采取的行为和做法，从而能够准确、及时、适当地调整自己不当的行为，克服自己的不足。但也有学生对自己过于关注，一切以自我为中心，不去考虑他人的感受，也不考虑对方的立场。遇事只从自己考虑，凡事都认为自己是正确的，由此而筑起一堵墙，与同学相互对立。每个人都必须学会与人相处，虽然人类有利己的倾向，但人人都讨厌别人做事只顾自己。在一个提倡合作的社会里，如果人人都想利己，那最终受损的仍是自己。主要表现为很少关心别人；固执己见，唯我独尊；自尊心过强，过度防卫，有明显的嫉妒心。

2. 自负

自负是个体自以为是、自命不凡的一种情感体验和情绪表现。随着时代的变迁，自信已成为当今青少年较为普遍的优秀品质，他们能独立思考，对自己的未来踌躇满志。但有些同学过度自信，就变成了自负。自负常常产生于"现实我"与"理想我"的矛盾中，一般来讲，"现实我"与"理想我"总是不一致的，两者之间总有着距离，如何看待这两者的距离直接关系着自我体验。当对缩短两者距离充满信心时，表明个体正处于积极体验，即认为自己可以努力提高"现实我"。但有些学生过度自信，过高评价自己，在生活与学习中，处处显示自己的优越感，希望超过别人，这种自我膨胀、过度的自信即是"自负"。自负的人往往目空一切，过分相信自己的能力，听不进师长的教诲，听不进同龄人的意见，一意孤行，骄傲自大。由于缺乏自知之明，自负的人容易失败，也容易受伤害。

3. 自卑

自卑是自我评价偏低、自愧无能而丧失自信，并伴有自怨自艾、悲观失望等情绪体验的消极心理倾向。主要表现为情不自禁地过分夸大自己的缺陷，甚至毫无根据地臆造许多弱点；喜欢拿自己的短处跟别人的长处相比，不能冷静地分析自己所受的挫折，总把这些挫折失败归因于自己的无能；不能客观看待别人对自己的评价，认为自己一无是处，对那些稍微做点努力就能完成的任务也轻易放弃。这种影响在性格内向者身上表现得尤为明显。自卑源于不合理的认知，产生自卑的原因有很多。例如，身体或生理上的原因，觉得自己身材矮小、外貌不佳而自卑；家庭经济等因素，觉得自己家庭条件相对较差而自卑；能力等原因，觉得自己技不如人而自卑；经历挫折的原因，觉得自己在学习上屡屡经历失败而自卑。表面上看，自卑都有客观上的原因，但实质上，造成自卑则主要是来自主观方面的原因，个体没有正确地认识这些问题，对自己缺乏正确的认识和评价。

【扩展阅读】

阿德勒的《自卑与超越》

阿德勒，奥地利心理学家，对躯体和心理的自卑进行了研究，坚持自卑感是人的行为的原始决定力量或向上意志的基本动力。在他看来人生本来并不是完整无缺的，有缺陷（包括身体缺陷）就会产生自卑，而自卑能摧毁一个人，使人自暴自弃或发生精神疾病；另一方面，它能够使人发愤图强，振作精神迎头赶上，如此解决原始缺陷和追求优越之间的矛盾。生活的意义在于，接纳并分享他人的活动，善于合作，甘于奉献，恰当使用“追求卓越”的心理动力以补偿与生俱来的自卑感。下面摘述的阿德勒《自卑与超越》一书中的一段话，形象地说明了自卑的不同表达方式。

自卑感以千万种方式表达自身。也许我们可以用三个孩子第一次被带进动物园的故事来说明。当他们站在狮子笼前面时，其中一人畏缩在他妈妈后面，颤抖地说道：“我想回家。”第二个孩子站在那儿，脸色苍白，瑟瑟发抖地说：“我一点也不怕。”第三个孩子狠狠地盯着狮子，问他妈妈：“我可以向他吐唾沫吗？”这三个孩子确实感到了自卑，但每个人都以与其生活风格一致的方式表达他的感觉。

三、如何塑造健全的自我意识

1. 健全自我意识的参考标准

①能自我肯定、自我统合的人。

②自我认识、自我体验、自我调节协调统一的人。

③独立的、同时又与外界保持协调的人。

④主动发展自我，且自我具有灵活性的人。

⑤心理健康的人，不仅自己能健康发展，而且能促进社会文明和进步。

2. 提升自尊

尽量正面积极地接受自己，我们自己对“我”是如何评价的，这一点对大学生来说尤为重要。自尊比较低的话，就会经常表现出对他人的敌视，同时对周围环境和状况表现出冷笑的态度，还很容易做出冲动的行为或恶行。这样的人在遇到压力时，会很容易陷入抑郁，无法适应环境，严重时还会采用过度饮酒、不正常饮食、自杀等极端的方式。最近几年世界各地突然增加的此类极端行为，包括日本演员和中国演员自杀事件，也可以从这个角度来分析。受到大众喜爱的演员们在粉丝中的人气下降或片酬降低的时候，就会产生贬低自我价值的倾向。要注意的是，人气和别人的认可将会直接影响到自尊，所以当这一切突然消失的时候，人们就会陷入混乱，很难再做出理性的判断。在我们决定自己的想法和未来前途的时候，自尊也起着相当重要的作用。高自尊的人比低自尊的人拥有更加合理和主导性的决策能力；相反，较低自尊的人在做决定时常有依赖他人的倾向，对于自己未来的前途也常表现出不确定的态度。自尊之所以在大学时代占有如此重要的地位，也是出于这个原因。

【心理测试】

自尊调查表

请做出“像我”或“不像我”的回答（像我 1 分，不像我 0 分）。

1. 我花很多时间做白日梦。（　）
2. 我对自己很有把握。（　）
3. 我常希望自己是其他什么人。（　）
4. 我容易喜欢上什么。（　）
5. 我和我父母在一起时开心事很多。（　）
6. 我从不为什么事担心。（　）
7. 我发现当着全班同学的面讲话很难。（　）
8. 我希望自己的年龄再小一些。（　）
9. 如果可能的话，我要改变自己的很多事。（　）
10. 我无须太大困难就能拿定主意。（　）
11. 我有许多开心事。（　）
12. 我在家里很容易不高兴。（　）
13. 我总是做我该做的事。（　）
14. 我对自己的功课感到自豪。（　）
15. 我总是需要有人告诉我该做什么。（　）
16. 我要花很长时间才能习惯新事物。（　）
17. 我常对我做的事感到后悔。（　）
18. 在与我同龄的孩子中，我很吃得开。（　）
19. 我的父母通常能顾及我的心情。（　）
20. 我从来不会不高兴。（　）
21. 我正在做我所能做的最好的事情。（　）

22. 我很容易屈服。 ( )
23. 我一般能照顾好自己。 ( )
24. 我很快乐。 ( )
25. 我更愿与比我年龄小的孩子玩。 ( )
26. 我的父母对我的期望太多了。 ( )
27. 我喜欢我认识的每一个人。 ( )
28. 我喜欢在班上被提问。 ( )
29. 我了解我自己。 ( )
30. 我真是太不走运了。 ( )
31. 在我的生活中，所有的事情都乱成一团。 ( )
32. 孩子们通常会听从我的主意。 ( )
33. 在家里，没有人特别留意我。 ( )
34. 我从未被责骂。 ( )
35. 在学校我表现得不如我希望的那么好。 ( )
36. 我能拿定主意并坚持它。 ( )
37. 我真不愿意做个男孩(女孩)。 ( )
38. 我对自己的评价较低。 ( )
39. 我不喜欢与其他人在一起。 ( )
40. 有许多次我想离开家。 ( )
41. 我从不害羞。 ( )
42. 在学校我常感到不开心。 ( )
43. 我常为自己感到羞愧。 ( )
44. 我长得不如大多数人好看。 ( )
45. 如果我有事说，通常我会讲出来。 ( )
46. 孩子们经常欺侮我。 ( )
47. 我的父母了解我。 ( )
48. 我总是讲真话。 ( )
49. 我的老师使我觉得自己不够好。 ( )
50. 我对自己将遇到什么事不在乎。 ( )
51. 我是一个失败者。 ( )
52. 当我被责骂时，很容易变得激动不安。 ( )
53. 大多数人比我更招人喜欢。 ( )
54. 我常常觉得我的父母似乎正在惩罚我。 ( )
55. 我总知道要对人们说些什么。 ( )
56. 在学校里我总遇到令人灰心的事情。 ( )
57. 通常没有什么事情能烦我。 ( )
58. 人们无法依靠我。 ( )

【结果统计与解释】

分值越高，自尊感越高。

---

3. 提高自我效能感

自我效能指的是对自己能力和效率的自信，以一种对自己的信念和自我满足的形态展现出来。二十几岁开始为成人期生活制订人生规划，只有充满了自我效能，才能规划好自己的道路，有意识地往前走下去。另外，如果想要积极地利用机会并走向成功，也一定要锻炼好自我效能。自我效能高，我们就会形成积极的自我观念，从而会喜欢有挑战性的和困难的目标，还会为了实现自己选择的目标有方向性地努力，并且获得实现高成就的推动力。相反，如果自我效能低，做任何事情都不会有自信心，而且很容易患上抑郁症。也就是说，我们将自己的能力判断得越高，就会选择并想要实现更高的目标，从而也会限制、调整和控制自己的行为。因此，在树立和规划人生目标之前，我们需要提高自我效能，将效率最大化。

提高自我效能的方法主要有以下几种：

①积累小的成功经验。不断积累小的成功经验，事情的重要性或者大小都没有关系。例如，拿到难度不大的资格证、一天不落地做早操锻炼、每周读一本书、控制调整体重，只要设定目标并最终完成，心里就会觉得很满足，同时也会产生自我信任。“我是能做到这种程度的人”，这样的想法会激励自信心并提升自我效能。

②观察成功人士。观察身边人的成功经历，获得替代性的感受也是一个不错的方法。看到与自己能力相当的同伴成功之时，会同时产生“那种程度我也能做到”的想法。观察成功人士也是传递积极精神的好机会，只有经常接近心情好、主动的人以及积极的氛围，才能形成健康的自我观念。这段话可能被认为非常肤浅，但希望大学生们记住，这是非常现实以及直接的信息。

③称赞和鼓励。能够直接影响到自我效能的另一个因素是称赞和鼓励。在成长阶段经常受到称赞和鼓励的人，大多数的自我效能都比较高。这一点在学校或者职场上也是相似的。经常受到老师或上司称赞的人，时间越长，成就感就会越高。因为随着自我效能的提高，树立并完成目标的推动力也加强了。另外，自己称赞自己也是有效果的，经常给予自己正面的暗示，重复想要传递给自己的信息，都不失为值得尝试的方法。心灵栖息地每一天都是崭新的。

【扩展阅读】

有裂缝的水罐

印度有个挑水工，他有两只水罐。一只水罐有一条裂缝，而另一只水罐完好无损。完好的水罐总能把水从远远的小溪满满地运到主人的家，而那只破损的水罐到达目的地时里面只剩下半罐水了。挑水工每次挑水到主人家时，只有一罐半水，这样日复一日地过去了两年。那只完好的水罐不禁为自己的成就更为自己的完美感到骄傲，但那只可怜的有裂缝的水罐因自己天生的裂痕而感到十分惭愧，心里一直很难过。

两年后的一天，有裂缝的水罐在小溪边对挑水工说："我为自己感到惭愧，我想向你道歉。"挑水工问："你为什么要感到惭愧？""在过去的两年中，我一直觉得惭愧。在你到主人家的路上，水从我的裂缝渗出，我只能运半罐水。你尽了自己的全力，却没有得到你应得的回报。"水罐答道。挑水工听到水罐这样说感到难过，他同情地对它说："在我们回主人家的路上，我希望你注意小路旁那些美丽的花儿。"

当他们上山时，那只破水罐看见太阳正照着小路旁边美丽的鲜花，这美好的景象使它感到一丝快乐，但到了小径的尽头，它仍然感到伤心，因为它又漏掉了一半的水。于是它再一次向挑水工道歉。但挑水工说："难道你没有注意到刚才那些美丽的花儿只长在你这一边，并没有长在另一只水罐那边？那是因为我早知道你的裂缝，并且利用了它。我在你这一边撒下了花种子，于是每天我们从小溪边回来的时候，你就浇灌了它们。两年中，我就摘下这些美丽的花去装饰我主人的桌子。如果没有你，主人不会有这么美丽的花朵美化他的家。"

法国大思想家卢梭说过："大自然塑造了我，然后把模子打碎了。"许多人不肯接受这个已经失去了模子的自我，于是就用自以为完美的标准，即公共模子，把自己重新塑造一遍，然而却失去了自我。认识自我不容易，要高兴地接受自己的一切，包括自己的优势和劣势就更不容易。悦纳自己是一种心理状态，与客观环境并不完全相关。有些人虽然有生理缺陷，但却很乐观；有些人五官端正，相貌堂堂，但却不喜欢自己；有些人并不富裕，却知足常乐；有些人有钱有势，却并不感到愉快。古代有一位皇帝问一位哲学家，究竟谁是世界上最快乐、最幸福的人。哲学家回答说："他自己认为是最快乐、最幸福的人，就是世界上最快乐、最幸福的人。"有句谚语这样说："你所以感到巨人高不可攀，只是因为你跪着。"一个人要活得快乐、幸福，必须先在心理上悦纳自己。

【扩展阅读】

海伦·凯勒的奇迹

拿破仑·希尔曾说："有方向感的信心，可令我们每一个意念都充满力量。当你有强大的自信心去推动你的成功车轮，你就可平步青云，无止境地攀上成功之岭。"克服眼不能看、耳不能听、嘴不能说的三重痛苦，终生致力于社会福利事业，被称为"奇迹人"的海伦·凯勒成功的一生，无疑是这句话最好的印证。

海伦刚出生时，是个正常的婴孩，能看、能听，也会咿呀学语。可是，一场疾病使她变成又瞎又聋的小哑巴——那时她才 19 个月大。生理的剧变，令小海伦性情大变。稍不顺心，她便会乱敲乱打，野蛮地用双手抓食物塞入口里；若试图去纠正她，她就会在地上打滚乱嚷乱叫，简直是个十恶不赦的"小暴君"。父母在绝望之余，只好将她送至波士顿的一所盲人学校，特别聘请一位老师照顾她。

所幸的是，小海伦在黑暗的悲剧中遇到了一位伟大的光明天使——安妮·沙莉文女士。

沙莉文女士也是一位有着不幸经历的女性。她 10 岁时和弟弟两人一起被送进麻省孤儿院，在孤儿院的悲惨生活中长大。由于房间紧缺，幼小的姐弟俩只好住进放置尸体的太平间。在卫生条件极差又贫困的环境中，幼小的弟弟 6 个月后就夭折了，她也在 14 岁时得了眼疾，几乎失明。后来，她被送到帕金斯盲人学校学习凸字和指语法，再后来便做了海伦的家庭教师。从此，沙莉文女士与这个蒙受三重痛苦的姑娘的“斗争”就开始了。洗脸、梳头、用刀叉吃饭都必须一边和她格斗一边教她。固执己见的海伦以哭喊、怪叫等方式全身反抗着严格的教育。沙莉文女士究竟是如何做到在一个月的时间就和生活在完全黑暗、绝对沉默世界里的海伦沟通的呢？答案是这样的，自我成功与重塑命运的工具是相同的——信心与爱心。

关于这件事，在海伦·凯勒所著的《我的一生》中有感人肺腑的深刻描写：一位年轻的复明者，没有多少教学经验，将无比的爱心与惊人的信心，灌注于一位全聋全哑的小女孩身上——先通过潜意识的沟通，靠着身体的接触，为她们的心灵搭起一座桥。接着，自信与自爱在小海伦的心里产生，使她从痛苦的孤独地狱中挣脱出来，通过自我奋发，将潜意识那无限能量发挥，步向光明。就是如此，两人手携手，心连心，用爱心和信心作为“药方”，经过一段艰难的挣扎，唤醒了海伦那沉睡的意识力量。一个既聋又哑且盲的少女，初次领悟到语言的喜悦时，那种令人感动的情景，实在难用笔述。海伦曾写道：“在我初次领悟到语言存在的那天晚上，我躺在床上，兴奋不已，那是我第一次希望天亮——我想再没其他人可以感觉到我当时的喜悦吧。”依然是失明，依然是耳聋的海伦，凭着触觉（指尖）去代替眼和耳，学会了与外界沟通。她 10 多岁时名字已传遍全球，成为残疾人士的模范。

1893 年 5 月 8 日是海伦最开心的一天，这也是电话发明者贝尔博士值得纪念的一日。贝尔博士在这一日成立了著名的国际聋人教育基金会，而为会址奠基的正是 13 岁的小海伦。若说小海伦没有自卑感，那是不确切的，也是不公平的。幸运的是她自小就在心里树起了颠扑不灭的信心，完成了对自卑的超越。

小海伦成名后并未因此而自满，她继续孜孜不倦地接受教育。1990 年，这个 20 岁就学习了指语法、凸字及发声，并通过这些手段获得超过常人的知识的姑娘，进入了哈佛大学拉德克利夫学院学习。她说出的第一句话是：“我已经不是哑巴了！”她发觉自己的努力没有白费，兴奋异常，不断地重复说：“我已经不是哑巴了！”4 年后，她作为世界上第一个受到大学教育的盲聋哑人以优异的成绩毕业。海伦不仅学会了说话，还学会了用打字机著书和写稿。她虽然是位盲人，但读过的书却比视力正常的人还多，而且，她著了 7 册书，比正常人更会鉴赏音乐。

海伦的触觉极为敏锐，只需用手指头轻轻地放在对方的唇上，就能知道对方在说什么。把手放在钢琴、小提琴的木质部分，就能“鉴赏”音乐。她能以收音机和音箱的振动来辨明声音，又能利用手指轻轻地碰触对方的喉咙来“听歌”。如果你和海伦·凯勒握过手，5 年后你们再见面握手时，她也能凭着握手来认出你，知道你是美丽的、强壮的、体弱的、滑稽的、爽朗的，或者是满腹牢骚的人。这个克服了常人无法克服的残疾的“造命人”，其事迹在全世界引起了震惊和赞赏。她大学毕业那年，人们在圣路易博览会上设立了“海伦·凯勒日”。她始终对生命充满信心，充满热忱。她喜欢游泳、划船，以及在森林中骑马；她喜欢下棋和用扑克牌算命；在下雨的日子，她就以编织来消磨时间。

海伦·凯勒凭着她那坚强的信念，最终战胜自己，体现了自身价值。她虽然没有发大财，也没有成为政界伟人，但是，她所获得的成就比富人、政客还要大。第二次世界大战后，她在欧洲、亚洲、非洲各地巡回演讲，唤起了社会大众对身体残疾者的注意，被《大英百科全书》称颂为有史以来残疾人中最有成就的代表人物。

一个不信任自己心灵力量的人，不懂爱护自己，未能推己及人，即使耳能听目能见，也不会有什么成就。海伦·凯勒既盲且聋，但她信任自己的心灵力量，爱护自己，推己及人，于是她的心眼亮了心耳开了，创造了物质财富也创造了心灵财富。

身受盲聋哑三重痛苦，却能克服它并向全世界投射出光明的海伦·凯勒及沙莉文女士的成功事迹，说明了什么问题呢？拿破仑·希尔给我们作出了最好的回答：“信心是心灵的第一号化学家。当信心融合在思想里，潜意识会立即拾起这种震撼并把它变成等量的精神力量，再转送到无限智慧的领域里促成成功思想的物质化。”

的确，心存疑惑，就会失败；相信胜利，必定成功。

---

4. 思考与收获

（1）我的优点

____

（2）我的缺点

____

（3）完善自我的方法

____

【扩展阅读】

美国社会心理学家库利在实验的基础上提出了“镜像自我”理论。他认为每个人对自己的意识是在与他人交往过程中，根据他人对自己的看法和评价而发展起来的，这个过程在人的一生中一直进行着。库利将之形象地比喻为：将他人看作一面镜子，从这面镜子中可以照出我们自己的样子，而我们从镜子中看到的那个样子就构成了我们的自我。

每个人对自己的意识不是一生下来就有的，而是在其发展过程中逐步形成和发展起来的。人首先是对外部世界、对他人的认识，然后才逐步认识自己。

每个人都是一个心灵画家，不过，这个画家的水平是逐渐提高的，当我们对自己的认识达到以下水平时，我们对自己的画像就基本完成了：能意识到自己的身体特征和生理状况；能认识并体验到内心进行的心理活动；能认识并感受到自己在社会和集体中的地位和作用。一个人心理健康的发展是与他的心理自我发展是否完善密切相关的。心理自我发展完善的个体能够以客观的社会标准来认识社会和评价事物，树立正确的伦理道德观念，形成对待现实的正确态度、理想与信念等。

思考题

1. 为什么说良好的自我意识是心理健康的重要指标?
2. 自我效能感是什么？如何提高自我效能感?
3. 自我意识包含哪些内容，有什么样的结构?
4. 大学生自我意识的特点是怎样的?

第三章

情绪与情绪管理

任何人都会生气——这很简单。但选择正确的对象，把握正确的程度，在正确的时间，出于正确的目的，通过正确的方式生气——这却不简单。

——亚里士多德

第一节　情绪概述

【导入】

愚蠢的聪明人

杰森是佛罗里达州科勒尔斯普林斯中学高中二年级全优生，考入哈佛大学医学专业是他的梦想，这要求他每门功课都必须要得“优”，才能保证顺利地被哈佛大学医学专业录取。他的物理老师戴维·波洛格鲁图是一名要求严格的教师，也一直把杰森当成自己最得意的门生，但在一次测验中却给杰森打了 80 分，仅仅是“良”。杰森认为这个分数会使他的哈佛梦泡汤，并且把哈佛梦泡汤的原因全都归咎于物理老师给自己的这个分数，压抑、愤怒的情绪不能自持，于是他带着一把菜刀来到学校。杰森在物理实验室与波洛格鲁图发生了争执，用刀砍中了老师的锁骨，后被人制服。

法官认为杰森无罪，因为他在事件中暂时失去了理智。由四位心理学家和精神病学家组成的小组宣誓作证，认为杰森在争执时精神处于失常状态。杰森声称自己去找波洛格鲁图是想告诉他，因为分数过低想自杀。波洛格鲁图则讲述了不同版本的故事：“我认为他想用那把刀要我的命。”因为杰森对分数感到非常愤怒。

杰森后来转学到一家私立学校，两年后他以班级最好成绩毕业。普通课程的最高分一般每门功课都是“A”，平均学分绩点为 4.0，但杰森由于修满了足够的高级课程，把平均学分绩点提高到了 4.614，这个成绩比“A+”还要高，杰森以最高荣誉毕业，但波洛格鲁图却在抱怨杰森从来没有为自己的攻击行为向他道歉甚至负责。

杰森智力超群却做出了没有理智、愚蠢的事情，可见学业智力与情绪生活关系并不大，高智商其实难以准确地预测成功人生。如果将群体作为一个整体考察的话，智商和生活环境有一定的关系：智商非常低的人往往从事收入微薄的工作，而智商高的人通常会获得高薪，当然这并不是绝对的。

在成功人生的决定因素中，智商最多有 20% 的贡献率，其余 80% 由其他因素决定，即情绪智力。这些能力包括自我激励、百折不挠；控制冲动和延迟满足；自我调节情绪和防止困扰情绪影响思维能力；富有同理心和充满希望。

一、情绪

情绪的概念始于 1830 年，之前没有人知道情绪一说。当时人们感知到的是“激情”“灵魂的意外”“道德情操”之类，而且此类解读和我们今天对情绪的理解大相径庭。古希腊人认为藐视一切的怒火是由恶风带来的。早期定居沙漠中的基督徒认为厌倦是由邪恶的魔鬼植入人的灵魂中的。15—16 世纪，人们认为激情不再为人类所专有，也会给其他生命体带来奇妙的影响，于是，棕榈树可以谈恋爱、彼此朝思暮想，猫看起来也变得郁郁寡欢。伦敦的解剖学家托马斯·威利斯提出，一阵喜悦之情或紧张颤抖的产生是因为精密复杂的神经系统，这个系统围绕大脑而运行。

1. 情绪的含义

情绪的词源来自拉丁语“motere”，意为“行动、移动”，加上前缀“e”含有“移动起来”的意思，这说明每一种情绪都隐含着某种行动的倾向。情绪导致行动，这在动物或儿童身上表现得尤为明显。情绪是深层的驱动力，在广义的动物世界中，只有在“受教化”的成年人身上，才会经常出现情绪与反应存在很大偏差的现象。

情绪，是对一系列主观认知经验的通称，是多种感觉、思想和行为综合产生的心理和生理状态。可以从生理的、经验的和外在行为的变化几方面加以描述。最普遍、通俗的情绪有喜、怒、哀、惊、恐、爱等，也有一些细腻微妙的情绪如嫉妒、惭愧、羞耻、自豪等。情绪常和心情、性格、脾气、目的等因素互相作用，也受到荷尔蒙和神经递质影响。无论正面还是负面的情绪，都会引发人们行动的动机。尽管一些情绪引发的行为看上去没有经过思考，但实际上意识是产生情绪的重要一环。人的情绪有先天的因素也有后天控制的影响。

情绪也存在文化差异，格尔茨提出：眨两只眼和眨一只眼的区别是什么？如果我们用纯粹的生理学术语回答，说这是眼睑肌肉的一系列收缩运动，那么眨两只眼和眨一只眼几乎没有区别。但是你需要联系文化语境才能理解眨一只眼的深层含义，你需要理解戏耍和玩笑，以及嘲讽和做作等约定俗成的社交惯例。

2. 情绪表达的特点

情绪表达是个体表达情绪的各种方式，具有先天性、共同性、习得性和可控性。

①先天性。情绪表达是先天的本能活动，不需要学习和模仿。儿童生来就有表情，即使先天盲童早期的表情也与正常婴儿一致。

②共同性。基本的情绪表达方式（如表情），世界各个民族都是一样的，代表同样的意义，与文化背景无关。

③习得性。环境和学习影响着个体部分情绪的表达方式。婴儿在会说话之前的表情是先天的，但随着年龄的增长，表情的复杂性也随之增加。有些面部表情在全世界都是一样的，但有更多表情在不同文化与种族间是不一样的。

④可控性。可控性指情绪表达的外显行为可以为意志所掩饰，或模仿，或夸张做作，诱导他人误解。

3. 情绪与情感

情绪和情感作为一种主观体验，是对客观现实的反映，但它反映的不是客观事物本身，而是具有一定需要的主体和客体之间的关系。情绪和情感是两种难以分割而又有区别的主观体验。

（1）情绪与情感的区别

从广义上讲，情感与情绪一样，都是人对客观事物的态度体验。从狭义上讲，情感又不同于情绪，是和人的社会性需要相联系的一种比较复杂而又稳定的态度体验，如道德感、审美感、理智感、爱和恨的体验等。从严格意义上讲，情感与情绪有以下区别。

①从需要角度看，情绪是和有机体的生物需要相联系的体验形式，如喜、怒、哀、乐等；情感则是同人的高级的社会性需要相联系的，如与人交往的友谊感，与遵守道德行为准则和规范相关的道德感，等等。

②从发生角度看，情绪发生较早，为人类和动物所共有，但是无论从种系或是个体发展来看，情感体验都发生得较晚，是人类所特有的，是个体社会化进程发展到一定阶段才产生的。

③从稳定性程度看，情绪永远带有情境的性质；情感则既具有情境性，又具有稳固性和长期性，稳固的情感体验是情绪概括化的结果。

④从表现角度看，情绪着重于描述情感过程的外部表现及可测量的方面，带有冲动性；情感则着重于表明情绪过程的主观体验方面，始终在意识的控制之下。

（2）情绪与情感的联系

①情绪是情感的基础，情感离不开情绪。这表现在：情感是在情绪的稳定基础上发展和建立起来的；情感通过情绪的形式表达出来。

②对人类而言，情绪离不开情感，是情感的具体表现。这表现在：情感的深度决定着情绪的强度，情感的性质决定了一定情境下情绪表现的形式；情绪发生过程中往往深含着情感因素。

4. 情绪、情感与需求

情绪与情感是以需求为中介反映客观事物的。需求是人脑对生理的和社会的需求的反映。根据需求的起源，可把需求分为生理需求和社会需求；根据需求对象的性质，可把需求分为物质需求和精神需求。

（1）马斯洛需求层次理论

需求层次理论是美国心理学家马斯洛于1954年提出来的，他是人本主义心理学的创始人之一。

（2）马斯洛需求层次理论结构图

马斯洛需求层次理论的主要观点如下：第一，将人类需求像阶梯一样从低到高按层次分为生理需求、安全需求、归属需求、尊重需求和自我实现需求。这些都是人的基本需求，是人与生俱来的。第二，作为一种基本动力，需求推动人在获得低一层级需求的满足后继续寻找高一层级需求的满足。马斯洛认为，五种需求像阶梯一样，按层次逐级递升。一般情况下，当某种低层次的需求得到满足之后，就会向高层次的需求发展，如“衣食足而后知荣辱”。但这种需求层次的等级也不是绝对的，有时人会在低级需求尚未得到满足之前去寻求高级需求（如自我实现的需求）。第三，同一时期，一个人可能有几种需求，但每一时期总有一种需求占支配地位，对行为起决定作用。任何一种需求都不会因为更高层次需求的发展而消失。各层次的需求相互依赖和重叠，高层次的需求发展后，低层次的需求仍然存在，只是对行为影响的程度大大减小。

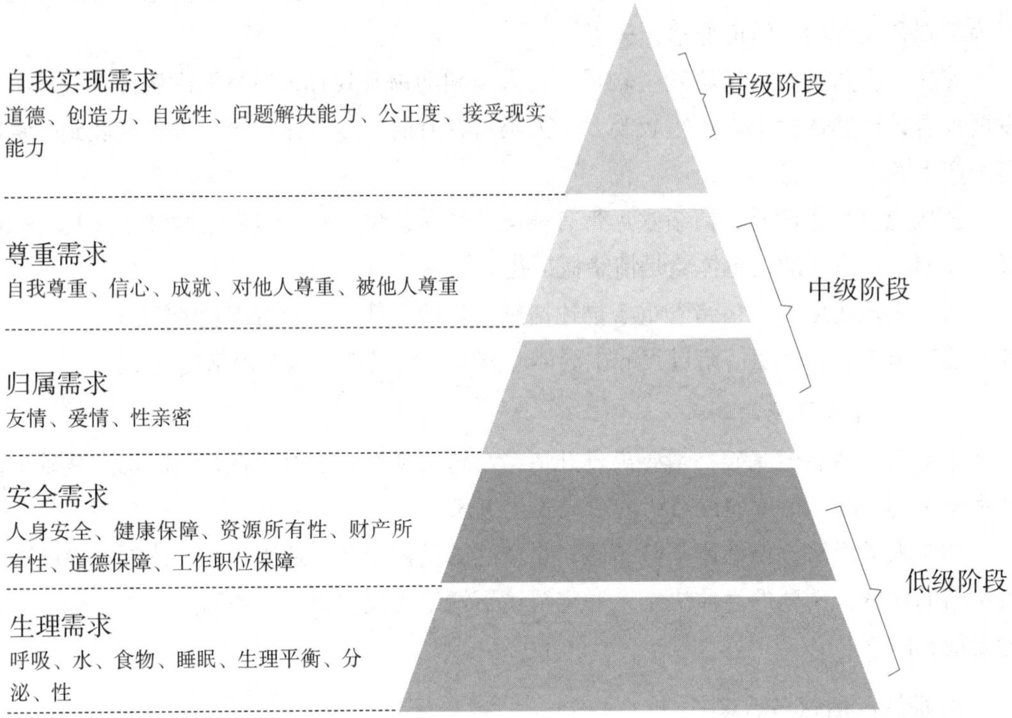

需求是情绪产生的主要基础，人们对“无所谓”“不在乎”的客观事物是不会产生情绪和情感的。越是基本的需求，引起的主观体验越强烈，情绪和情感影响需求的强度，对已有的需求有放大作用。

二、情绪的生理基础

情绪的生理机制是指情绪体验和情绪的身体反应的生理过程。大脑颞叶根部有一个泪滴状结构，叫作杏仁核，神经学家称之为人类情绪的“控制中枢”。杏仁核评估来自外界的刺激，然后决定是接近还是避开。它会激起一系列的反应，如加快心跳，命令腺体分泌荷尔蒙，收缩肢体或让眼皮打战。

杏仁核承担报警的任务，它对每个处境和认知进行判断并作出反应，向大脑的各个部位发出信号，向脑干发出指令。身体分泌出荷尔蒙，驱动神经中枢，激活心血管系统、肌肉和内脏器官，于是身体各部位作出反应。接收到输入的感觉信号之后，杏仁核就会扫描每一种应对烦恼的经验。

杏仁核在心理生活中处于强有力的地位，类似于心理哨兵，它质疑每一种处境、每一种认知，此时大脑中会出现一类最原始的问题："我讨厌它吗？它会伤害我吗？我害怕它吗？"假如答案是肯定的，或者在当前时刻趋于肯定，杏仁核就会作出即时反应，就像神经警报一样，向大脑的各个部分发出危机信号。在人脑的构造中，杏仁核相当于一家警报公司，操作员随时待命，一旦家庭安全系统发出遇险信号，立即向消防队、警察局及邻近社区发出紧急警报。一旦收到警报，比如恐惧，杏仁核就会向大脑各主要部分发出紧急信息，促使身体分泌"战斗或逃跑"的荷尔蒙，驱动运动中枢，同时激活心血管系统、肌肉以及内脏器官。与杏仁核联结的其他神经回路还会指挥身体紧急分泌出大量的去甲肾上腺素，提高大脑关键区域的反应能力，使感觉更加敏锐，确保大脑时刻保持警觉。杏仁核还会向脑干发出附加指令，使个体面部流露出恐惧的表情，冻结肌肉当前进行的无关活动，使心跳加速、血压升高、呼吸减缓。此外，杏仁核还会发出指令密切留意恐惧的来源，让肌肉准备采取相应的行动。与此同时，大脑皮质的记忆系统开始启动，检索与当前紧急状况相关的知识，优先于其他无关的思想。

大脑中的理性逻辑思维中枢海马体记忆的是纯粹的事实，杏仁核则保留了伴随事实的情绪"味道"。比如我们尝试在双车道公路上超车，却差点与对面开来的车迎头相撞，海马体会记住这件事情的细节：我们当时是在哪条公路，和谁在一起，对面那辆车的样子等。杏仁核却会在事件发生之后，当我们再次在相似情况下准备超车时，在我们体内激发焦虑情绪。正如勒杜克斯所说："海马体对你认出表姐的脸起到关键作用，而杏仁核则会提醒你不是真的喜欢她。"

杏仁核唤起的程度越强，记忆就越深刻，那些最令我们害怕或恐慌的生活经历是我们最难以磨灭的记忆。这说明大脑实际上有两个记忆系统，一个用来记忆普通的事实，另一个用来记忆刻有情绪印记的事实。当然，这种情绪记忆的特殊系统非常符合生物进化的原理，确保动物对使它们感到威胁或愉悦的事物留有特别鲜明的记忆。不过情绪记忆也有可能对当前情况产生误导。

【扩展阅读】

有一位前任军队护士，在战时曾经护理过很多惨不忍睹的伤员，她为此精神受到了严重的创伤。很多年后，她在家中打开储物柜，发现自己的孩子把一个恶臭的纸尿裤藏在里面，这阵恶臭再次激起了她的回忆。她突然被害怕、厌恶和恐慌的混合情绪吞没了——这正是她以前在战场上的反应。只要当前有一些偶发因素与过去的危险相似，杏仁核就会拉响警报。

很多潜在的情绪记忆可以追溯到人生的最初几年，体现于婴儿与照料者之间的关系，尤其是对于被殴打或彻底忽略等创伤事件更是如此。杏仁核在婴儿大脑中成熟得很快，它在婴儿出生时就已接近成形了。

精神分析思想的基础原则认为，人生早期的人际互动塑造了一整套以婴儿与照料者相处时的协调和不适为基础的情绪经验。勒杜克斯后来对杏仁核在童年期扮演的角色进行了研究，为上述原则提供了支持。勒杜克斯认为，以婴儿与照料者的互动模式为基础的情绪经验影响深远，但又很难从成年生活的角度来理解，原因在于它们储存在杏仁核里，模糊粗糙，无法用语言描述，就像主导情感生活的草图。由于这些早期的情绪记忆在婴儿能够用语言描述自身经验之前就已经形成，因此当这些情绪记忆后来被激发出来时，我们找不到匹配的思想来清晰地描述这种控制我们的反应。

三、情绪的外部表现

1. 面部表情

人能做出的表情非常多。如果单独计算参与构造表情的面部肌肉运动的组合数量，这些肌肉理论上可以构造出的不同的面部形态数量，远远超过你的想象（约 4 000 万种），这当中还没有计算收缩程度的不同。当然，不是所有的形态都能称为表情，但也足以想象出表情的丰富程度。不同社会生存的人，可能具备某些独特的面部表情用于交流，这些表情很多是后天学习到的。人类表达愤怒、厌恶、恐惧、惊讶、快乐和悲伤的表情是与生俱来的，是跨文化、跨领域、全球皆准的。无论哪种语言与文化，这六种基本情绪引发的面部肌肉变化大致是一样的。而且，情绪的表达是下意识的，基本上难以抑制或隐瞒，如：惊奇是由意想不到善意的事件引发的，愤怒是因为目标被干扰，恐惧是危险的场景引发的，耻辱是因为自尊受到打击，等等。

（1）快乐

当我们快乐时，通常额头平展，眼睛闪光而微亮，面颊上提；嘴角后拉，上翘如新月；出声笑时，面部肌肉运动程度加大，眼睛更加明亮。人在快乐的时候，主要的生理变化是负责抑制负面感觉及提升可用能量的大脑中枢活跃度增强，而产生忧虑情绪的大脑中枢趋于平静。不过此时生理状态保持静止，不会产生特殊的变化，身体复原的速度要快于悲伤情绪引起的生理变化。这种特征使身体能够得到正常的休息，同时为即将面临的任务以及朝着目标努力储备充足的热情和力量。

（2）惊奇

当我们惊奇时，双眉高挑，眼睑睁开，眼睛睁大并呈关注状态，下颌自然张开，嘴部张开用于轻微快速吸气。眉毛会往上挑，使视野更加开阔，同时允许更多的光线射向视网膜，从而捕捉更多关于意外事件的信息，以便准确分析当下的情况，确定最佳行动方案。

（3）愤怒

当我们愤怒时，额眉内皱，目光凝视，鼻翼扩张，张口呈方形或紧闭，并在愤怒的大哭中表现最明显。在文明社会被认为是粗野的，通常与厌恶、轻蔑结合，成为敌意情绪。人在愤怒时，血液会流到手部，以方便抓起武器或攻击敌人，同时心率加快，肾上腺素激增，为强有力的行动提供充沛的能量驱动。

（4）厌恶

当我们厌恶时，额眉内皱，肌肉紧张，双眼眯起，鼻头皱起，口微张，牙齿紧闭，嘴角上拉，或表现为单侧嘴角翘起的不完整微笑。厌恶的面部表情——上唇撇向一边，鼻头微微皱起，达尔文认为这是人类的一种本能反应，为了不吸入有害气体而屏住呼吸，或者吐出有毒的食物。

（5）恐惧

当我们恐惧时，额眉平直，眼睛张大，额头有些抬高或平行皱纹，眉头微皱，上眼睑上抬，下眼睑紧张；口微张，双唇紧张，显示口部向后平拉，窄而平。严重恐惧时，面部肌肉较为紧张，口角后拉，双唇紧贴牙齿。

（6）悲伤

当我们悲伤时，额眉下垂，眼角下塌，口角下拉，可能伴有流泪。但悲伤痛苦表情因较少显露，不容易被识别。婴幼儿悲伤常伴随哭泣，有鲜明的外显形式；成人的痛苦则很大程度上受文化的制约而被掩盖。悲伤的主要作用是帮助个体适应重大的损失，比如亲人的死亡或者极大的失望。悲伤会降低生命活动的能量和热情，尤其是娱乐活动。随着悲伤情绪的加深并慢慢滑向沮丧，人体的新陈代谢就会减缓，降低能量消耗。

这六种主要的情绪在新生儿时期就能表现出来，每一种情绪都有特定的神经基础，以自己独特的方式表现，有自己特殊的适应功能。

【扩展阅读】

达尔文在1872年出版的《人类和动物情绪的表达》中第一次尝试在很多方面科学地记录儿童的情绪表达，并解释其起源。书中的大部分数据来源于达尔文对儿子Doddy的细心观察。比如，达尔文是这样记录Doddy第一次表现出的愤怒的：很难确定多早才能感到愤怒；在第8天，他哭之前皱眉头，眼睛四周的皮肤也皱了。但这可能是因为疼痛或者悲伤，不是因为愤怒。大约10周的时候，有一次给他喂很冷的牛奶，他吸的时候前额一直皱着。那个样子就像大人被强迫做自己不情愿做的事情。快到4个月的时候，也许更早些，从涨红了的脸和头顶的样子判断，他无疑很容易有激烈的情绪。达尔文认为表情特点是我们遗传的一部分，他是从求生的斗争中演化而来的反应模式，其他的灵长类动物也是这样。他大胆指出人类情绪不是固化的反应，而是进行了几百万年并仍在继续的进化过程的结果。

两个月的孩子坐在婴儿椅上，胳膊上系着一根线。孩子很快发现，胳膊一扯就会放出一小段音乐，他们对这回报以各种高兴的表现：张开嘴、睁大眼、大笑。当试验员关掉音乐，扯胳膊不再有想要的效果后，孩子们清楚地表现出各种愤怒的样子：咬牙切齿、噘嘴、皱眉。各种表情的显现总是带有一些特殊的适应价值，比如，婴儿吃了难吃的东西时会有厌恶的表情，这是想要排斥这个东西的一部分反应，哭是为了提醒看护人采取相应的行动。和动物一样，我们的情绪就像呼吸和消化，是我们赖以生存的重要基础，如厌恶防止我们吞下毒药，爱或同情帮助我们建立联系、精诚合作。

2. 姿态表情

姿态表情可分成身体表情和手势表情两种。身体表情是表达情绪的方式之一。人在不同的情绪状态下，身体姿态会发生不同的变化，如高兴时“捧腹大笑”，恐惧时“紧缩双肩”，紧张时“坐立不安”等。举手投足、两手叉腰等身体姿势都可表达个人的某种情绪。

手势是表达情绪的一种重要形式，常常和语言一起使用，表达赞成还是反对、接纳还是拒绝、喜欢还是厌恶等态度和思想。手势也可以单独用来表达情绪、思想，或作出指示，在无法用言语沟通的条件下，单凭手势也可以表达开始或停止、前进或后退、同意或反对等思想感情。“振臂高呼”“双手一摊”“手舞足蹈”等手势，分别表达了个人的激愤、无可奈何、高兴等情绪。

心理学家的研究表明，手势是通过学习得来的，它不仅存在个别差异，而且存在民族或团体差异。同一种手势在不同的民族中用来表达的情绪也不同。

3. 语调表情

语调是说话时语音高低轻重配置而形成的。随着表达的进行，我们的声音会随着情绪的起伏变化，语音、语调、语速都会发生改变，可以把声音的表达视为一首音乐，在高低起伏中，它所传递的情绪一般与我们要表达的内容是同步的。朗朗笑声表达愉快，呻吟声表达痛苦。言语是人们沟通思想的工具，同时，语音的高低、强弱、抑扬顿挫等也是表达情绪的手段。美国一位女演员用悲调念 26 个英语字母，竟使听众落泪，而一位波兰喜剧演员用另一种语调念同样的 26 个字母，却把听众引得哄堂大笑。比如“怎么了”三个字可以表达出几种不同的情绪。

4. 面部反馈假设

人为地表现某种面部表情，能导致与其相应的情绪体验的产生或增强。这种认为人为表现的面部表情对情绪体验具有反馈效果的观点，被称为面部反馈假设。该研究让被试做不同的面部表情并填写情绪分化量表，对面部反馈假设进行检验。结果表明：愤怒表情显著地增强了被试怒体验的强度；面部表情的反馈具有两重性，既有分化性的反馈效果（它能增强与其相应的情绪体验的强度），又有加强或减弱“愉快—不愉快”维度上相反极的情绪体验；面部表情反馈的发生无须以“自我知觉”作为中介。

快乐表情使痛苦、悲伤等负性体验显著减弱，恐惧和愤怒表情则使快乐这种正性体验显著减弱，且使痛苦、悲伤、愤怒等负性情绪体验显著增强。这些结果说明，正性情绪的面部表情能引起“愉快—不愉快”维度上愉快端情绪体验的增强及不愉快端情绪体验的减弱，而负性情绪表情的反馈效果恰与此相反。

第二节　情绪问题及管理

【导入】

如果你对周遭的任何事物感到不舒服，那是你的感受所造成的，并非事物本身如此。借着感受的调整，可在任何时刻都振奋起来。

——奥雷柳斯

戈尔曼提出情绪智力，即管理情绪的能力，是影响个人适应环境要求与压力的非认知面的技能、潜力及胜任能力的总和。情绪智力代表一个人能否适当地处理自己情绪的能力。通常情况下，情绪智力简称情商（EQ），有学者认为用情智（EI）作为情绪智力的简称比用情商更为准确。

一、情商

情商就是管理情绪的能力。人体如同一驾马车，马车由马来拉动，人体由情绪推动。控制马的工具叫作缰绳，管理情绪的工具叫作情商。管理情绪的能力包括：认识自身情绪的能力；妥善管理情绪的能力；自我激励的能力；认识他人情绪的能力；管理人际关系的能力。可以把这五种能力简单归纳为认识自己、管理自己、激励自己、认识别人、管理别人。

同人打交道的人情商要高，同事情打交道的人智商要高。影响家庭幸福的前五个因素分别是健康、情商、财商、家庭责任以及社会环境。家庭中许多疾病、酗酒、吸毒、犯罪、摩擦、冲突、家庭不和谐、职场不顺利等不如意的事情，都与情绪管理有关。智商高、情商也高的人，春风得意；智商不高、情商高的人，贵人相助；智商高、情商不高的人，怀才不遇；智商不高、情商也不高的人，一事无成。

【扩展阅读】

美国挑选了 3 000 多名具有人口统计学代表性、年龄在 7 ~ 16 岁的儿童，由他们的家长或老师对其情绪状况进行评估。研究数据显示，从 20 世纪 70 年代中期到 80 年代中期的 10 多年间，美国儿童的情绪幸福指数呈现出明显的下降趋势。原因是困扰这些儿童的问题越来越多也越来越严重，比如孤单、焦虑、不服管教和爱发牢骚等。1999

年，研究人员对另外一组儿童进行评估，数据显示他们的情绪指数比20世纪80年代后期有了明显的改善，尽管如此，还是没有回升到70年代中期的最高水平。当代儿童无形中成为经济和技术进步的受害者，原因在于他们的父母比起前几代人工作的时间更长，人口流动性的增加切断了他们与大家庭的联系，而且他们的“空闲”时间过于刻板和有组织性。要知道，情绪智力传统上是通过日常生活得到传承的，比如和父母、亲戚相处，自由随意地玩耍，但现在的年青一代已经失去了这些机会。现在儿童独处时间之长在人类历史上前所未有，他们有的要么上网，要么看电视，这等于为前所未有的大规模自然实验创造了机会。这些精通技术的儿童，长大后与他人相处时不会像与电脑相处那样自在，儿童沉迷于虚拟世界，会削弱他们与人相处的能力。

熟练地处理人际关系，用亚里士多德的话来说，就是“选择正确的对象，把握正确的程度，在正确的时间，出于正确的目的，通过正确的方式生气”。

人类得以生存和延续，很大程度上要归功于情绪对人类行为的影响力。情绪的力量是巨大的，人的行为由情绪驱动。每一种情绪相当于一种独特的行动准备，指导我们按照过去被证明行之有效的方法去处理人类生活中反复出现的挑战。情绪对行动的指导作用在人类进化历史上不断重复出现，情绪就像一个根植于人类神经系统的指令体系，成为人类心灵固有、自动的反应倾向，对人类生存具有重大的意义。

当代科学研究发现并肯定了情绪对人类生活的重要意义，人类自称“智人”和会思考的物种，在进行决策和行动时，感觉的作用等于甚至常常超过思维的作用。我们过于强调以智商为衡量标准的纯粹理性在人类生活中的价值和意义。不管怎样，当情绪占据支配地位时，智力可能毫无意义。

在17世纪，著名学者和解剖学家罗伯特·伯顿也发现，关注自己的情绪对自己有所助益，虽然他的方法与众不同。他对自己绝望和担忧的感觉非常好奇，并试着在与其他作家和哲学家，尤其是和先贤对话的时候理解它们。最终，之前无谓的抑郁症也有了意义，并且开始逐渐好转。如今人们都非常重视情绪，这一现象大抵可以追溯到20世纪90年代中期开始盛行的心理学研究，当时研究的主题非常引人注目，叫作情绪智慧，也就是俗称的情绪商数或情商（EQ）。其倡导者认为，能够识别自身或他人的情绪并用来指导决策，是决定一个人成功的重要因素，正如智商这一传统的决定因素一样。研究显示，察觉情绪更能让人从压力中恢复过来，提高工作业绩，增进管理谈判技巧，并使家庭关系更稳定。现如今，情商或者其他叫法，为教育工作者、商业领袖和政策制定者所熟知。

二、情绪对健康的影响

心理神经免疫学是一门新兴的学科，是研究心理、神经、免疫系统之间的联系的学科。通过对神经递质（化学信使，如多巴胺、去甲肾上腺素）的研究表明：在大脑和免疫系统活动最广泛的神经递质，在调节情绪的神经区域分布也最为密集。由此，可以推断出情绪通过一条直接的物理通道影响免疫系统。

免疫系统是机体进行自我监控的系统，它与感染、过敏症、癌症和自身免疫性疾病有关。免疫系统的主要功能是识别自体细胞与入侵物（抗原），攻击和清除外来入侵者，保护机体免受外来攻击。当免疫系统正常工作时，传染病和疾病被阻止在外面。免疫系统过度反应就会导致过敏。如果免疫系统将自体细胞误认为抗原，则会产生自身免疫紊乱。

【扩展阅读】

英国的帕克斯博士和他的同事们，于1969年公布了他们关于鳏夫寿命的研究，他们发现鳏夫的死亡率高得惊人——常常在女方去世后6个月内相继去世，他们认为这是心理应激损害了人的防御系统所造成的。澳大利亚的研究者对26名男女丧偶者进行过一项简单的血液实验，他们分别在2周和6周之后抽取了两个血样。从血样中发现，2周后免疫能力没有下降，但是6周以后免疫细胞的反应性下降了，该组织研究人员第一次宣称，“严重的心理应激会使免疫功能的异常达到明显的水平”。

1. 消极情绪对健康的影响

研究表明，消极情绪与较差的免疫功能之间存在相关性，如抑郁与细胞免疫的很多改变有关，尤其引起淋巴细胞对抗原的增殖反应降低、NK细胞活性降低。抑郁程度越高，细胞免疫功能减弱得越明显，如以下得以证实的研究。

①灾害。飓风袭击后，受灾害地区人群其NK细胞活性明显降低，而细胞数目增加，一些特定类型的T细胞明显下降。关于三里岛事故的一组研究也表明，在追踪十年后，三里岛居民体内的疱疹抗体仍高于人口特征类似的控制组居民，说明细胞免疫能力较低。

②日常生活事件。学校生活中的考试、公开演讲和其他应激事件可以使心血管活动增加，免疫功能指标改变。一项研究对40名大学二年级医学生期末考试前6周和期末考试时的免疫功能进行评估，考试期间，NK细胞活性明显抑制，淋巴细胞反应性也下降到基础值以下。另外，对幼儿园儿童入学的研究也发现，儿童对入学这一应激源也表现出皮质醇和免疫功能指标的改变。也有研究者特别关注NK细胞活性持续低下的人群，发现这一人群的突出特点是：那些认为发生在他们身上的事件特别严重的人，更可能表现为NK细胞活性持续低下。

③人际关系。澳大利亚的研究人员研究了居丧与免疫的关系，发现居丧者与对照组比较，对于抗原刺激的反应性降低。孤独者与不孤独者相比，健康状况更差，免疫指标显示免疫功能减弱更严重。

癌症是多种有着共同特点的一系列疾病的总称。癌症是DNA功能障碍引起的，控制细胞生长和增殖的部分程序异常，引起异常细胞的过度生长和增殖，是仅次于心脏病引发死亡的第二大疾病。巴恩森等在1981年的研究指出，癌症病人使用否认、克制及反向表达情感的防御机制。面对应激常感到抑郁和绝望，以及潜在的无助感，抑郁与癌症呈现正相关。

对动物和人类的研究都提示生活事件与癌症之间的关系。将动物暴露于如拥挤一类的应激源时，其恶性肿瘤的发生率会增高。对人类的前瞻性研究也发现了无法控制的应激与癌症之间的联系，缺乏或失去社会支持也会影响癌症的发生发展过程，童年时代缺乏亲密的家庭关系似乎也与癌症有关。人们在美国加州的一项癌症长期研究中发现，长期社会性孤立的女性死于癌症的危险性明显增高。林金等发现，抑郁的吸烟者患癌症的危险性比一般吸烟者增加了18.5倍。对年轻的癌症患者而言，对自己处境的消极预测与疾病恶化加快有关。

2. 积极情绪对健康的影响

一项用日记方法进行的研究考察了积极情绪和消极情绪在8周中与一种对口服异体抗原的抗体反应之间的关系，发现抗体在被试报告积极情绪较高的日子里水平较高，而在被试报告消极情绪较高的日子里水平则较低。如以下得以证实的研究。

①乐观。西格斯托姆等发现，乐观和积极的应对策略对免疫功能有益。90位法律系大一学生在入校时和第一学期的期中完成“如何应对学校应激”的调查问卷，同时检测免疫指标。结果显示：乐观和较少使用逃避应对策略的学生较少陷入困窘中；而悲观逃避、情绪不佳的学生NK细胞活性减弱，T细胞数目减少。

②信念。研究者认为，内控的、稳定的、全面的归因方式（如持悲观生活态度的人往往自责）可以预测个体以后可能面临较差的健康状况，悲观通过T细胞的减少和免疫抑制与健康相关。格里尔等人指出，斗争精神、不绝望等信念能预测乳腺癌的存活率。以色列心理学家针对第二次世界大战集中营幸存妇女开展的更年期适应性研究发现，在信念系统中，存在内聚感（有强烈的意义感，对自己面对生活挑战的能力有足够的信心）的个体健康状况较好。

③自我效能/自我控制。自我效能感和面对应激事件的自我控制感，与应激时免疫减弱相关。一个针对女性风湿性关节炎的研究发现，那些认为她们能够应对应激性生活事件、对自己应对能力满意的人，血液循环中B细胞水平较高。

④放松。放松可以缓和应激对免疫系统的影响。研究者将中年被试分配到放松训练组、社会接触组和无干预组。放松训练组的成员在干预后，NK细胞活性明显高于基础值，这表明一些细胞免疫的增强与放松有关。另一项关于恶性黑色素瘤病人的研究发现，被分配到包括放松训练、问题解决技巧、有效应对策略等干预计划组的病人在干预完成6个月后，NK细胞活性和数目百分比较对照组高，另外，接受干预的患者较少发生恶性肿瘤的复发。

⑤社会支持。伯克曼等测量了4 700名30 ~ 69岁的男性和女性被试的社会支持，

并随后追踪调查了9年，发现增加社会支持可以降低死亡率。研究也表明，有较高水平社会支持的妇女生育并发症的概率较小。另外，阿内茨等人研究了25位妇女的免疫功能，发现接受心理支持的无工作的被试比仅仅接受福利的被试有更好的免疫功能。

【扩展阅读】

关于猴子的心理学实验

预备实验：把一只猴子放在铜条里，双脚绑在铜条上，然后给铜条通电。猴子挣扎乱抓，旁边有一个弹簧拉手，是电源开关，一拉就不痛苦了，这样一通电猴子就拉开关，建立了一级反射。每次在通电前，猴子前方的一个红灯就亮起来，多次以后，猴子知道红灯一亮就要受苦了，所以每次还不等来电，只要红灯一亮，它就先拉开关了，这就建立了二级条件反射。预备试验完成。

正式试验：在这只猴子的旁边，再放一只猴子，与第一只猴子串联在铜条上，隔一段时间就亮红灯，通电，每天持续6小时。第一只猴子注意力高度集中，一看到红灯就赶紧拉开关，第二只猴子不明白红灯是什么意思，无所事事，无所用心，过了二十几天，第一只猴子死了。

究竟是什么原因导致第一只猴子很快死亡呢？

第一只猴子是因为什么死的？科学家发现，它死于严重的消化道溃疡。实验之前体检，它没有任何胃病，没有溃疡，可见这是二十几天内新得的病。第一只猴子要工作，它的责任重，压力大，精神紧张，焦虑不安，老担惊受怕，消化液和各种内分泌系统紊乱了，所以就会得溃疡。因此，不良的情绪会产生过高的应激值，将严重损害身体的健康。

三、常见的消极情绪

人的情绪或情感是人类心理活动的重要方面，它常伴随着人的认识活动而出现，同时也决定着人的意志与行为。人的情绪通常分为积极情绪和消极情绪两类，前者如高兴、欢乐、愉快等，后者如抑郁、悲伤、愤怒、焦虑、嫉妒、恐惧等，消极情绪如果长期得不到解脱，则会影响正常的生活、学习及健康。

1. 焦虑

（1）焦虑的情绪表现

焦虑一词源于希腊语“angh”，意为“紧压，挣扎，因悲伤而颓丧”，从这个词根中很容易看出压迫感和束缚感。焦虑是十分常见的现象，是一种类似担忧的反应或是自尊心受到潜在威胁时产生担忧的反应倾向，是个体主观上预料将会有某种不良后果而产生的不安感，是紧张、害怕、担忧混合的情绪体验。人们在面临威胁或预料到某种不良后果时，都有可能产生这种体验。

（2）焦虑与智力活动的关系

焦虑是常见的情绪状态，对人的影响是复杂的，适度的焦虑可以成为成长成才的内驱力，提高智力活动的效率，对人的成长起促进作用。焦虑程度过重，也会阻碍智力活动的效率。实验证明，中等焦虑能使人维持适度的紧张状态，注意力高度集中，促进学习；过度焦虑则会带来不良的影响，如在临考前夜的失眠或考试时“怯场”，在竞赛中不能发挥正常水平等，多是过度焦虑所致。被过度焦虑困扰时，常常会感到内心极度紧张不安、惶恐害怕、心神不定、思维混乱、注意力不能集中，甚至记忆力下降，同时还容易产生头痛、失眠、食欲不振、胃肠不适等不良生理反应，以及内心深处有一种无法解脱、不愿正视的心理问题。焦虑只是矛盾、冲突的外显，焦虑的人往往陷入重复性的思维中，要借此作为防御机制以避免更深层次的困扰。

（3）调节焦虑的方法

首先了解焦虑背后深层次的潜在冲突，在此基础上给予支持性的专业心理辅导。焦虑情绪使人不停地思考相同的问题，陷入恶性循环，造成混乱的情况。当思考过度对我们有害的时候，必须采取行动，转移注意力，并问自己四个问题：“我担忧什么？”“我能怎么办？”“我决定怎么做？”“我什么时候开始做？”并将答案写出，付诸行动。

2. 抑郁

（1）抑郁情绪的表现

抑郁最明显的症状是压抑的心情，表现为仿佛掉入了一个无底洞或黑洞之中，正被淹没或窒息，其他感觉包括容易发火、感到愤怒或负罪感。抑郁常常伴随着焦虑，对所有活动失去兴趣，渴望一个人独居。抑郁也伴随着个体思维方式的转变，这些认知改变可以是一般性的，比如注意力不集中、记忆力衰退或者很难做出决定。在思考中可能有更多的心境转变，消极地看待世界、自我和未来。因此，抑郁的人很难勾起美好的记忆，不适当地责备自己，认为他人更消极地看待自己，对未来感到悲观。与此同时，还伴随身体症状（如常常乏力，起床变得困难，严重时睡眠方式也会发生改变，睡得太多或者早晨醒得太早，并且不能再次入睡），也会出现饮食紊乱，吃得过多或过少，随之而来体重激增或剧减。抑郁是一种持续时间较长的低落、消沉的情绪体验，常常与苦闷、不满、烦恼、困惑等情绪交织在一起。

【扩展阅读】

19 岁的 M 一向很合群，但突然之间，她没办法与其他女孩相处了，而且更加烦恼的是，她怎么也无法抓住男朋友的心。M 整天愁眉苦脸，萎靡不振，对吃饭以及其他一切好玩的东西都失去了兴趣。她感到既绝望又无助，做什么也摆脱不了这种情绪，甚至想过自杀。最近与男朋友的分手使她陷入了抑郁。她说除了发生性关系，她根本不知道该如何和男孩相处——尽管她对发生关系感到不舒服，而且也不知道如果自己对恋爱关系不满意时应该怎么分手。她说她和很多男孩发生过性关系，真正的目的是更好地了解他们。她刚刚转到一所新学校，对和学校里的女生交朋友感到害羞、不自在。她不愿意主动聊天，只有在别人和她说话时才会与人交谈。她无法让别人了解她是什么样的人，甚至不知道在“你好”之后应该说些什么。她参与了哥伦比亚大学关于抑郁青少年的实验性项目，并接受心理治疗。治疗的重点是帮助她学会更好地处理人际关系：如何建立友谊，和同龄人相处时如何更加自信，如何表达感情。

（2）抑郁比例增加

世界各地的数据表明，抑郁已成为一种现代流行病，并随着世界范围内的现代化而扩散蔓延。20 世纪以来，世界范围内每一个后继世代一生中遭受重度抑郁的风险都高于他们的父辈。重度抑郁不仅表现为忧郁，还表现为像全身麻痹一样无精打采、垂头丧气和自我怜悯，以及无法逃避的绝望感。个体出现这些症状的年龄也越来越小。一度不被了解（至少未被辨认出来）的童年期抑郁，已成为现代社会的特征。

在很多国家，1955 年以后出生的人，一生中患重度抑郁的可能性是祖父辈的 3 倍甚至更高。在 1905 年之前出生的美国人，一生中患重度抑郁的比例只有 1%；1955 年以后出生的美国人，24 岁的时候大约有 6% 的人患有抑郁症。1945—1954 年出生的人，在 34 岁之前患上重度抑郁的概率是出生于 1905—1914 年的人的 10 倍。对于每一代人，第一次出现抑郁症状的平均年龄有越来越小的趋势。一项调查对象超过 3 900 人的全球研究发现，相同的趋势也出现在波多黎各、加拿大、意大利、德国、法国、中国台湾、黎巴嫩以及新西兰等国家和地区。在德国，1914 年之前出生的人，在 35 岁之前出现抑郁的比例是 4%；而在 1944 年之前 10 年内出生的人，他们在 35 岁之前出现抑郁的比例是 14%。

全美心理健康研究所所长弗雷德里克·古德温认为：“核心家庭受到了可怕的侵蚀——离婚率翻番，父母与孩子相处时间减少，流动性增加等。不再熟悉大家庭中的其他成员，失去了自我认同的基础，就更容易患上抑郁。”匹兹堡大学医学院精神病学家戴维·库普弗指出了另一种倾向：“随着第二次世界大战后的工业化，从某种意义上说，每个人都失去了家园。有越来越多的家庭，父母在孩子成长期对他们的需求漠不关心。这虽然不是引发抑郁的直接原因，但它使人们更加脆弱。早期的情绪刺激会影响个体神经细胞的发育，几十年后很可能在你承受重大压力的时候引发抑郁。”

现代人生活方式的变化，促使抑郁情绪的增加。如现代人接受阳光照射时间减少，运动量减少，生物节律改变，睡眠减少，褪黑色素酶、脑血清素、多巴胺等与引发抑郁相关的神经递质浓度改变都会使抑郁增加；社会压力源增多，高度信息化，以及无限扩张和拥挤的城市等也都是增加抑郁情绪的压力源。

所以，做有氧运动、接受充足的阳光照射、保证充足的睡眠、写日记等对抑郁情绪都有一定的调试作用。

3. 愤怒

（1）愤怒的消极影响

愤怒是一种最难假装也最难掩饰的情绪，是客观事物与人的主观愿望相违背，或因愿望无法实现时，人们内心产生的一种激烈的情绪反应。心理学研究表明，当愤怒发生时，可能导致身体产生心跳加快、心律失常、高血压等躯体性疾病，同时还会使人的自制力减弱甚至丧失，思维受阻，行为冲动，甚至干出一些事后后悔不迭的蠢事或造成不可挽回的损失。人在生气的时候，血液会流到手部，以方便抓起武器攻击敌人，同时心率加快，肾上腺素激增，为强有力的行动提供充沛的能量驱动。愤怒中机体积聚巨大的能量，爆发力强，在古老的丛林社会愤怒情绪有助于保护我们的资源、利益不受损害，但在现代文明社会，愤怒所引发的负性后果也越来越明显。愤怒情绪在身体激素的作用下产生得快，消失得也快。

（2）愤怒的合理性

愤怒会让你做好（思想）斗争的准备。在关于恐怖袭击的研究中，没有遭受任何过激情绪的人，在客观预测被袭击的概率上做得更好。这种情况下，愤怒是比恐惧更加聪明的反应，但对愤怒自身而言则不然。愤怒在其他情况下表现会更好，因此，一点点的愤怒也能让我们批判地进行思考，并站在有力论据的一边。愤怒对人际交往技能和社会有好处。愤怒不会让你变成没有头脑、无法下结论的人，但它会孤立你，不是吗？没有一种关系能靠愤怒发展出来，这是事实，但我们也没有必要压抑或者任意发泄它。在一项调查中，人们要记录下什么时候生气，并思考自己可以做什么，他们总是可以找到方法不再感到生气。如果你的另一半有摔门的习惯，可以花一点点钱、一点点时间，就能换一个关门时没有声音的液压闭门合页，那么你是否还值得在共同生活的时间里，为他的缺乏耐心、不体贴而暗自生气？如果你讨厌公交车上别人大声地讲电话，那拿起耳机线，听听音乐或电子书。把愤怒当作解决问题的信号而不是争吵，能扩大你的人际关系。

（3）愤怒的建设性表达

愤怒本身是合理的，没有好坏之分，但是如何建设性地表达愤怒才是最重要的。首先，要识别自己的愤怒，明白愤怒的原因；其次，使用建设性的语言来表达自己的愤怒，要明白只是为了表达自己的情绪，而不是去攻击别人；最后，如果感觉这种愤怒无法表达出来，或者情绪无法控制，可以暂时抽离原来的场景，深呼吸，让自己安静下来。

4. 恐惧

恐惧是人类进化的情绪遗产，可以促使我们保护家人免遭危险。进化生物学家认为，恐惧的本能反应已经在人类神经系统中打下了深深的烙印，这是因为在漫长而关键的史前时期，这种本能反应对人类具有生死攸关的意义。更为重要的是，本能反应还关系到人类进化的主要任务，即繁衍后代，让后代继承这些基因倾向。

人在恐惧的时候，血液会流到大块的骨骼肌，比如双腿，以方便逃跑，而且面部会由于血液的流失而发白（因此会有血“变凉”的感觉）。与此同时，也许是因为需要考虑是否应该躲藏，身体有那么一瞬间会呆住不动。大脑情绪中枢的回路释放出大量使身体保持警觉的激素，人的感觉变得敏锐，为行动做好充分的准备，同时集中精力分析当前的威胁，更有效地评估即将采取的行动。

【扩展阅读】

恐惧的作用

有一位M女士，患有一种罕见的基因疾病——类脂质蛋白沉积症，她的双侧杏仁核由于病变而萎缩，到成年时，双侧杏仁核彻底消失。M女士胆子比一般人大，但她是不是真的无所畏惧呢?

研究人员为了“吓唬”这位什么都不怕的女士费尽了心机，他们先带她去宠物店（不是一般的宠物店，而是专门出售蛇、蝎子的猎奇宠物店），然而M女士很开心地与这些毒虫玩了起来，玩到兴起甚至主动要求去抓一条剧毒蛇，吓得研究人员连忙制止。于是，用可怕的动物吓住M女士的尝试就此宣告失败。

随后，研究人员把M女士带到位于肯塔基州的美国最著名的鬼屋——韦弗利山疗养院。每年万圣节，这个早已被废弃的疗养院都会布置成鬼屋，场景恐怖，还到处游走着扮成鬼怪恶魔的人。科学家让M女士和5位同龄女性一起进入鬼屋，这样可以比较她们的恐惧程度。然而，他们再次失望了：M女士一直带头走在前面，还不时招呼被吓得够呛的同伴们“快来快来”。至于对不时窜出来吓唬人的“恶魔”们，她是一点也不害怕。更惊奇的是，M女士因为好奇而去摸了一位路过的“恶魔”，把这位“恶魔”给吓坏了。于是，鬼屋尝试也宣告失败。

研究人员最后拿出了几乎无往而不利的杀手锏——恐怖电影。这些包含恐怖情节、音效、画面的恐怖电影所营造出的恐怖气氛，是毒蛇和鬼屋都无法比拟的。在以往的研究中，胆子再大的人也无法对恐怖电影无动于衷，会不由自主地心跳加速、手心出汗、血压升高。然而M女士不在此列，她淡定地看完了10部恐怖电影的片段，然后问旁边快被吓哭的科学家“我在哪里能租到这些碟？”就这样，科学家吓唬M女士的最后尝试也失败了。

除了感受不到恐惧，M女士其他的情绪都与常人无异。非要说有什么不同的话，她比大部分人要更乐观，抗压能力也更强。即使经历过很多很可怕的遭遇，包括被人用枪和刀指着、多次面临死亡威胁、险些在家庭暴力中丧生，她也没有任何创伤后遗症。

是不是听起来很不错？也许会有人想，看来没有杏仁核也挺好的。并不是！

M女士有过如此多命悬一线的可怕经历，固然与她的先天条件有一定关系。但不可否认的是，不懂得害怕和规避危险，是她命途多舛的重要原因。想象一下：大部分人在治安很差的地方行走时，一定会尽量快走并注意周围情况，而对M女士来说，治安黑洞和警察局门口是一样安全的，即使有可疑的脚步声，她也不会感到害怕；在面对被激怒、手里拿着武器的人时，正常人一定会表现出顺从和躲避，但在M女士眼里，这些人和其他人并没有什么两样。

四、消极情绪的调适

1. 情绪 ABC 理论

情绪 ABC 理论是由美国心理学家埃利斯创建的。这一理论认为，激发事件（A）只是引发情绪和行为后果（C）的间接原因，而引起情绪和行为后果的直接原因则是个体对激发事件的认知和评价而产生的信念（B），即人的消极情绪和行为障碍结果，不是由某一激发事件直接引发的，而是由经受这一事件的个体对它不正确的认知和评价所产生的错误信念直接引发的。错误信念也称非理性信念。

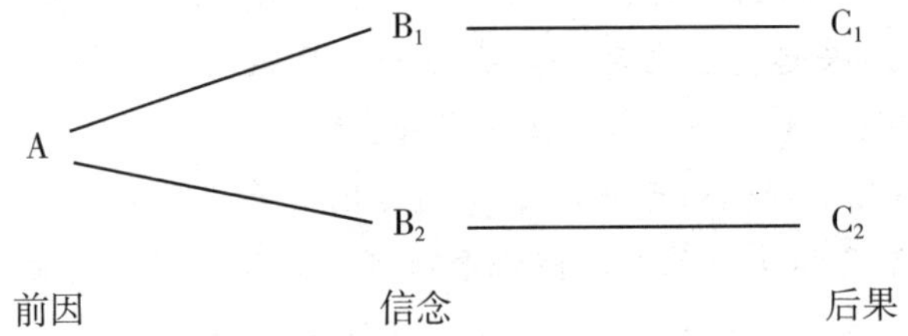

结论：事物的本身并不影响人，人们只受对事物看法的影响。

如上图所示，A 指事情的前因，C 指事情的后果，有前因必有后果，但是有同样的前因 A，产生了不一样的后果 C_1 和 C_2。这是因为从前因到后果之间，一定会透过一座桥梁 B，这座桥梁就是信念和我们对情境的评价与解释。同一情境 A 之下，不同的人的理念以及评价与解释不同（B_1 和 B_2），会得到不同结果（C_1 和 C_2）。因此，事情发生的一切根源缘于我们的信念（即人们对事件的想法、解释和评价等）。

埃利斯对人的本性的看法可归纳为以下几点：

①人既可以是有理性的、合理的，也可以是无理性的、不合理的。当人们按照理性去思维、行动时，就会很愉快、富有竞争精神及行动有成效。

②情绪是伴随人们的思维而产生的，情绪上或心理上的困扰是由于不合理的、不合逻辑的思维所造成的。

③人具有一种生物学和社会学的倾向性，倾向于有理性的合理思维和无理性的不合

理思维，即任何人都不可避免地具有或多或少的不合理思维与信念。

④人是有语言的动物，思维借助于语言而进行，不断地用内化语言重复某种不合理的信念，这将导致被无法排解的情绪所困扰。

为此，埃利斯宣称：人的情绪不是由某一诱发性事件的本身所引起，而是由经历了这一事件的人对这一事件的解释和评价所引起，这就成了 ABC 理论的基本观点。

2. 寻求帮助

找到信任的人述说事件及其内心感受，以达到宣泄的目的；或寻求专业心理咨询的帮助，述说事件以及内心感受，情绪缓解之后，与咨询师一起切入实质问题，展开分析。

3. 合理宣泄法

进行剧烈运动、放声歌唱、大声喊叫、写日记等，在可控的范围内将心中的不快用适当的方法表达出来，释放不良情绪。心理宣泄室是让不同人群在一个安全的地方将心中的不快在可控范围内宣泄出来的场所，是压力释放极为有效的工具之一。

4. 积极的自我暗示

积极的自我暗示指通过主观想象某种特殊的人或事物的存在的积极特性来进行自我刺激，达到改变行为和主观经验的目的。

（1）重复定律

重复使最难的事情变得容易，是潜能开发的金钥匙。经常重复一种思想会产生信念，进而变得坚信不疑。重复使鉴别力和第六感觉更敏锐，使潜意识工作更精确，成绩自然而然也更加卓著。开水之所以能开是因为不断重复加温的结果，如果烧到 99 ℃就停止加温，仍然只是温水而不是开水。生活中许多广告都利用了重复的心理规律，一句真理反复重复，一个好的表情反复重复，就在你的潜意识中输入一个程序。

（2）内模拟定律

当一个人的内心在想什么事时，他的表情会不由自主地模拟什么，称为内模拟。看见漂亮的女孩，你的表情在模拟，看见优美的风景，你的表情也在模拟。

（3）替换定律

科学研究发现，我们的潜意识只能在同一时间内主导一种感觉，用一个积极正面的思想反复地灌输给大脑中的潜意识，原来的思想就会慢慢地衰弱、萎缩，新的思想就会占上风。潜意识是你的内在听众，你必须说它听得懂的语言，否则，它不会理睬你所说的话。想成功就要给予正面积极的暗示，潜意识最懂得带有强烈情感和感受的语言。

这类语言一定不要带有否定词，如果你说“我不会害怕……”，这时候，消极的陈述很难完全改变潜意识里的想法，你可能还是觉得有点恐惧。你必须用另外一种新的而且积极的言辞来代替，比如“我充满自信”之类的肯定语句，并且投入所有的情感才能产生较好的效果。记住，你有选择的能力，你应该而且必须选择正面的暗示，保持积极的心态。当你习惯于想快乐的事时，你的神经系统便会习惯地令你处于一个快乐的身心状态，然后再拥有成功的人生。

5. 自我放松法

一个人的心情反应包含“情绪”与“躯体”两部分。假如能改变“躯体”的反应，“情绪”也会随之改变。至于躯体的反应，除了受自主神经系统控制的“内脏内分泌”系统的反应不易随意操纵和控制外，受随意神经系统控制的“随意肌肉”反应则可由人们的意念来操纵。也就是说，经由人的意识可以把“随意肌肉”控制下来，再间接地把“情绪”松弛下来，建立轻松的心情状态。基于这一原理，自我放松疗法就是通过意识控制使肌肉放松，同时间接地松弛紧张情绪，从而达到心理轻松的状态，有利于身心健康。

6. 注意力转移法

注意力转移法就是把注意力从引起不良情绪反应的刺激情境，转移到其他事物上去或从事其他活动的自我调节方法。当出现情绪不佳的情况时，要把注意力转移到使自己感兴趣的事上去（如外出散步、看看电影、看看电视、读读书、打打球、下下棋、找朋友聊天、换换环境等），有助于使情绪平静下来，在活动中寻找到新的快乐。这种方法，一方面中止了不良刺激源的作用，防止不良情绪的泛化、蔓延；另一方面，通过参与新的活动特别是自己感兴趣的活动，从而达到增进积极的情绪体验的目的。

【扩展阅读】

了解一些关于情绪的谬误可以更好地管理情绪

1. 哭泣不是情绪

一个人在悲伤的时候会哭泣，但也有喜极而泣、怒极而泣等情况。一个人在十分焦急、担心、激动、恐惧、感激，甚至当内心充满爱、祥和、满足、喜悦的时候，也会有眼泪涌出。情绪是在潜意识的信念系统网络里、在很短的时间里有重大改变时所产生的生理现象。

2. “不开心”不是情绪

不开心不是情绪的一种，而是一些负面情绪的统称，情绪可以分为两类：开心和不开心。所以，当不开心时，可以引导自己或者他人更准确地接触和说出内心的情绪感受，比如“不开心的背后，是一些什么情绪？”“不开心一般不会单独存在，与它在一起的是一些什么情绪？”“你还可以用什么文字去描述这份情绪？”

第三节 进化积极情绪

【导入】

幸福不是一个秘诀，大部分人不幸福是因为总想找到一个秘诀从而永远幸福下去。幸福是一个过程，“我如何更加幸福”这是我们经常要问的。

积极情绪包括高兴、自豪、兴趣、满足、爱、快乐、幸福、愉快等能使人产生愉快感的情绪体验，有助于消除诸如焦虑、抑郁、悲伤等消极的情绪，并且可以使个体处于一种乐观、美满、愉悦的状态。

【扩展阅读】

伊森等人设计了一系列实验，用多种方式诱导出参与者的积极情绪：收到一小袋糖果；看动画片；听到积极反馈；看一部短喜剧；读一系列积极词汇。这种多样性使得研究结果更具普遍性。整体而言，他的研究得出，积极情绪“扩大了认知背景”（比如与中立的控制组相比，感受到积极情绪的个体能够给中性词汇更多不寻常的联想）；另一系列实验也得出，积极情绪的个体能够更多地看到给定种类里的边缘样本（比如电梯是交通工具这一范畴里的边缘样本）。

在另外一项研究中，让参与者对一个有 14 种颜色的芯片进行排列分类，感受到积极情绪的个体比中立的控制组创造出更多的包容性类别以使最后的类别更少。这些感受到积极情绪的被试在进行远距离联想测验时也表现更好。这一系列研究发现，积极情绪确实可以拓展个体的思维和行为方式，使个体的注意范围和认知范围更宽广。个体在积极情绪状态下，思维方式更灵活，对目标个体的分类较为宽泛，对自己所处的情境给予更多的积极的联想，行为也更有创造性，做决定时也更果断，以及对自己更自信等。这样也就提高了个体解决问题的能力，使个体采取更积极的应对措施，尽快脱离令其感到焦虑、抑郁的情境，反过来也会增加个体的积极情绪，形成良性循环。

一、积极心理学

积极心理学是心理学领域的一场革命，也是人类社会发展史中的一个新的里程碑，是一门从积极角度研究传统心理学的新兴科学。积极心理学作为一个研究领域的形成，以塞利格曼等人于 2000 年发表的论文《积极心理学导论》为标志。它采用科学的原则和方法来研究幸福，倡导心理学的积极取向，以研究人类的积极心理品质、关注人类的健康幸福与和谐发展。

积极心理学是美国心理学界正在兴起的一个新的研究领域。自 1997 年塞利格曼在就任 APA 主席一职后提出“积极心理学”这一思想以来，越来越多的心理学家开始涉足此研究领域，逐渐形成了一场积极心理学运动。作为心理学的一个分支流派，积极心理学主要是对最理想的人类机能进行科学的研究，其目标是发现使个体和团体、社会良好发展的因素，并运用这些因素来增进人类的健康、幸福，促进社会的繁荣。自第二次世界大战以来，心理学主要致力于人类问题的解决和补救，但大多数心理学家忽略了对正常人群的研究，心理学对于消极面的研究和积极面的研究比例为 21 ∶ 1。心理学潜在的观念将人类的本质嵌套进入一种病态模式——身带缺陷、脆弱不堪、生存环境残酷、不良基因影响等。

积极心理学的创立，修正了这种心理学的不平衡，并向深入人心的心理疾病模式展开挑战。它向心理学家和大众呼吁：心理学不仅要关注心理疾病，也要关注人的力量；不仅要修复病损，也要帮助人们构筑生命的美好；不仅要致力于治疗抑郁的创伤，也要帮助健康的人们实现人生的价值。积极心理学基本的假定是“人类的美好和卓越与疾病、混乱和痛苦同样都是真实存在的”。

二、积极的情绪习得

1. 深入体验积极情绪

积极的情绪和体验是积极心理学研究及关注的中心之一。弗雷德里克提出了拓延—构建理论，认为某些离散的积极情绪（包括高兴、兴趣、满足、自豪和爱）都有拓延人们瞬间的知—行能力，并能构建和增强人的个人资源（如增强人的体力、智力、社会协调性等）。关于人格因素对于主观幸福感关系的研究发现，与主观幸福感联系最为紧密的人格特性为信任、情感稳定性、控制欲、耐性等。跨文化研究表明，人格对主观幸福感的情绪成分的影响是泛文化的，而对主观幸福感的认知成分的影响则是受文化影响的。

积极情绪能够增强个体免疫力、复原能力、脑中枢神经功能，使个体保持身体健康、长寿；反过来，身体健康的个体更容易感受到积极情绪，不容易产生抑郁等消极情感。幽默能够在化学层面上起作用，它能增加体内的 T 细胞从而加强免疫系统，增加 γ－干扰素（一种抵抗疾病的蛋白质），还会增加 B 细胞（B 细胞负责生成抗体），加强身体抵抗疾病的能力。所以，幽默能帮我们更好地对抗现实。

各种积极情绪（如高兴、兴趣、满足感和爱等），表面上看起来不同，但都有拓宽人们瞬间知行能力、构建和增强个人资源、提升主观幸福感等功能。首先，积极情绪有助于拓宽人们瞬间知行能力。研究表明，消极情绪常常会窄化人们的知行能力（如害怕使人逃跑，愤怒使人攻击），厌恶则会使人作出驱逐的行动等。与消极情绪相反，积极情绪则会拓宽人们的注意、认知与行为范围，使个体能更有效地获取和分析信息，选择并作出更恰当的行动。其次，积极情绪具有长期地、持续地增强个人资源的效应。消极情绪通过窄化的具体行为反应带来直接利益（如害怕时的逃跑使人最大可能幸存下来），与此相反，积极情绪带给人们更多的是间接利益，会使人长时间甚至终身受益，增强人们的心理适应性，抵抗心理障碍，不断提升人们的主观幸福感；而且，积极情绪的体验能力能够被遗传编码、不断发展，从而成为个体特性的一部分。最后，积极情绪也能对个人资源产生弥漫性的积极影响，如处于积极情绪状态的个体，常常在体力、智力、心理和社会适应等方面表现出良好的拓延能力。

【扩展阅读】

悲观者的积极情绪体验能力弱

外界的刺激更容易给乐观者带来积极情绪，而对悲观者来说则不然。

研究人员将70名被试（悲观者、乐观者混在一起）分为两组并进行双盲测试，其中有一组使用一种叫哌甲酯（利他林）的药物来刺激多巴胺的释放（使人感到快乐），然后，两组被试都在实验室中观看一段视频。

结果发现，在摄入药物的被试中，乐观者更容易受到药物的影响而出现显著的多巴胺分泌效应，感到快乐；而悲观者受到药物的影响则不如乐观者那么显著。这说明药物的刺激对乐观者比对悲观者更有效。

不过，药物还是会让两组被试都感受到快乐的情绪。而当他们被询问“你们为什么感到快乐”时，乐观者会将所观看的视频和实验室的环境等外界因素与感受到的快乐联系在一起，他们认为是这些外部因素引发了自己的积极情绪；悲观者的答案中，主观的快乐感与外界因素之间则没有得出统计学上的显著关联。

也就是说，乐观者相信外界因素会让自己快乐（事实上他们对药物的反应也更明显），而悲观者则不会那么明确（事实上对药物这种外界因素的干预反应更弱）。

在对创伤后有应激障碍（PTSD）的人的研究发现，这些人在创伤事件中，大脑中的神经化学递质被改变，新的通道产生，甚至可能影响一生，或者从创伤后获得成长。人在感受高峰体验时，对大脑同样有激荡作用，这种激荡使神经化学递质发生改变，形成长久的积极影响，这就是“高峰体验理论”。神经可塑性是指神经元有可塑性，它们会改变。不只大脑的通道会改变，他们还得出另一个概念，即神经形成，神经元是发展的。大脑里有数以百万计的神经通道，不同神经元在大脑里相连接，它们作用的方式很像自然界，既有大河——宽敞的渠道，也有小河——狭窄的渠道，作用原理是：每次神经元之间发生联系（你的思维模式有特定的路径运作），特定路径就会成长，像河流一样，每次有水流过，河流都会变得宽一些；而没有水的时候（即神经元不工作时），就会萎缩一些。也就是说，神经通道在使用时得到扩展，不使用时就会萎缩。

马斯洛认为："高峰体验是人类生命中最精彩、最幸福的时刻，最令人心醉神迷、欣喜若狂、极乐体验的高度浓缩，我发现这种体验一般来自深度美学体验，包括创作时的喜悦、爱情、完美的性体验、为人父母、自然分娩，以及其他的人生体验。"如何增加高峰体验？首先，全然为人，接纳自己的情绪。其次，全神贯注。当我们去追求自己想要的，做自己喜欢做的，更容易得到高峰体验。如果时间太紧，有压力、焦虑，会阻碍我们享受高峰体验。

2. 习得积极的人格特征

在积极心理学中，积极的人格特性引起了越来越多的研究者的兴趣，又称性格优势和美德。希尔森和玛丽等人在调查研究的基础上将积极的人格特征与消极的人格特征进行了区分，认为积极的人格特征中存在两个独立的维度：正性的利己特征和与他人的积极关系。前者是指接受自我，具有个人生活目标，能感受成功或者能够把握环境和环境的挑战；后者是指当自己需要的时候能获得他人的支持，在别人需要的时候愿意并且有能力提供帮助，看重与他人的关系并对于已达到的与他人的关系表示满意，积极个性特征中引起较多关注的是乐观。

积极心理学的目标，是促成一种变化，让心理学从只关注补救生活中最糟糕的事，到同时建立生活中最美好的事，从成功人士身上习得优良品质，以及获得更高的自尊。

（1）成功人士身上的共性

乐观；对生活有信心，感受到有意义，无论是个人成功的意义，还是通往成功过程的意义；帮助社会，帮助他人，同时也是帮助了自己；目光集中于自己的长处；为未来设定目标；有一个心目中的榜样；不只依靠自己，并能寻求社会的支持，有寻求支持的勇气。

（2）获得自尊的六大支柱

自尊就是有能力应对生活中的基本挑战和有权享受幸福的经历。从广义上讲，它是指有能力学习、做出适当选择和决定以及应对变化的信心。

①支柱一：有意识地生活。越清楚与我利益、价值、需要和目标相关的事物，我的生活就越成功；经常使用大脑其乐无穷；改正错误比掩盖错误更有益；注意区分事实、解释和情感；应时刻警惕，抗拒自己规避现实的念头；如果眼界更宽，生活和行动将更具效力。

②支柱二：自我接受。我是为自己而活；我接受自我，并接受自己思想存在的现实；我不一定要喜欢赞同或受自己情感的控制，但我能接受它们的存在；即使我后悔、自责，但做过的事我会承认；我承认我所思、所感、所为均是自我表现，至少当它们发生时是如此；我承认自己有很多问题，但我不受它们的束缚，我的问题不是我的本质，我的恐惧、痛苦、困惑或错误不是我的核心。

③支柱三：自我负责。我为自己的存在负责；我为实现自己的欲望、幸福负责；我为自己的选择、价值观和行动负责；我为自己以何种意识层面进行工作和参加各种活动与他人交往负责；我为自己如何安排时间负责；我为提高自己的自尊感负责，别人无法给我自尊感；从终极意义上说，我接受自己的孤独状态，在一些具体问题上，人们可以给我一些帮助，但没有人能担负起我生存最基本的责任；自我负责的需要是很自然的，我不认为它是一场悲剧。

④支柱四：自我保护。我可以尽情地表达自己的思想、信念和情感，除非在某种场合中我觉得不说为好；我有权维护自己的信念、价值与情感；让别人认识、了解我于我有利。

⑤支柱五：有目的地生活。只有我自己才能选择生活的目标，没有任何其他人能设计我的存在；我若想成功，就必须学会如何去实现自己的目标，我需要自己规划并完成行动计划，以及关注自己行动的结果；为了自我利益，我应高度审视现实，即注意承载我的信念、行动和目的的信息和反馈；对于自律，我不应视之为牺牲，而是实现自我欲望的一种自然的先决条件。

⑥支柱六：个人诚实。我应言行一致；我应信守诺言；我应公平、正直、善爱、热情地对待他人；我应努力保持道德前后一致。

总结：支持自尊感对现实的信念。是即是是，事实就是事实；自我蒙蔽双眼不能使真变假，也不能使假变真；尊重现实（尽自己最大努力去把握它们）比漠视现实更能带来硕果；生存依赖于正确地运用意识，忽视意识的责任不能提高自己的适应力；从原则上说，意识是可靠的，知识是可得的，现实是可知的。

心理学不仅是对疾病、弱点和伤害进行的研究，还包括工作、教育、洞察力、爱、成长和玩乐，以及帮助人们发现人生的意义、明确目标、克服诱惑、凿掉束缚、坚定自己的信念、获得应对困难与艰辛的能力。增强自身长处，改善人际关系，帮助人们找到对自己人生有意义的事和热情所在，获得走向健康的能力：勇气、规划未来、乐观、人际技巧、信念、职业道德、希望、诚实、毅力、专注及洞察力。

【扩展阅读】

塞利格曼的测试

有70个心脏病人，在17个被测试为最悲观的病人中，有16个没有经受住第二次心脏病发作而去世了，而在19个被测试为最乐观的病人中，只有1个被第二次心脏病发作夺去了生命。可见，乐观是抵抗疾病的第一道防线。

研究表明，具有乐观性格的人，在保险公司销售人员中往往是业绩销售冠军。乐观的学生很少得抑郁症，将来走向社会后，在工作成绩和社会地位方面均超过悲观的人。乐观可以通过教育形成，一个悲观的人通过心理训练可以转化成为乐观的人，这就要用到积极心理学。

3. 建立积极的环境

基于群体层面的积极社会环境主要研究人类幸福的环境条件（家庭、学校、社会）以及影响天才发展，创造力的体现、培养、发挥等社会环境因素上。卡斯勒等人对18岁青少年的研究表明，“母亲是冷酷、挑剔、爱控制人、不民主”的孩子更可能关注外部的价值；而“母亲是温和、易接受人、民主”的个体则更有可能发展内在的价值。威廉姆斯等人的研究证实，当孩子的周围环境和师友提供了最优的支持、同情和选择时，他们最有可能拥有良好的心理和人际关系；反之，则容易出现不健康的情感和行为方式。

将自己置身于积极的环境中有助于获得积极的情绪体验，形成良性循环。

【扩展阅读】

积极环境的暗示力量

英国的langer实验室在1979年做了一个实验，研究人员找来一批75岁以上的老人，把他们送到一座特殊的别墅居住两个月。这是一座以1959年为主题的别墅：别墅的装修风格是1959年时期最流行的，播放的音乐、摆放的杂志与日报等一切都是1959年的，这些老人也都穿着1959年时期的服装，这让老人们感觉自己回到了20年前（1959年），他们努力回想着自己20年前的状态、所做的工作，很多老人甚至感觉自己变得年轻了。

这是一个心理学实验，在实验前后对老人心理状况和身体状况进行各种测量，研究人员发现，这些老人在别墅住了两个月的时间，心理和生理年纪都减小了。比如，老人们在各项测试中，变得更灵活、更强壮，记忆力也有明显改善，与对照组相比，在仅仅两个月后就有明显差异。研究人员精确地测量老人指骨间的距离（研究表明，人越老，骨骼间空隙变得越小，指骨变得更紧），两个月后，老人们的手指指骨间的距离变大。

在短短两个月的时间内，他们变得更快乐、更自立、更少依赖他人，不论是他们自己，还是家庭成员其评估都是如此，他们变得更健康，视力和听觉也有明显改善。因为他们进入了一个能够让自己感觉年轻、有活力的环境，这个环境时刻让他们想到自己20年前的状态，正是这种强大的积极暗示的力量促使老人们在心理和生理方面发生改变。

4. 接受心理治疗

心理治疗不是修复受损部分，而是培育人类最好的正向力量；用积极的力量培育与强化来取代个案的缺陷修补；发挥人类正向或积极的潜能（幸福感、自主、乐观、智慧、创造力、快乐、生命意义等）。其特殊之处在于治疗过程中通过直觉与想象，运用故事作为治疗者与患者之间的媒介，强调激发患者的主观能动性，使患者最终成为环境的积极治疗者。

积极心理治疗认为，人人都具有两种基本能力，即认识能力和爱的能力。人的心理疾病是这两种基本能力在不同的文化条件下，分化为每个人的现实能力时而发生冲突的结果，因此，积极心理治疗的立足点就在于激发被治疗者的这两种基本能力。

①激发人的认识能力。积极心理治疗从不承认人有所谓的消极心理，他们认为人之所以产生消极心理，主要是因为人在积极发展各种心理保护模式来降低自己受到更多伤害的可能性。这样，积极心理治疗就把人的消极心理理解为保护性心理，一个人也就不会因为他的某种古怪心理或古怪行为而受到批评，同时病人在自我认识上也不用为此感到内疚。与此相反的是，病人反而会因保护的需要而对自己的古怪行为产生认识上的自我接受。

②激发对象的爱的能力。美国密歇根大学的研究人员曾提出了一种“积极情感扩张建设理论”，认为某些表面上看起来分散的积极情感，如欣赏、满足、感兴趣和爱他人等，都有助于使支配一个人在某一时刻进行思想和活动的指令系统得到增强和扩张（即指令系统变得更具有积极的特性），这些分散情感在此基础上还能帮助个体建构起作用于人思想和行为的个人长久资源。

5. 获得幸福的学问

积极心理学是心理学史上具有革命意义的学科，其研究对象是普通人的心理活动，是针对大部分人的心理状况来指导人们如何追求幸福生活的学科。

就研究对象而言，积极心理学的研究分为三个层面：

①在主观层面上是研究积极的主观体验、幸福感和满足（对过去）、希望和乐观主义（对未来），以及快乐和幸福流（对现在），包括生理机制以及获得的途径。

②在个人层面上是研究积极的个人特质：爱的能力、工作的能力、勇气、人际交往技巧、对美的感受力、毅力、宽容、创造性、关注未来、灵性、天赋和智慧，目前这方面的研究集中于这些品质的根源和效果上。

③在群体层面上是研究公民美德和使个体成为具有责任感、利他主义、有礼貌、宽容和有职业道德的公民的社会组织，包括健康的家庭、关系良好的社区、有效能的学校、有社会责任感的媒体等。

积极心理学的研究已经证实，和一般人相比，那些具有积极观念的人具有更良好的社会道德和更佳的社会适应能力，他们能更轻松地面对压力、逆境和损失，即使面临最不利的社会环境，也能应付自如。积极心理学致力于人的积极品质，这既是对人性的一种伟大的尊重和赞扬，同时在更大程度上也是对人类社会的一种理智理解。我们说，人身上一定存在着某种优胜于其他生命形式的源泉，这一源泉就是人外显的或潜在的积极品质。正因为有这种能力，不仅使得人类在激烈的生存斗争中保持着一种人的自尊，并在与其他生命形式构成的社会系统中充当着主宰，而且也使人类社会在大多数情况下能以一种万物共存的方式不断向前发展。

埃利斯的 ABC 理论认为，人的情绪不是源于事件本身，而是源于个人对事件的信念、评价和解释。当大学生出现学习焦虑、情绪耗竭及不当学习行为时，要引导学生对学习问题进行正确归因，合理认知自己的成败，不要动辄以绝对化、灾难化、以偏概全等方式否定自己的能力和价值。当大学生将自己的失败归结于“笨”“不如别人”“没有前途”“宿命”等不可控因素时，个体会丧失自尊，对失败感到羞辱，认为自己的努力没有作用。这种思想如果不加以阻止，大学生很容易在学习上产生习得性无助感，听之任之，最终不做丝毫努力。

6. 积极的自我暗示

积极的自我暗示又称自我肯定，是对某种事物有力的、积极的叙述，这是一种使我们正在想象的事物坚定和持久的表达方式。进行肯定的练习，能让我们开始用一些更积极的思想和概念来替代过去那些陈旧的、否定性的思维模式。这种强有力的技巧，能在短时间内改变我们对生活的态度和期望。

肯定，可以是任何积极的叙述，可以很普通或是很特殊。我们所能做的肯定，在数量上是无限的，它可以涉及我们愿意改善自己的任何方面，如“我是一个聪明、漂亮的人”“在所从事的专业领域，我是出类拔萃的”“我是最棒的”“我具有强大的行动力”“我能实现自己的美好愿望”等。

【扩展阅读】

罗森塔尔效应

1968 年的一天，美国心理学家罗森塔尔和雅各布森来到一所小学进行 7 项实验，他们从一至六年级各选了 3 个班，对这 18 个班的学生进行了“未来发展趋势测验”。之后，罗森塔尔以赞许的口吻将一份“最有发展前途者”的名单交给了校长和相关老师，并叮嘱他们务必保密，以免影响实验的正确性。其实，罗森塔尔撒了一个“权威性谎言”，因为名单上的学生是随便挑选出来的。8 个月后，罗森塔尔和助手们对这 18 个班级的学生进行复试，结果奇迹出现了：凡是上了名单的学生，成绩都有了较大的进步，且性格活泼开朗，自信心强，求知欲旺盛，更乐于和别人打交道。

实验者认为，老师应收到实验者的暗示，不仅对名单上的学生抱有更高期望，而且有意无意地通过态度、表情、体谅和给予更多提问、辅导、赞许等行为方式，将隐含的期望传递给这些学生，学生则给老师以积极的反馈；这种反馈又激起老师更大的教育热情，维持其原有期望，并对这些学生给予更多关照。如此循环往复，以致这些学生的智力、学业成绩以及社会行为朝着老师期望的方向靠拢，使期望成为现实。

显然，罗森塔尔的“权威性谎言”发挥了作用。这个谎言对老师产生了暗示，左右了老师对名单上学生能力的评价，而老师又将自己的这一心理活动通过自己的情感、语言和行为传染给学生，使学生变得更加自尊、自爱、自信、自强，从而使各方面得到了异乎寻常的进步。

暗示在本质上是人的情感和观念，会不同程度地受到别人或自己的影响。

---

7. 运动

运动不仅有利于身体健康，而且可以减缓或消除焦虑、抑郁类心理疾病，纠正心理缺陷，促进心理健康，培养健全人格，对于人的心理健康和社会适应具有积极的促进作用，是一种行之有效的心理治疗方法。用运动处方治疗抑郁症者时，有氧运动频率以3 ~ 5次/周，20 ~ 40分/次为宜。美国《预防医学》杂志在2005年发表的论文中指出，坚持有氧运动3 ~ 5次/周，能使中度抑郁症患者的症状减缓一半。精神病专家研究发现，患有抑郁症的人，坚持跑步1个月后，80% ~ 85%的病人病情有所改善，其效果远超药物。

随机把参加实验的抑郁症患者分为3组，治疗实验时间为6个月，情况如下。

<table>
<tr><th>组　别</th><th>练习内容</th><th>有效率/%</th><th>备　注</th></tr>
<tr><td>第1组</td><td>有氧运动＋服用黛力新</td><td>81</td><td rowspan="3">心理测试用汉米尔顿抑郁评定量表，测试结果≤ 10为有效</td></tr>
<tr><td>第2组</td><td>无氧运动＋服用黛力新</td><td>73</td></tr>
<tr><td>第3组</td><td>只服用黛力新</td><td>45</td></tr>
</table>

对比实验结果显示，接受体育锻炼和药物治疗的抑郁症者比其单纯用药物治疗的效果更佳，且采用有氧运动比无氧运动的效果更好。可见，有氧运动是治疗抑郁症既科学经济又效果明显的方法。

有氧运动是情绪低落的克星。有氧运动达到一定负荷，如出汗后持续15分钟以上，就可以把负性情绪产生的毒素排出体外，大脑还会产生内啡肽、多巴胺，平衡神经递质，使患者情绪的愉悦感提高；参与有针对性的团体活动，如运动处方的体育锻炼，能够提高社会支持系统，客观地重新评价自己的价值，重新认识自我的作用；运动处方实施的过程，也是展示自我的过程，对增强自信心和完善个性具有独特的作用。

8. 克服完美主义

完美主义是一种充斥在我们生活中的对失败的失能性恐惧，让我们在面对问题时裹足不前。假如设定目标是从A点到B点，完美主义者的基模是一条直线，关注潜在可能的失败或真正的失败，害怕且不允许自己失败。对于完美主义者来说，成功意味着“全有”，失败则意味着“全无”。

与完美主义对应的另一种人——追求卓越者，基模则是一个螺旋上升的曲线，允许自己失败，知道在失败中渐次行进，达到B点。许多人时常沮丧，是因为心中存在完美主义的基模。

完美主义的特征

完美主义者	追求卓越者
自卫性	接受建议
关注失败	享受既成目标，享受过程
夸大，非黑即白	明白现实过程
不能自我接受	自我接受
静止的，只有一种，固定不变	动态的，弹性的
害怕失败	失败是一种反馈
直达目的地	旅程与目标一样重要

完美主义的影响

完美主义者	追求卓越者
暂时的满足	持续的满足
不可避免的失败	成功的可能
浪费时间于追求完美	适当的时间分配
要么全有要么全无	健康的观点
伤害自尊	不断地提升
损害关系，因自卫辩解、期待他人也完美	考虑成长
焦虑、压力	创造性张力
在意表现	少关注痛苦，多关注收获

9. 感恩

感恩是个体对他人、社会和自然给予的恩惠在内心的认可，是个体接受被认为珍贵的、有价值的和利他的帮助后出现的一种情感。幸福感是个体依据自定的标准对其生活质量所作的总体评价与体验，不仅包括对生活满意度的评价、人生价值以及自我潜能的实现，还包括个体对他人、集体、社会之间关系质量的评估，以及与自我、他人和社会的融合程度。

具有感恩倾向的人有较多的积极情感，因为感恩可以促使个体更加积极、乐观地评价自己的生活，有较高水平的正性情感和较低水平的负性情感，能最大限度地提高个体对生活的满意感。当个体认识到自己是某种恩惠的接受者时，他们能够强烈地体验到感恩的情绪。因为成为他人慷慨行为的受惠者，会使一个人有被证实、受尊重的感觉，会增加自尊和感到社会支持，增强幸福感。

10. 充足的睡眠

按照人体生物钟作息，每天的睡眠时间应保持在 8 小时左右，入睡时间不宜超过晚上 10 点，否则即使睡够 8 小时，但因睡得太晚而不符合人体生物钟，也会对人体造成伤害。睡眠不足会严重影响情绪的调节能力和稳定性。

【扩展阅读】

睡眠对人体的影响

良好的睡眠帮助我们集中精力，锐化记忆力，强化判断力。但是，不好的睡眠不仅影响人的精力、记忆力和情绪等，还会引发疾病，影响人的寿命。

芝加哥大学医学教授范科特指出，人们在衰老过程中经历的某些激素水平的变化与睡眠质量有关。美国抗癌协会的调查也表明，人们的睡眠时间与寿命长短有明显的关系：每晚平均睡 7 ~ 8 小时的人，寿命最长；每晚平均睡 4 小时以下的人，80%寿命较短。动物实验表明，睡眠被剥夺，导致动物情绪紧张，用致癌物诱发癌的发生率为 70%，而正常动物仅为 7%。国家对晋、冀、鲁、豫四省普查食管癌者时发现，患者中有消极情绪、失眠者占 56% ~ 69%，说明睡眠不佳会影响人的情绪和健康。

机体之所以产生肿瘤，是因机体某个部位的组织细胞在分裂中发生癌变。当体内已存在致癌因子时，一旦睡眠节律发生紊乱，机体则很难控制其裂变，这时极有可能出现癌性突变。试验表明：如果不吃饭，人可以活 20 天；如果不喝水，人可以活 7 天；要是不睡觉，人则只能活 5 天。可见对人来说，睡觉比吃饭、喝水更重要，睡眠不足比抽烟、喝酒过量对寿命的影响还要大。

建立自己的睡眠计划，即对每天睡眠时长、入睡时间、起床时间的规划和安排。这能够帮助我们调节自己的生物节律（包括周末），养成睡眠的规律，同时也有利于体内各种生物激素的平衡，从而更好地入睡。调节生物钟，让身体适应自然睡眠规律，每晚在相同时间段睡觉，每天早晨在相同时间段醒来，维持稳定的睡眠时间。白天尽可能地接受日照，限制室内照明时间（无论是电脑屏幕、电视还是手机）。这些习惯的培养，都有益于培养自然的睡眠规律。

第四节　压力和压力管理策略

【导入】

达尔文有句名言：能够生存下来的，既不是最强壮的，也不是最聪明的，而是最能够适应变化的物种。如果你没有具有适应压力的个性，那么你的身心健康将面临威胁。压力，本身不会导致疾病，真正导致疾病的，是对压力的过度反应。

1960年以前，中文文献中很少出现"压力"这个词，英文文献中也很少出现"stress"，但2000年以后，"压力"和"stress"已经变成人们的日常用语。这是为什么呢？

压力既是一种刺激或消极的感受，也是一种人与环境的互动历程。压力的大小，既取决于压力源的大小，又取决于个人身心承受压力的强弱程度。

一、压力

压力是指人们在社会适应过程中，对各种刺激作出的生理和行为反应时产生的一种紧张的心理体验和感受。压力在西方文献中也称为应激，压力是一般意义上使用的概念，应激则是临床上使用的概念。

1. 压力是一种心理感受和体验

这里所说的压力，不同于力学范畴中的压力。力学中的压力是实实在在的直接作用，可以测量，并且也容易控制和消除。而心理压力则是一种心理感受，同时存在个体差异。压力是心理失衡的结果，来源于内心冲突。心理作为现实的反应，必定将我们日常生活中遇到的各种各样的矛盾（如理想与现实、自我与社会等冲突），引入我们的内心世界，从而引发焦虑、苦恼等的情绪体验和感受。

2. 压力是压力源作用的结果

压力虽然是一种体验，但离不开客观刺激——压力源。诸如生活费超值、即将到来的期末考试、毕业后的就业问题等，都可能成为大学生压力的来源。按压力对主体的影响，压力源可分为以下三种类型：

①生物性压力源，即直接影响主体生存与种族延续的事件，包括躯体创伤或疾病、饥饿性剥夺、睡眠剥夺、噪声、气温变化等。

②精神性压力源，即直接影响主体正常精神需求的内在和外在事件，包括错误的认知结构、个体不良经验、道德冲突以及长期生活经历造成的不良个性心理特点（如易受暗示、多疑、嫉妒、自责、悔恨、怨恨等）。

③社会性压力源，即直接影响主体社会需求的事件。社会性压力源可分为两类：第一类是纯社会性的社会环境压力源，如重大社会变革，重要人际关系破裂（失恋、离婚），家庭长期冲突、战争、被监禁等；第二类是由自身状况（如个人精神障碍、传染病等）造成的人际适应问题（如社会交往不良）等社会环境性压力源。不同的压力因素，需要付出不同程度的努力去应对，将付出的努力进行量化，托马费·赫尔姆斯和理查德·瑞为不同压力列了一个表，用来量化各种生活变故事件带来的压力值，具有一定的参考意义。

生活事件量表

生活事件	压力值	生活事件	压力值
配偶死亡	100	工作时间和条件改变	23
离婚	73	与老板发生矛盾	24
分居	65	个人习惯改变	25
判刑	63	生活条件改变	26
家庭成员死亡	53	开始上学或毕业	26
受伤或生病	53	配偶停止工作	28
结婚	50	显著的个人成就	29
失业	47	与亲戚发生矛盾	29
经济状况变化	39	儿女离开家	29
商业调整	39	工作职责改变	30
新增家庭成员	39	社会活动变化	18
性困难	40	学校改变	20
家人生病	44	娱乐方式改变	20
退休	45	居住地方改变	20
好友死亡	38	睡眠习惯变化	16
换工作	37	轻度违法	11

3. 压力反应与主观评价

压力并不直接导致我们的感受和体验，而是我们对压力的认识反应或主观评价，决定了我们的感受和体验。压力反应包括心理和行为两个方面。

（1）压力的心理反应

在压力情境下，个体的感知功能被激活，注意力集中，记忆力增强，思维也变得活跃。个体的认知反应既有积极的一面，也可能具有消极的作用。积极的一面是认知活动增强，有利于应对压力情境，迎接威胁与挑战；但也可能产生诸如“灾难化”的消极认知反应，即对负性压力源的潜在后果估计得过分严重。消极认知反应还包括自我评价降低，使得个体的自主感知自信心丧失。例如，一个长期得到师生称赞的学生，突然面对一次考试失利，很可能就会一蹶不振，怀疑自己。个体的心理反应还集中在情绪方面，面对压力，个体最常见的情绪反应包括焦虑与恐惧、愤怒与怨恨、抑郁等。

（2）压力的行为反应

压力条件下的行为反应，与心理和情绪反应密切相关，也可以将其视为心理和生理过程的外显反应。行为反应主要涉及面部表情、目光、身姿和动作，也包括声调、音高、语速和节奏等副言语线索。当压力超过当事人承受能力的时候，个体的行为反应可能会显得惊慌失措，以致身体的协调能力和灵活性下降，动作刻板，或运动性不安，搓手顿足，或运动减少而呆滞木僵。

（3）对压力的认知和评价

个体对压力的反应，不是直接而单纯的，而是要受到中介机制——认知评价的影响，它决定着个体如何看待刺激的性质与压力的大小。认知与评价机制主要取决于以下几个因素：

①压力源本身的性质与特点。压力源既是单一性的也是复合性的，既是一般性的也是破坏性的。

②社会支持系统。当个体具有较强的社会支持系统时，他可能对压力感觉较浅，相信自己可以得到帮助；相反，社会支持系统薄弱的人会很沮丧，有一种独自面对困难的悲伤。

③当事人自身的身心特点。这主要包括：性别、年龄、受教育程度、经济状况、婚姻状况、职业等人口统计学状况；体魄强壮与否的生理状况；认知与归因风格、性格倾向、情绪状态、应对能力与应对风格、人格动力特征、自我概念等的心理因素。

【扩展阅读】

压力的内省体验——心理冲突

按冲突的形式，勒温和米勒将心理冲突分为以下四类。

1. 双趋冲突——鱼与熊掌不可兼得

两个事物都有吸引力，都想趋之，但二者不可兼得，难以抉择。这是一种难以取舍的心理困境。两个动机促使个体在行为上追求两个目标，两个目标无法同时兼得（购房子就不能买汽车）时，二者取其一而又不愿割舍其他的心态，即属双趋冲突。

2. 双避冲突——左右两难

两件事都有排斥力，都力求避免，但必须择取其一，难以决定。当个体发现两个目标可能同时具有威胁性，即可兴起二者都要逃避的动机（患病者既不愿吃药，又不愿开刀），迫于形势，两难之中必须接受其一时，即形成双避冲突。

3. 趋避冲突——进退两难

个体遇到单一目标同时怀有两个动机（嗜酒者不得不戒酒）时，一方面好而趋之，另一方面又恶而避之；使个人的情感与理性矛盾而形成的精神痛苦，即起于趋避的心理冲突。

4. 双重趋避冲突

这是双避冲突与双趋冲突的复合形式，也可能是两种趋避冲突的复合形式，即两个目标或情境对个体同时有利和有弊，面对这种情况，当事人往往陷入左右为难的痛苦取舍中，即双重趋避冲突。例如，单身汉有自由之乐，但也有寂寞之苦；结婚有家庭之乐，但也有家务之累。又如，在挑选工作时，一个机会物质待遇优厚而社会地位却不高，另一个机会社会地位高而物质待遇菲薄，这些都是生活中双重趋避冲突的例子。

人的生活是多层面的，有家庭的层面，有事业的层面，也有社会的层面。在不同层面中遇到的问题，都需要个人选择判断。在选择判断时，有的重在感情，有的重在理性，更有的因患得患失而不得不考虑利害关系。如此看来，日常生活中心理冲突的困扰在所难免。甚至我们也可以想象，能力越高条件越好的人，在精神上越可能感受到更多的心理冲突困扰。因为，他们比一般人拥有更多的选择机会，也比一般人拥有更多的动机和追求目标。动机与目标越多，在选择上又怎能避免越多冲突的困扰呢！

二、压力的作用及人的反应

1. 压力的作用

压力对人的作用具有双重性。

（1）压力与健康的关系

压力的产生会在个体身体、情绪和行动上出现一系列的征兆，如个体会进一步去面对并克服所面临的障碍，或干脆逃避并忽略有障碍的相关知觉。

短期生理征兆有头痛、头晕、眼睛疲劳、胃痛、气喘、便秘、心跳加快、血压上升、血糖增加与血液凝结；长期生理征兆有心脏病、高血压、胆固醇增加、心室肥大、皮肤起疹、淋巴腺炎、甲状腺异常、秃头、胃及十二指肠溃疡、狭心症以及心肌梗死。个体在面对压力时，心理上或情绪上表现出来的差异是显著的，这与个人对情境的认知评价密切相关。与压力战斗所引起的心理征兆有消极、厌倦、不满、生气。逃避压力所形成的心理征兆有冷淡、认命、健忘、幻想、心不在焉、能力丧失。

心理学研究表明，早年的心理压力是促进儿童成长和发展的必要条件。经受过生活压力的个体在以后的生活和工作中更容易适应环境，更容易取得成功；反之，早年生活条件太好，没经历过挫折和压力，有如温室里成长的花朵，经不起生活的风吹雨打。对大学生而言，适度的压力是维持正常身心功能活动，激发积极性和主动性，锻炼和培养良好意志力品质的必要条件。

（2）压力对健康的消极影响

继时性压力和破坏性压力，已成为人们健康的杀手。继时性压力使人处于慢性心理应急状态，时间一久便容易引发一系列的身心症状。病人会产生呼吸困难、易疲劳、心悸和胸痛等生理症状。此外，如紧张性头痛、焦虑、抑郁、强迫行为等心理症状，属于慢性应激障碍。

破坏性压力，如地震、战争等，容易使人患上创伤后压力失调，或创伤后应激障碍，造成感知、情绪、行为等方面的系列问题，属于急性应激障碍。比如，女性被强暴后会变得呆滞、心因性记忆丧失、回避社会活动、失去安全感等。强大的自然灾害的心理反应，则比创伤后压力失调更为严重，会产生灾难症候群。

2.压力反应的阶段

压力作用于个体之后，会引发一系列的变化，如心跳加快加强，血液循环加快，血压升高；内脏血管收缩，骨骼肌血管舒张，血流量重新分布；呼吸加深加快，肺通气量增多；汗腺分泌迅速；代谢活动加强，为肌肉活动提供充分的能量等。这一系列活动均有利于机体动员各器官的储备力，尽力应对环境的变化。根据内分泌学和生化学家塞利的研究，在适应压力的过程中，个体的生理、心理及行为特点可分为三个不同的阶段。

（1）警觉阶段

警觉阶段又称唤醒期或准备期，指发现事件并引起警觉，同时准备应付。交感神经支配肾上腺分泌肾上腺素和副肾上腺素，这些激素促进人体的新陈代谢，释放储存的能量，于是主要器官的活动处于兴奋状态，包括呼吸、心跳加快，汗腺分泌加速，血压、体温上升，骨骼肌紧张等。

（2）搏斗阶段

搏斗阶段又称战斗期或反抗期，指继警觉之后，人体全身心投入战斗，或消除压力，或适应压力，或退却。这一阶段人体会出现以下生理、心理和行为特征：警觉阶段的生理生化指标表明恢复正常，外在行为平复，实则处于意识控制之下的抑制状态；个体内部的生理和心理资源以及能量被大量耗费；此时个体变得极为敏感和脆弱，即便是微小的刺激，也能引发个体强烈的情绪反应。比如，爱人的唠叨、孩子的纠缠都会让一个下班后精疲力竭的丈夫或者妻子勃然大怒，找对方“出气”。

（3）衰竭阶段

衰竭阶段又称枯竭期或倦怠期，指由于抗击压力的能量已经消耗殆尽，此时个体在短时间内难以继续承受压力。如果一个压力反应周期之后，外在的压力消失了，经过一定时间的调理休息，个体很快就能恢复正常的体征。如果压力源持续存在，个体仍不能适应，那么一个能量已经消耗殆尽的人，就必然会发生危险，此时，疾病、死亡等都是极有可能的。长期处于叠加性压力和破坏性压力状态下的人容易出现身心疾病，就是这个道理。

三、压力管理的策略

大学生应该从以下几个方面着手进行压力管理。

1. 构建自己的社会支持系统

当一个人独自面对压力的时候，其应激反应的消极作用远远大于社会支持的效果。因此，要想不在压力面前孤立无助，最好构建自己的社会支持系统，其中包括自己的亲人、朋友、同学、老师等。社会支持系统可以在你需要的时候给你情感安慰、行动建议，帮助你渡过难关。强大的社会支持让你不再感到孤立无援，可以帮助你迅速恢复信心和勇气，面对挑战，解决问题。当然，要构建社会支持系统，你需要：

①学会尊重他人。其中当然包括你的同学和老师，因为只有尊重他人的人才能获得他人的友谊，也才可能获得帮助。

②扩大社会交往面，结识更多的朋友。首先，让你的同学成为你最亲密的朋友；其次，你需要一位人生导师，可以在你遇到困难的时候为你客观地分析和提供有益的观点，而这样的导师无疑就是你的老师或者其他长者。

③向亲人、朋友和老师敞开你的心扉。你可能基于自尊或面子的考虑而拒绝他人的帮助，但是在你确实无法解决的时候，将你面临的压力说给他们听，让他们帮你分析并提供建议。请相信这样做不会招致嘲笑，只会让他们感到你对他们的信任，因此你也能得到最大可能的帮助。

2. 觉知和调整自己的生理状态

生理状态是压力最直接的指标。要想有效管理压力，首先要有压力意识，要能觉察压力的信号。人在应激状态下，本能会驱动机体的防御机制，这是自发发生的。现在，我们要进入自觉反应状态。有效的压力管理，需要我们建立一个对付压力，尤其是那些慢性压力的预警机制。为此，你需要：

①有意识地觉知自身的紧张、焦虑等情绪状态。当你处于应激状态时，自己的生理和情绪上会有什么样的不适反应？记录自己的这些压力反应，然后锁定这些反应指标，以后每当你产生这些不适反应时，便对自己发出警告。你的压力预警，就像战争中的雷达一样，让你保持必要的警惕。

②学会控制自己的不良生理指标。当你的压力知觉性提高时，你也需要提高生理指标控制力，比如心跳、呼吸、血压等。这实际上就是生物反馈过程，当然，提供反馈的

不是机器而是你自己的觉知能力。

3. 减轻和消除自己的心理负累

应激，即便是本能反应，也足以使我们身心疲惫。现在，必须卸掉我们身上由压力带来的紧张和焦虑。否则持续性的压力累积效应，迟早会让我们垮掉。消除心理负累的方法有很多：

①理性辨析和积极归因。找来纸笔，将你面临的核心问题写下来，接下来，你需要围绕这些问题逐个回答：这个问题是如何产生的？这个问题真的与我有关吗？这个问题真的就是一种威胁吗？这个问题真的就不能解决吗？通过如此反复逐层深入的自我辨析，理清问题症结所在，从而减轻对压力情景认识的模糊或者夸大威胁而产生的焦虑。

②学会经常进行放松训练。放松训练是通过一定的练习程序，学习有意识地控制和调节自己的身心活动，以达到降低机体唤醒水平，调整因紧张而紊乱的身心功能，从而使机体内环境保持平衡与稳定的过程。

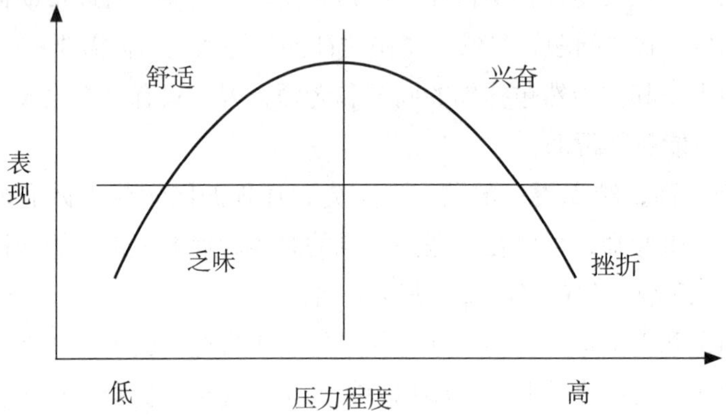

【扩展阅读】

减压趣闻

如何让现代人缓解心理压力，已经成为一个全球性的课题，面对压力，不同国家的人有不同的减压方法。

美国：练大笑瑜伽。这种瑜伽就是让人有意地哈哈大笑，从而将不快冲走。大笑瑜伽就是把笑和瑜伽呼吸结合在一起。一边大笑，一边呼气。要想上这样的瑜伽课，不需要有幽默感，不需要求助药品，甚至不需要摆出瑜伽的姿势。唯一的先决条件就是会笑。另外，吃零食也是美国人心情烦闷时最爱做的事。他们的观点是，当食物与嘴部皮肤接触时，能够通过皮肤神经将感觉信息传递到大脑中枢，从而产生一种慰藉，使身心得到放松。

英国：看恐怖片。早有人说，恐怖片能够通过听觉、视觉刺激人肾上腺素分泌，产生兴奋感，而英国已经有心理专家将之应用到心理减压方法上。他们建议，当人们感到工作有压力，是源于对工作的责任感，此时他们需要的是鼓励，是打起精神。所以与其放松压力，不如激励自己去面对充满压力的情况，例如去看一场恐怖电影。另外，越来越多的英国人爱上喝茶，主要的吸引力可能源自茶具有纾缓紧张的作用。

日本：放声大哭。或许人们非常难以理解，在日本这样一个注重礼仪，人们感情不外露的社会，放声大哭会成为一种缓解压力的手段。但痛哭疗法的确是当今日本人谈论的话题之一，甚至有专门的活动组织人们痛哭。日本有报纸还鼓励读者常常痛哭，并告诉读者“哭会给你带来前所未有的放松感”。

俄罗斯：绘画减压。俄罗斯的冬天漫长阴冷，这让不少人感到压抑。以前当地人习惯通过蒸桑拿或是游泳的方法来减压，最近人们又找到了一种新的减压方法——绘画。你可以去专门的绘画工作室尽情涂鸦，不用依照任何规则。心理学家表示，绘画的过程就是一个宣泄的过程，使压力和焦虑的情绪获得充分的释放。

法国：运动消气。最近，法国出现了一种新兴行业——运动消气中心。中心均有专业教练指导，教人如何大喊大叫，扭毛巾，打枕头，捶沙发，做一种运动量颇大的减压消气操。在这些运动消气中心，上下左右皆布满了海绵，任人摸爬滚打，纵横驰骋。专家称，当运动达到一定量时，身体产生的啡呔效应能愉悦神经，可以把压力和不愉快带走。

澳大利亚：拥抱大树。在澳大利亚的一些公园里，每天早晨都会看到不少人拥抱大树，这是他们用来减轻心理压力的一种方法。据称，拥抱大树可以释放体内的快乐激素，令人精神爽朗，而与之对立的肾上腺素，即压抑激素则消失。

印度：放声高歌。印度人擅长通过瑜伽来减压，不过他们还有一种更简单的方法，那就是放声唱歌。印度东北部的一个小村子有一个延续了200多年的传统，碰到麻烦事就把它唱出来。要是你也觉得压力大，不妨唱唱歌吧。

欧洲：嗅芳香油。嗅芳香油在欧洲很受一些心情烦闷的女孩子欢迎，她们都为这些由芳草或其他植物提炼出的香油所醉倒。科学家研究发现，香油能通过嗅觉神经刺激或平复人类大脑边缘系统的神经细胞，对舒缓神经紧张、缓解心理压力很有效果。

压力无处不有，无可逃避，因此就有压力适应的问题。所谓压力适应，是指个体在压力反应之后能很快恢复正常的身心特征，或者面对持续压力时能保持身心健康的能力。为了能更好地适应大学乃至今后的学习、生活和工作，大学生宜进行有效的压力管理，提高自己的压力适应能力。所谓压力管理，是指针对可预见的压力源进行必要的干预，维护身心健康，提高问题处理的效率，保证学习生活目标顺利实现的管理活动。压力应对具有事后性和被动性，而压力管理则带有一定程度的主动性和积极性，它包含压力应对。

4. 压力应对方式

（1）消除压力的“4D”模式

人际关系处理得不好、工作学习不被认可、对职业未来的迷茫、经济困难和健康问题等，面对这些压力源，应采取消除压力的“4D”模式。

	可改变因素	不可改变因素
高优先级	1	3
低优先级	2	4

①发现（Detect）。要找出到底是什么原因让人感到压力，即找出压力源。

②区分（Divide）。要对压力源进行区分，在压力矩阵图中，可以看到两个关键因素，一个是优先级的区分，一个是可改变性的区分。

找出压力源后，要分析这个压力源是需要优先解决的压力源，还是非优先解决的压力源，然后区分压力源的可控性，即是否有可改变的因素。

③决定（Decide）。决定应对的策略，即用什么样的方式来处理不同区间的压力源问题。

④行动（Do）。采取行动，即通过采取行动改变承受压力的现状。

（2）压力管理的七项核心能力

压力管理的七项核心能力，包括：问题解决能力、有效沟通能力、建立人和能力、保持灵活能力、正面思维能力、任务管理能力和健康生活能力。

【心理测试】

受挫能力测试

每个人的生活中都会不同程度地受到挫折，人们在受挫后恢复的能力却各不相同。有些人受挫后弹性十足，有些人却一蹶不振，而大多数人则介于两者之间。下列问题可以测验出你应对困境的能力。在回答这些问题时，请你用“同意”或“不同意”作答。回答越坦白，越能测验出你的受挫弹性。（同意的画“√”，不同意的画“×”）

1. 胜利就是一切。（　）
2. 我基本是个幸运儿。（　）
3. 白天工作不顺利，会影响我整晚的心情。（　）
4. 一个连续两年都名列最后的球队，应退出比赛。（　）
5. 我喜欢雨天，因为雨后常是阳光普照。（　）
6. 如果某人擅自动用我的东西，我会气上一段时间。（　）
7. 汽车经过时溅我一身泥水，我生一会儿气便算了。（　）
8. 只要继续努力，我便会得到应有的报偿。（　）
9. 如果有感冒流行，我常是第一个被感染的人。（　）

10. 如果不是因几次霉运，我一定比现在更有成就。（ ）
11. 失败并不可耻。（ ）
12. 我是个有自信心的人。（ ）
13. 落在最后，常让人提不起竞争心。（ ）
14. 我喜欢冒险。（ ）
15. 假期过后，我需要舒散一天才能恢复常态。（ ）
16. 遭遇到的每一次否定都使我更进一步接近肯定。（ ）
17. 我想我一定受不了被解雇的羞辱。（ ）
18. 如果向我所爱的人求婚而被拒绝，我一定会精神崩溃。（ ）
19. 我总不忘过去的错误。（ ）
20. 我的生活中，常有些令人沮丧气馁的日子。（ ）
21. 负债累累的光景叫我寒心。（ ）
22. 我觉得要建立新的人际关系相当容易。（ ）
23. 如果周末不愉快，星期一便很难集中精力学习和工作。（ ）
24. 在我生命中，我已有过失败的教训。（ ）
25. 我对侮辱很在意。（ ）
26. 如果聘任职务失败，我仍会愿意尝试。（ ）
27. 遗失了钥匙会让我整个星期感到不安。（ ）
28. 我已达到能够不介意大多数事情的地步。（ ）
29. 想到可能无法完成某项重要事情，我会不寒而栗。（ ）
30. 我很少为昨天发生的事情烦心。（ ）
31. 我不易心灰意冷。（ ）
32. 必须要有百分之五十以上的把握，我才敢冒险把时间投资在某件事上。（ ）
33. 命运对我不公平。（ ）
34. 对他人的恨维持很久。（ ）
35. 聪明的人知道什么时候该放弃。（ ）
36. 偶尔做个败北者，我也能坦然接受。（ ）
37. 新闻报道中的大灾难，使我无法专心工作。（ ）
38. 任何一件事遭到否决，我都会寻求报复的机会。（ ）

【结果统计与解释】

上列问题，列入“不同意”者为 1、3、4、6、9、10、15、17、18、19、20、21、23、24、25、27、28、29、32、33、34、35、36、37，其余题为“同意”。

依上列答案，相符者给 1 分，相反者给 0 分。如果你只得到 10 分或者更少，那么你就是那种易被逆境、失望或挫折所左右的人，你易把逆境看得太严重，一旦跌倒，要很久才能站起来，你不相信“胜利在望”，只承认“见风转舵”。如果你的总分在 11 ~ 25 分，遇到某些灾祸或逆境的时候，你往往需要相当长的时间才能振作起来，不过却也能找到很多的技巧和策略来获取个人的利益。如果你的总分高于25分，则显示你应对逆境的弹性极佳，不理想的境遇对你虽然会造成伤害，但不会持久，在情感上通常相对成熟，对生活也充满热爱，不承认有失败，纵或一时失败，仍坚信有“东山再起”的一天。

【扩展阅读】

合理运用心理防御机制

心理防御机制，是个体在遭受压力和挫折后，自觉或不自觉地把主体与客观现实之间发生的问题，用自己较能接受的方式加以解释和处理，以减轻挫折感，达到心理平衡的反应形式。

①升华。个体把那些可能不道德或违反伦理的强烈潜意识欲念，以社会较能接受的形式表现出来，从而得到社会的认可和赞同，是一种积极的防御机制。比如某同学失恋了，然后写了一部关于恋爱的小说。

②合理化。当个体因挫折产生不良情绪时，为减轻精神上的苦恼和不快，维护个体的自尊和心理平衡，常常为自己遭受到的挫折寻找借口或作歪曲的解释。

③幽默。当个体处于困境和尴尬局面时，运用含蓄、双关、幽默的语言，委婉、曲折的表达方式，避开冲突的锋芒，营造喜悦、轻松、愉快的氛围，缓解紧张情绪，从而渡过难关和克服挫折。

④补偿。当个体所追求的理想、目标受到挫折，或生理上或心理上存在某种缺陷时，通过选择其他能成功的种种方法来弥补这种缺陷，以减轻心理上的不适感和挫折感。

⑤潜抑。个体把意识中对立的或现实中不能接受的冲动、欲望、想法、情感、痛苦经历等，不知不觉地压抑到潜意识中去，以致个体不能觉察或回忆而避免痛苦。

⑥转移。个体遭受压力和挫折时，将情绪反应转移给无辜的人或物，以发泄内心的不满，调节心理平衡（即迁怒于人、迁怒于物）。

⑦否定。个体把已经发生的挫折和不愉快的情境加以否定，从根本上认为它从没发生过，以避免心理上的不安和痛苦。

思考题 ?

1. 积极情绪和消极情绪对健康的影响有哪些?
2. 积极情绪的进化方式有哪些?
3. 常见的消极情绪有哪些? 如何调适?
4. 联系自身体验，思考如何运用情绪ABC调试情绪。你能从中获得什么感受?
5. 为什么抑郁症呈上升趋势? 哪些原因导致抑郁症大量增加?
6. 结合实际谈谈如何消除压力、如何管理压力。

第四章

人际交往

天时不如地利，地利不如人和。

——孟子

第一节　人际交往概述

【导入】

天堂与地狱的区别

有个人和上帝谈论天堂和地狱的区别。上帝对这个人说："来吧，我让你看看什么是地狱。"他们走进一个房间，屋里一群人正围着一大锅肉汤。每个人看起来都营养不良，绝望又饥饿。他们每个人都有一只可以够到锅子的汤匙，但汤匙的柄比他们的手臂还长，自己没法把汤送进嘴里。他们看上去是那样悲惨。"来吧，我再让你看看什么是天堂。"上帝把这个人领入另一个房间。这里的一切和上一个房间没有什么不同。一锅汤、一群人、一样的长柄汤匙，但大家都在快乐地歌唱。"我不懂，"这个人说，"为什么一样的待遇与条件，而他们快乐，另一个房间里的人们却很悲惨？"上帝说："你仔细看看，这是因为在地狱里，人人只为自己，而在天堂里，人们互相服务，彼此合作啊！天堂和地狱的差别就在这里。"

【扩展阅读】

伦敦有位年轻的大学生，租住在一家公寓。他入住后不久，来了一位年轻的姑娘租住在他隔壁。那姑娘长得很美，有着天使一般的容颜，深深地打动了小伙子的心。他每次上下楼都能遇见她，在不知不觉中，他爱上了那位姑娘，可他一直找不到借口与她相识，因而他觉得很痛苦，郁郁寡欢。圣诞节到了，小伙子一个人待在房间里，举目无亲，寂寞难耐。

忽然，他听见隔壁房间传来"咯吱咯吱"的声响和阵阵喘息声，且持续时间很长。小伙子想到自己正在孤独悲伤，而那位姑娘却在男欢女爱，这深深地刺伤了他那颗沉浸在沮丧之中的心，使他感到人生彻底绝望了。最后，他找来一根绳索，自悬于梁上，告别了人世。第二天人们发现，就在那个圣诞节之夜，不仅小伙子悬梁自尽，那个姑娘也自杀了，她是吃砒霜死的。小伙子听到的那些响声，是砒霜毒性发作后姑娘挣扎时发出的，他完全误解了那些声响的性质。在姑娘的桌子上有一封遗书，上面写着她实在忍受不了这份孤独，在这个世界上，没有人关心她，尤其是在那个美丽的圣诞节之夜。

故事中的两位主人公都遇到了人际交往的问题，小伙子因为缺乏交往的方法和直接表达的勇气而自暴自弃，姑娘因为缺少与人的交往，感受到深深的孤独，甚至放弃了生命。正如一句富有哲理的话——拥有超人的智商，却不懂得与人交往，是寂寞的人。在大学生群体中也会出现人际交往困扰，影响美好的大学生活。

一、人际关系的含义

社会学将人际关系定义为人们在生产或生活活动过程中所建立的一种社会关系。心理学将人际关系定义为人与人在交往中建立的直接的心理上的联系。人与人交往关系的总称，也称人际交往，包括亲属关系、朋友关系、学友（同学）关系、师生关系、雇佣关系、战友关系、同事关系及领导与被领导关系等。人是社会动物，每个个体均有其独特的思想、背景、态度、个性、行为模式及价值观，然而人际关系对每个人的情绪、生活、工作有很大的影响。

1. 广义的人际关系

广义的人际关系是指人与人之间的关系，包括社会中所有的人与人之间的关系，以及人与人之间关系的一切方面。

【扩展阅读】

人际交往中的“六度分隔”

20 世纪 60 年代，耶鲁大学的社会心理学家米尔格兰姆就设计了一个连锁信件实验。他将一套连锁信件随机发送给居住在内布拉斯加州奥马哈的 160 个人，信中放了一个波士顿股票经纪人的名字，要求每个收信人将这套信寄给自己认为比较接近那个股票经纪人的朋友。朋友收信后照此办理。最终，大部分信在经过五六个步骤后都抵达了该股票经纪人。六度分隔（也称“六度空间”）的概念由此而来。六度分隔理论，并不是说任何人与人之间的联系都必须通过六个层次才会产生联系，而是表达了这样一个重要的概念：任何两位素不相识的人之间，通过一定的联系方式，总能够产生必然联系或关系。

这个连锁实验，体现了一个似乎很普遍的客观规律：社会化的现代人类社会成员之间，都可能通过“六度空间”而联系起来，绝对没有联系的 A 与 B 是不存在的。这是一个更典型、深刻而且普遍的自然现象。那么，怎样用数学理论揭示“六度分隔现象”？这是现代数学领域又一重大猜想。

数学解释：若每个人平均认识 260 人，其六度就是 $260^6 = 308\,915\,776\,000\,000$。如消除一些节点重复，那也几乎覆盖了整个地球人口若干倍。

---

2. 狭义的人际关系

人际关系是人们在共同活动中彼此为寻求满足各种需要而建立起的互相间的心理关系。这个概念可以从三个方面理解：人际关系表明人与人相互交往过程中心理关系的亲密性、融洽性和协调性的程度；人际关系由三种心理成分组成，分别是认知、情感和行为成分；人际关系是在彼此交往的过程中建立和发展起来的。

【扩展阅读】

沃尔特里德陆军医院的医生们研究发现，在参加了战争但并未受伤的士兵中，大约有17%的人患上了创伤后应激障碍，可令人惊奇的是，在那些参加了战争并受了重伤（失去一只手臂或一条腿、严重烧伤、瘫痪等）的士兵中，只有4%的人患上了此病。这些数据让医生们感到很意外，他们本以为那些经历了战争的残酷，并遭受重伤的士兵患病的概率要大得多，为何竟然比根本没受伤的士兵低十几个百分点呢？研究者最终发现，原因都在于“治疗”的差异。这里指的不是心理疗法，而是物理治疗，特别是沃尔特里德陆军医院物理治疗的安排，在这一过程中起了决定性的作用。受伤士兵会聚在一个很大的房间里，努力地同伤痛作斗争，希望自己能过上正常人的生活。他们在接受日常治疗时发现，很多人的伤势比他们的还要严重。那种想要恢复健康的愿望，会使病人产生一种强烈的共鸣。他们相互鼓励，为彼此加油打气，并会为别人的一个小小进步而兴奋不已。这种在身体恢复过程中建立起来的关系，会帮助他们治愈精神上的创伤。

我们需要同他人建立关系，关系不是可有可无的东西，它是一种“必需品”。我们不但想要和他人建立关系，更渴望与他人进行交流和沟通。老人要比年轻人更常去看医生，身体的衰老是原因之一，但一个更重要原因是：可以同他人交流并得到照顾和关注。而医生和理疗师，为老年人提供了他们一直非常渴求的关系刺激。黑猩猩之间也需要进行社会性互动并建立关系。科学家们总结说：“虽然野生的黑猩猩会在一天的某个时段独处，但它们从本质上来说还是一种社会性动物，长时间与其他同类分离，对它们来说是一种折磨。”关系是一种需要，可以让我们有机会同他人分享自己的经历，享受其中单纯的乐趣。除此之外，关系还能带给我们很多东西。

二、人际关系的发展过程

1. 良好人际关系的发展过程

社会渗透理论是指个体之间从表面化的沟通到亲密的沟通而经历的关系发展过程。该理论由欧文·阿特曼以及达尔马斯·泰勒提出。良好人际关系的形成和发展，一般需要经过定向、情感探索、感情交流和稳定交往阶段。

（1）定向阶段

对交往对象的注意、选择和初步沟通等心理活动，由零接触过渡到单向注意或双向注意的定向阶段。在这个阶段中，由开始时的彼此无关，即零接触状态，逐渐实现选择性注意。

（2）情感探索阶段

由注意逐渐向情感探索、情感沟通的轻度心理卷入阶段转向，此时开始建立初步的心理联系。随着双方共同情感领域的发现，双方沟通也越来越广泛，自我暴露的深度与广度也逐渐增加。人们的话题仍避免触及别人私密性的领域，自我暴露也不涉及自己基本的方面。

（3）感情交流阶段

由接触而导致情感联系不断加强，心理卷入程度不断扩大，进入稳定交往阶段。人际关系发展到这个阶段，双方关系的性质开始出现实质性变化，此时的人际关系的安全感已经确立，谈话也开始广泛涉及自我的许多方面，有较深的情感卷入。

（4）稳定交往阶段

人们心理上的相容性会进一步增加，自我暴露也更加广泛深刻，可以允许对方进入自己高度私密性的个人领域，分享自己的生活空间和财产。

【扩展阅读】

有心理学家按照情感融合的相对程度，将人际关系分为轻度卷入、中度卷入和深度卷入。人际关系状态会发生如下转变，相互作用水平也由低到高。

①零接触。没有意识到对方的存在，双方完全无关，双方关系处于零接触状态。

②单向接触或双向接触。一方注意到另一方，或者双方互相注意对方，但是无言语交流。

③表层接触。始于直接谈话时，这时交往双方开始真正的情感关联，但无情感卷入，是双方情感关系发展的起始点，标志着一种新的人际关系的诞生。

④轻度卷入、中度卷入和深度卷入。共同的心理领域越多，情感融合的程度就越高，在深度卷入的情况下，共同心理领域有可能大于相异的心理领域，但需要注意的是人与人之间都不可能在心理上完全取得一致。

2. 人际关系恶化的发展过程

人际关系恶化是由人际冲突、人际内耗和人际侵犯造成的，根据这种冲突和内耗的性质和程度，可以把人际关系的恶化过程划分为冷漠、疏远和终止三个阶段：冷漠阶段，即交往的一方把交往视为一种负担，在心理上形成一种压力，并伴随交往活动而产生一种痛苦的情绪体验；疏远阶段，即交往者在痛苦情绪体验的基础上，产生一种对交往双方人际关系的厌恶反感情绪；终止阶段，即交往双方冷漠、疏远的必然产物和符合逻辑的推论便是结束这种人际关系，双方处于完全失去联系的状态。

3. 人际模式与依恋的关系

每个人都有依附于那些具有支持和保护作用的他人的需要，这种需要在幼儿时期尤其明显，婴儿和养育者之间的情感依附被称作依恋。依恋理论是英国心理学家约翰·鲍尔比在 20 世纪 60—80 年代率先提出的。该理论认为“孩子同其主要照料者间的最初关系构成了以后所有关系的起点”。鲍尔比的研究是从母婴分离会对儿童的心理产生影响开始的，阐述母婴分离对孩子人格和心理各方面的重要影响。

（1）依恋类型和表现

研究认为，孩子身上儿童期表现出来的依恋特征，成年以后仍然会显露出来，所以成年人也具有和儿童一样的依恋类型分类。

儿童在早期的关系中体验到爱和信任，会觉得自己是可爱的、值得信赖的。如果儿童的依恋需要没有得到满足，他就会对自己形成一个不好的印象。鲍尔比这样解释："一个不受欢迎的孩子不只觉得自己不受父母欢迎，而且相信自己基本上不被任何人欢迎。相反，一个得到爱的孩子长大后不仅相信父母爱他，而且相信别人也觉得他可爱。"与养育者关系的早期经验成为我们处理以后的人际关系的基础。如果父母从小对我们关心，我们就会把同他人的关系视为爱和支持的源泉。如果我们的依恋和被关注的需要得不到满足，就会变得怀疑和不信任。

爱因斯沃斯将婴儿的依恋模式分成安全型、回避型和焦虑—矛盾型，当孩子长大成人并建立人际关系时，这些特点仍会显露出来。我们能找出安全型的成人，他们很容易与人相处并信赖对方。我们也能发现回避型的成人，他们怀疑那些说爱他的人，害怕离他们太近会受到伤害。他们也因分离不可避免而害怕付出情感。最后，我们还能看到焦虑—矛盾型的成人，他们对同伴的爱缺少安全感，过于苛求对方，有时候显得比较强势，他们太希望受到注意以至于吓跑了同伴。

这三种类型的成人比例与婴儿的安全型、回避型和焦虑—矛盾型的比例分配非常匹配。这个研究也支持了新弗洛伊德理论的观点：从成人的行为中能找到他童年经历的痕迹。

依恋类型与人际、恋爱类型对照表

依恋类型	安全型依恋	回避型依恋	焦虑—矛盾型依恋
恋爱类型	热情的爱、无私的爱	轻浮的爱	占有式的爱
人际特点	亲密、热情、愿意付出、自信、不逃避亲密、非神经质	亲密、不热情、不愿意付出、不自信、逃避亲密、非神经质	亲密不稳定、热情不稳定、不自信、不逃避亲密、神经质

（2）依恋形成的影响因素和机制

①内部因素。孩子一出生就会表现出一些个人特征，有人认为，婴儿早期的这些气质特征很可能影响父母对他们的印象和态度：有的孩子见人便笑、喜欢被人抱，他们更容易赢得成人的欢心，从而更易建立良好的母婴互动关系；而有的孩子则表现出不愿意被人抱，不易被抚慰的特征，这样的婴儿就可能遭受冷落，与人交往的机会也大大减少。卡根根据儿童日常生活中的活动特点，把早期儿童的气质分为三种类型：易带的孩子、难带的孩子和迟缓的孩子。他认为，易带的孩子生活有规律，节奏性强。他们容易

适应新环境。他们总是情绪愉快，爱玩，对成人的招呼反应性强，对成人的抚养活动提供大量的积极强化，因而在整个儿童期都受到成人的极大关注和注意。难带的孩子总是哭，不易抚慰；进食时烦躁不安，睡眠无规律；对新刺激畏缩，接受变化难。他们的心情总是不好，在游戏中也不愉快，成人需要费很大气力才能使他们接受抚慰。迟缓的孩子常常是安静地退缩，对新事物适应缓慢，如果坚持和他们积极地接触，他们会逐渐产生良好的反应，慢慢地活跃起来。这样，难带的孩子往往就形成焦虑—矛盾型依恋，易带的孩子形成安全性依恋，而迟缓的孩子则往往形成回避型依恋。我们认为，儿童固然有气质差异，但这不能成为父母在养育中对其需要不敏感和不给予关注的理由。气质没有好坏之分，任何人都有寻求依赖和关注的需要，儿童不会因为具有害羞的气质在内心就不需要别人的爱了。而是否得到关注和爱，才是决定形成安全依恋的关键因素。

②外部因素。对依恋质量的影响因素的探讨多数集中在外部因素，其中又包括很多方面，看护者本身的依恋型特点是一个重要的方面，另外还有看护者的养育方式、家庭环境等方面。安全型父母会及时满足孩子的需要，孩子会以父母作为他们的安全基地，去积极地进行探索活动。不安全型依恋的父母会误解孩子的需要，或只作出有选择的回应。回避型父母总是倾向于将孩子的依恋行为和活动“最小化”，尽量回避亲密行为。他们容易忽视、打消或拒绝孩子寻求亲近的需要。这样会减少孩子的探索行为，并削弱父母自身对依恋的感受。专注型父母过度地强调和使用了依恋行为（控制性较强、引诱性）。观察这些父母与孩子间的互动行为可以发现，父母实际上总是在“鼓励”孩子的依赖性。互动过程中充满了无休止的、紧密的感情基调。专注型父母的过度卷入行为，影响了对孩子真正需要的注意，他们容易误解孩子的情绪，而不会有效减轻孩子的不快。恐惧型父母表现出受到惊吓或者吓唬孩子的行为，这两种行为都会打扰孩子。他们还会用表情或怯懦的行为表现出对孩子的恐惧。这种恐惧，会导致他们放弃做父母的权威性而渴望与孩子互换角色。这样的父母处于一种无助、被控制住的状态。他们的孩子在婴儿期会表现出行为紊乱、无判断力、恐惧等特点。孩子在 3 岁时，恐惧型父母就会表现出特别的控制力，常常主导着亲子互动的方式，还有蛮横、苛求的特点。这类父母大多数都有压抑、焦虑或边缘性人格紊乱等心理问题。

父母的心理状态，会通过对孩子需要的了解和反应影响养育行为。而这些表现不同的养育行为，又直接影响了孩子的依恋质量。若母亲对孩子不够负责任，对孩子的需要不敏感，经常表现出拒绝，对孩子缺乏耐心，这样的孩子就容易形成回避型不安全依恋；若母亲对孩子的需要漠不关心，常常随心所欲地误解孩子的需求，与孩子之间没有形成和谐的相处氛围，孩子就容易发展成焦虑—矛盾型依恋。混乱型不安全依恋婴儿的母亲的看护行为经常不连贯和不规律，母亲对儿童的情感是矛盾的，常常表现出强烈的亲近又同时有强烈的回避行为，因而致使儿童的情感混乱和矛盾。

在一个有压力、不稳定、不敏感养育的家庭环境里，儿童形成不安全依恋的比例是很高的。如果婴儿在关键期内没有与母亲建立紧密的情感联结，那么儿童的人际关系和情绪发展就会受到严重的、不可逆转的损害，形成一种“无情感的性格”。心理学家对三个月到一岁的孤儿院婴儿进行了观察研究。研究发现许多婴儿在与护士分离之前已表现出分离时的行为倾向，他们不断哭泣，并表现出对周围环境的回避与退缩、对外在刺激缺乏敏感回应和睡眠困难等特征。在这种集体养育的环境下，婴儿无法体验母亲的关爱，随着年龄的增长，儿童的抑郁感与焦虑感迅速加深。有相当多的心理学家强调包括亲子关系在内的一系列早期经验在形成依恋中的重要作用，其中隐含着心理学界长期持有的观点：儿童年龄越小，接受他所经历事件的影响就越大。

（3）对非安全依恋的干预

要对不安全依恋进行干预，就包括对不安全依恋型父母的识别和矫正；对于已经形成不安全依恋的成年人来说，寻找其早期家庭的不安全依恋的形成因素已经不再具有意义，重要的是对其当前的个体进行咨询和治疗。根据依恋理论，对其早期依恋经验进行修复，是解决其问题的有效方法。

对于人际关系不良的个体，选择专业的帮助，探索其早期的亲子关系，将是临床治疗的一个有效的手段。既然不良人际关系是由不安全依恋造成的，那么，首先就要对不安全依恋进行干预。干预方法可以通过咨询师无条件地关注和提供支持与来访者之间建立有效的依恋关系，以使来访者重塑早期的不安全依恋。

三、人际关系的意义

良好的人际关系对人一生的发展影响非常大，是人们获得幸福感以及取得成功的重要条件之一。

1. 良好的人际关系有益于个人获得成功

人际关系能够促进人们共同协作，为完成特定的任务而共同奋斗。现代科学技术的发展，既为交往创造了快捷方便的条件，也对交往方式提出了更高的要求。现在许多社会工作任务，越来越不能靠个人单枪匹马来完成，而要通过众多人的共同协作来完成。每个科研项目的攻关，离不开众多科学家的联手合作，加强联系，共同研究。良好的人际关系能够促进人们的信息交流和信息共享。现代社会知识量激增，“信息爆炸”，不建立一个和谐的人际关系进行交往，就不能尽快获得信息。有人曾说，现代社会 80% 的信息是通过交往获得的。而在现代社会掌握了信息就等于增加了成功的砝码。人们可以从友好协作的人际关系中汲取力量，增强信心。

2. 良好的人际关系是人身心健康的需要

一个人如果处在相互关心爱护，密切融洽的人际关系中，心情舒畅，有益于身体健康。良好的人际关系能使人保持轻松平稳，态度乐观；不良的人际关系可干扰人的情绪，使人产生焦虑、不安和抑郁；严重不良的人际关系，还会使人惊恐、痛苦、憎恨或愤怒。现代医学研究表明，恶劣的情绪实际上是对身心健康的最大摧残。美国科学家最近研究发现，有 20% 的美国人因惯于生气而使健康受到严重威胁，因此，人的身心健康需要良好的人际关系。俗话说健康之道在于“和”，这个“和”是指身体内在的和，也指与自然和社会的和，同样也指人和，即人际关系的和谐。

3. 良好的人际关系是人生幸福的需要

精神生活的状况，如获得支持、满足感等都与人际关系密切联系。人需要有思想感情上的交流。一个志同道合又积极向上的人际关系群体中，和谐健康的人际关系形成的是一个和谐、信任、友爱、团结、理解、互相关心的客观环境。在这种环境中，人与人思想感情上的交流，能使人们从中汲取力量和勇气，使人在碰到挫折、困难时得到别人及时的帮助，通过交流达到互相理解；能使人处在一种舒畅、快慰、奔放的精神状态中，容易形成乐观、自信、积极的人生态度，人们的情操、心理环境得到净化，思想境界得到升华；相反，不良的人际关系使人产生猜疑、冷漠、嫉妒，造成困惑、苦闷、孤寂、萎靡和痛苦的状态。

【扩展阅读】

哈佛大学持续 76 年的“格兰特研究”

著名的“格兰特研究”研究的是“什么样的人，最可能成为人生赢家”——这项研究已经持续了 76 年，花费超过 2 000 万美元。主持这项研究整整 32 年的心理学家乔治·瓦利恩特说，“温暖亲密的关系是美好生活的最重要开场”。

1938 年，时任哈佛大学卫生系主任的阿列·博克教授认为，整个研究界都在关心“人为什么会生病、失败、潦倒”，怎么没有人研究一下“人怎样才能健康、成功、幸福”？博克拟定一项雄心勃勃的研究计划，打算追踪一批人从青少年到人生终结，关注他们的高低转折，记录他们的状态境遇，点滴不漏，即时记录，最终将他们的一生转化为一个答案——什么样的人，最可能成为人生赢家。乔治·瓦利恩特说，赢家必须“十项全能”：十项标准里有两项与收入有关，四项与身心健康有关，四项与亲密关系和社会支持有关。比如说，必须 80 岁后仍身体健康、心智清明（没活到 80 岁的自然不算赢家）；60 ~ 75 岁时与孩子关系紧密；65 ~ 75 岁时除了妻子儿女外仍有其他社会支持（亲友、熟人）等；60 ~ 85 岁时拥有良好的婚姻关系；收入水平居于前 25%。这就是著名的“格兰特研究”。研究名字缘于最初的赞助者，慈善家威廉·格兰特。

1939—1944 年，这项研究选择了 268 名当年正在哈佛就读的本科生作为研究对象。这批人已经站在美国年轻人的巅峰，他们有着光明的未来，得享成功与长寿的概率很大。这正是格兰特研究需要的——研究对象要活得够长，否则就不算“笑到最后”，要足够成功，否则怎能算“笑得最好”？入选者当年都在 19 岁上下，全部是家境良好的美国籍白人男性，身心健康，仪表堂堂——事实上，每个入选者都经过严格的体格“选美”，研究者倾向于挑选猿臂蜂腰者，因为一开始的猜测是，“富有男性气概者”更可能拥有幸福人生。

每隔两年，这批人会接到调查问卷，他们需要回答自己身体是否健康，精神是否正常，婚姻质量如何，事业是否成功，退休后是否幸福。研究者根据他们返回的问卷给他们分级，E是情形最糟，A是情形最好。不过，光是自我评定可不够。每隔5年，会有专业的医师去评估他们的身心健康指标。每隔5 ~ 10年，研究者还会亲自前去拜访这批人，通过面谈采访，更深入地了解他们目前的亲密关系、事业收入、人生满意度，以及他们在人生的每个阶段是否适应良好。

这批人可谓“史上被研究得最透彻的一群小白鼠”，他们经历了第二次世界大战、经济萧条、经济复苏、金融海啸，他们结婚、离婚、升职、当选、失败、东山再起、一蹶不振，有人顺利退休安度晚年，有人自毁健康早早离世。最终，这268人里确实涌现了不少成功人士，迄今有4位美国参议员，1位州长，甚至1位美国总统——约翰·肯尼迪。不过，肯尼迪的研究档案早就被政府单独拿走，预计到2040年才有可能解密。其余267份人生档案又得出了怎样的结论呢？首先，以下因素不太影响“人生成功”：最早猜测的“男子气概”没用，智商超过110后就不再影响收入水平，家庭的经济社会地位高低也影响不大，性格外向内向无所谓，也不是非得有特别高超的社交能力，家族里有酗酒史和抑郁史也不是问题。真正能影响“十项全能”，帮你迈向繁盛人生的，是如下因素：自己不酗酒、不吸烟，锻炼充足，保持健康体重，以及童年被爱，共情能力高，青年时就能建立亲密关系。

如下数据可能会让你大吃一惊：与母亲关系亲密者，一年平均多挣8.7万美元；与兄弟姐妹相亲相爱者，一年平均多挣5.1万美元。在“亲密关系”这项上得分最高的58人，平均年薪是24.3万美元。得分最低的31人，平均年薪没有超过10.2万美元。只要能在30岁前找到“真爱”——无论是真的爱情、友情还是亲情，就能大大增加你“人生繁盛”的概率。乍一看，感觉哈佛用76年熬了一碗浓浓的鸡汤——人生成功的关键是“爱”？这答案看上去太过普通，以至于让人难以置信。但瓦利恩特说，爱、温暖和亲密关系，会直接影响一个人的“应对机制”。他认为，每个人都会不断遇到意外和挫折，不同的是每个人采取的应对手段，“近乎疯狂类”的猜疑、恐惧是最差的；稍好一点的是“不够成熟类”，比如消极、易怒；然后是“神经质类”，比如压抑、情感抽离；最后是“成熟健康类”，比如无私、幽默和升华。

一个活在爱里的人，在面对挫折时，他可能会选择拿自己开个玩笑，和朋友一起运动流汗宣泄，接受家人的抚慰和鼓励……这些“应对方式”，能帮一个人迅速进入健康振奋的良性循环。反之，一个“缺爱”的人，在遇到挫折时往往得不到援手，需要独自疗伤，而出现酗酒吸烟等常见的“自我疗伤方式”是早死的主要诱因。当然，并不是每个人都能幸运地拥有美好的童年，但好消息是，不论你今年几岁，都有机会“在爱里获得重生”。哈佛的被试中，一个化名卡米尔的入选者直到35岁才第一次知道被别人全心关爱是什么感受——当时他因肺结核住院14个月，而医护人员给了他一直渴望的爱与温暖。此后，卡米尔从一个自杀未遂的神经症患者，变成了一个负责的医生、丈夫和父亲，他的家人、病人、下属和朋友都衷心爱他，最终他在82岁时攀登阿尔卑斯山因心脏病突发去世，许多人出席了他的葬礼，向他致意告别——虽然开场并非最佳，但收尾时却是段丰盛繁茂的成功人生。

四、大学生人际关系的特点和作用

1. 大学生人际关系的特点

大学是一个特殊的社会，存在着各种各样的关系，对于学习和生活在其中的大学生来说，其人际关系有如下特点。

（1）大学生人际交往愿望迫切

大学生思想比较单纯，精力充沛，兴趣广泛，活泼好动，对人际交往的需要比成人和中学生更为强烈。据有关材料表明，有 90% 左右的大学生希望自己有良好的人际关系和人际环境。他们希望通过交往来获得同学的认可、接受、尊重、信任，去拓宽视野，满足自己多方面的需求。

（2）大学生的人际关系比较注重情感需求

大学生交往动机中功利性少，情感性多，比较纯洁、真诚。在一项关于大学生交朋友的起因调查中，有 51% 的人认为交朋友是因为谈得来，42% 的人认为是有感情，只有 5% 的人认为是用得着。他们崇尚高雅、真诚、纯洁的友谊，注重情感的沟通和交流，不是或主要不是从对象的家庭背景、经济条件、学习成绩等方面考虑，交往的主要目的是获得情感需要的满足。这种满足既表现为消除孤独，寻求友谊，在同性同辈中找到情感交流的对象，也表现为通过与异性同辈的交往来满足友谊和爱情的需求。

（3）大学生人际关系注重平等性

有调查结果表明，46% 的大学生认为人与人交往应该是平等的、互助的。大学生交往中的平等特点是由他们彼此关系的非利益冲突和较强烈的平等交往意识决定的。大学生之间是同学关系，谁也不依赖谁，不存在较大的利益冲突，且具有共同的学习任务和比较一致的学习目的，加之学校和老师对他们提出的要求、给予的机会都是平等的，使得每个大学生在学校或班级中都是平等的一员，因而，他们的人际关系比较稳定，友谊比较长久，遇到矛盾和问题也比较容易解决，不会出现大的波动。

（4）大学生人际关系交往的内容比较丰富

由于大学生兴趣广泛，情感丰富，精力充沛，求知欲强，他们对各种自然的、社会的现象都很关注，希望自己见多识广，其结果是他们交往的内容比较丰富。特别是随着社会生活节奏的加快，使他们的人际交往（交流感情、寻求友谊、寻觅爱情）内容更加丰富和多样化。他们不仅对专业以及感兴趣的各方面知识和信息（包括衣、食、住、行、工作等方面）进行交流，而且还会敞开心扉，无所顾忌地进行情感的交流与宣泄，发生思想的碰撞和融汇。

大学生生活的环境主要在校园，交往对象主要有两类：一是同学交往，同学是大学生人际交往最基本的对象，同学交往比较频繁的有班级内的同学交往、社团内同学间的交往、宿舍成员间的交往；二是师生交往，主要是专业授课教师和辅导员或班主任，他们是大学生人际交往的主要对象。师生关系是一种业缘关系，师生之间心理距离小，相容程度高，教师对学生充满关怀、爱护，学生对教师充满尊敬和爱戴；师生关系是一种最无私、最纯洁的人际关系，教师和学生之间很容易建立一种良师益友的关系。

大学生除了主要与教师、同学之间交往外，还与家庭成员和校外社会成员有交往。随着教育改革的逐步深化，大学生有更多的机会走出校门，深入社会，了解社情。一些大学生通过各种渠道，如社区服务、勤工俭学等，参加志愿者活动、投身家教、扶贫帮教等，与社会进一步产生广泛联系，这有助于大学生的健康成长，对培养和锻炼他们良好的人际关系的能力有积极作用。

2. 大学生人际关系的作用

对正处于学习和成长中的大学生来说，良好的人际交往，融洽的人际关系，对他们的成长发展具有重要作用。

（1）良好的人际关系有利于大学生的信息交流

人际交往的过程是彼此交流信息、知识、经验和情感的过程。大学生通过建立良好的人际关系，能以各种方式迅速获得信息，且人际交往比之于书本获得的信息内容更广泛，渠道更直接，速度更迅速。大学生随着交际范围的扩大和友谊的加深，能认识更多的人，听到更多的事，交换更多的思想，获得更多的信息。

（2）良好的人际关系有助于大学生提高学习效率

在一个人际关系健康和谐、有向心力和凝聚力的群体中，大家互相关心、互相帮助，会感到心情舒畅，学习效率也会提高。因为良好的人际关系使同学之间能相互仿效、相互帮助、相互启发，使师生之间情感相融、教学相长，从而使大家的视野不断开拓，思想不断受到启迪，知识上互相补充和促进，学习积极性不断被激发。

（3）良好的人际关系是大学生全面发展和完善的重要条件

一个人的个性除了受先天遗传因素影响外，更主要的是受后天环境的影响。一个大学生如果长期生活在友好和睦的人际关系中，他的个性就会变得乐观、开朗、积极、主动。同时，在这样的人际关系条件下，也有助于提高大学生的自我认知和评价能力。一方面，大学生能通过他人对自己形象的反射，了解自己行为表现的恰当性和能力高低，从而不断调整自己的行为，努力进取，完善自己的个性，使自己的潜能得到进一步发挥，以达到自我意识与社会意识的统一。另一方面，大学生可以把他人的优点作为自己的追求目标，通过交流学习，将他人的行为方式、态度、价值观念、优良品质、精神面貌等吸收过来，纳入自己的范畴，有利于形成良好的品质。

（4）良好的人际关系能促进大学生的社会化进程

每个人的社会化进程都是在人际交往中进行的，人际交往是社会化的起点。大学阶段是大学生加速社会化的关键时期，随着他们人际交往范围的不断扩大，交往内容逐步深化，交往形式日趋多样，他们就会从交往中不断积累深化社会经验，学到社会生活所必需的知识、技能、态度、伦理道德规范，明确自我的社会责任，促进成熟。

（5）良好的人际关系有利于促进大学生的心理健康

人际交往的时间和空间越大，人的精神生活越丰富，得到支持和帮助的机会越多，就越能保持心理平衡。心理学研究表明，人都有强烈的交往需要，都畏惧孤独，害怕离群索居。大学生多数远离家乡和亲人，异地求学，会产生孤独感和失落感，同时在日常的学习和生活中也难免碰到一些不顺心的事，会产生惆怅心理，这就需要找人倾诉、交谈，从精神上得到慰藉。良好的人际关系能使大学生相互诉说各自的喜怒哀乐，倾吐衷肠，宣泄愤怒、压抑和痛苦，消除失落、孤独、焦虑等不良情绪，获得支持和理解，使之心境开朗，减少心理疾病。良好的人际关系能使大学生归属于一定的集体，能交到志同道合的朋友，能使大学生乐于同别人交往，乐于牺牲个人的欲念，能从帮助别人中得到心理上的幸福和满足，也能从与他人友好的相处中获得友谊和爱。但是，如果人际交往的需要得不到满足，处于一种不良的人际关系中，就会增加大学生的挫折感，引发内心矛盾和冲突，情感上的孤寂、惆怅、空虚就会经常出现，从而带来一系列不良的情绪反应。而不良的情绪作用于生理活动，将会成为各种疾病的催化剂，削弱人的抗病能力，使正常机能减退，并且削弱神经系统的工作能力，导致心理障碍。

五、大学生人际交往中的常见问题

1. 不敢交往

在人际交往的实践活动中，都存在不同程度的恐惧心理，但每个人反映的这种心理程度不同，如害羞、紧张、自卑、焦虑等。

2. 不愿交往

大学生不愿交往的原因也各不相同，可能是由于学生家庭背景、学习能力或者地方语言所导致的缺乏自信；或者是缺乏基本合作精神，以自我为中心，觉得除了自己都不可信任；也有同学缺少彼此包容的意识，为一些鸡毛蒜皮的小事就互相伤害，进而影响交往意愿。

3. 不善交往

不善交往包括不擅长交往的常识，不注意把握沟通的方式，不懂得人际交往的原则，开玩笑不注意场合，不懂给人留面子，或者语言生硬让人无法接受，还有的交往障碍是因为不懂得尊重他人的风俗。

第二节 人际交往中的心理效应

【导入】

有趣的心理效应

心理学家蔡格尼克曾做过一个有趣的实验：他要求参加实验的被试完成20件指定的工作，其中半数工作最终允许其完成，而另一半的工作则中途人为地加以阻止，使其无法完成。当这些人完成实验任务后，要求他们对所做的工作进行回忆。实验结果发现，参加实验的人对未完成工作的回忆要优于对已完成工作的回忆，前者的回忆量几乎是后者的两倍。心理学把这种现象称为“蔡格尼克效应”，即人们对于尚未处理完的事情，比已处理完成的事情印象更加深刻。

启示：人类有追求完美的倾向，有时甚至是强迫自己追求完美。你是不是有时也会无法容忍一些没有完成的事件，以致让那些没做完的事件给自己造成压力，并产生焦虑情绪？

心理效应指大多数人在相同的情境下对某种相同的刺激产生相同或相似的心理反应的现象。心理效应存在于每个人身上、各种场合中。心理效应是社会生活中常见的心理现象和规律，是某种人物或事物的行为或作用，引起其他人物或事物产生相应变化的因果反应或连锁反应。同其他任何事物一样，心理效应也具有积极和消极两方面的意义。因此，正确地认识并利用心理效应，在日常工作生活中具有重要意义。开展心理服务工作，要重视发挥心理效应的积极作用，降低心理效应的消极影响。

一、首因效应

首因效应与近因效应是由心理学家洛钦斯首先提出的，它反映了人际交往中主体信息出现的次序对印象形成所产生的影响。

首因效应是人与人第一次交往中给人留下的印象，在对方的头脑中形成并占据着主导地位。首因效应也称首次效应、优先效应或第一印象效应，是指当人们第一次与某物或某人接触时会留下深刻印象，个体在社会认知过程中，通过“第一印象”最先输入的信息对客体以后的认知产生影响。第一印象作用最强，持续的时间也长，比以后得到的信息对于事物整个印象产生的作用更强。

实验心理学研究表明，外界信息输入大脑时的顺序，在决定认知效果的作用上是不容忽视的。最先输入的信息作用最大，最后输入的信息也起较大作用。大脑处理信息的这种特点是形成首因效应的内在原因。

首因效应本质上是一种优先效应，当不同的信息结合在一起的时候，人们总是倾向于重视前面的信息。即使人们重视了后面的信息，也会认为后面的信息是非本质的、偶然的，人们习惯于按照前面的信息解释后面的信息，当后面的信息与前面的信息不一致时，也会屈从于前面的信息，以形成整体一致的印象。在生活节奏如同飞快奔驰的列车的现代社会，很少有人愿意花更多的时间去了解、证实一个留给他第一印象不美好的人。

【扩展阅读】

洛钦斯实验

美国社会心理学家洛钦斯于 1957 年用实验证明了首因效应的存在。他用两段杜撰的故事做实验材料，描写的是一个叫詹姆的学生生活片段。这两段故事描述的是两种完全相反的性格。一段故事把詹姆描写成一个热情且外向的人，另一段故事则把他写成一个冷淡而内向的人。两段故事如下：

故事一：詹姆走出家门去买文具，他和他的两个朋友一起走在充满阳光的马路上，他们一边走一边晒太阳。詹姆走进一家文具店，店里挤满了人，他一边等待着店员对他的注意，一边和一个熟人聊天。他买好文具在向外走的途中遇到了熟人，停下来和朋友打招呼，后来告别了朋友就走向学校。在路上他又遇到了前天晚上刚认识的那个女孩子，他们说了几句话后就分手告别了。

故事二：放学后，詹姆独自离开教室走出校门，他走在回家的路上，路上阳光非常耀眼。詹姆走在马路阴凉的一边，他看见路上迎面而来的是前天晚上遇到过的那个漂亮的女孩。詹姆穿过马路进了一家饮食店，店里挤满了学生，他注意到那儿有几张熟悉的面孔。詹姆安静地等待着，直到引起柜台服务员的注意后才买了饮料。他坐在一张靠墙边的椅子上喝着饮料，喝完之后就回家去了。

洛钦斯把这两段故事进行了排列组合：

一种是将描述詹姆性格热情外向的材料放在前面，描写他性格内向的材料放在后面；

一种是将描述詹姆性格冷淡内向的材料放在前面，描写他性格外向的材料放在后面；

一种是只出示那段描写热情外向的詹姆的故事；

一种是只出示那段描写冷淡内向的詹姆的故事。

洛钦斯将组合不同的材料，分别让水平相当的中学生阅读，并让他们对詹姆的性格进行评价。结果表明，第一组被试中有 78% 的人认为詹姆是比较热情而外向的人；第二组被试中只有 18% 的人认为詹姆是外向的人；第三组被试中有 95% 的人认为詹姆是外向的人；第四组被试中只有 3% 的人认为詹姆是外向的人。

研究证明了第一印象对认知的影响。在首因效应中，对情感因素的认知常常起着十分重要的作用。人们一般都喜欢那些流露出友好、大方、随和情感的人，因为在生活中，我们都需要他人的尊重和注意，这个特点在孩子身上表现得最为明显，孩子都喜欢第一次见了他就笑呵呵的人，如果再给予相应的赞扬，那么孩子就会更加高兴。

二、近因效应

近因效应是指当人们识记一系列事物时对末尾部分项目的记忆效果优于中间部分项目的现象。信息前后间隔时间越长，近因效应越明显。原因在于前面的信息在记忆中逐渐模糊，从而使近期信息在短时记忆中更清晰。

交往过程中，我们对他人最新的认识占了主体地位，掩盖了以往形成的对他人的评价，因此近因效应也称“新颖效应”。首因效应一般在交往双方还彼此生疏的阶段特别重要，而随着双方了解的加深，近因效应就开始发挥它的作用了，近因效应是相对于首因效应而言的。比如，你一个平凡的老邻居突然做了官，你就会一扫其平凡的印象，对其刮目相看。再比如，多年不见的老朋友，在自己的脑海中印象最深的，其实就是临别时的情景；一个朋友总让你生气，可是谈起生气的原因，大概只能说上两三条；你的一个好朋友最近做了一件对不起你的事情，你提起他来就只记得他的坏处，完全忘了当初的好处……这一切都是近因效应的影响。

近因效应给了我们改变形象、弥补过错、重新来过的机会。例如，两个朋友因故“冷战”一段时间后，一方主动向另一方表示好感或歉意，往往会出乎意料地博得对方的好感，化解恩怨。

三、晕轮效应

晕轮效应又称“光环效应”，指人们对他人的认知判断首先是根据个人的好恶得出的，然后再从这个判断推论出认知对象的其他品质的现象。晕轮效应最早是由美国著名心理学家爱德华·桑戴克于20世纪20年代提出的。他认为，人们对人的认知和判断往往只从局部出发、扩散而得出整体印象，即常常以偏概全。一个人如果被标明是好的，他就会被一种积极肯定的光环笼罩，并被赋予一切都好的品质；如果一个人被标明是坏的，他就被一种消极否定的光环笼罩，并被认为具有各种坏品质。这就好像刮风天气前夜月亮周围出现的月晕，其实月晕不过是月亮光的扩大化而已。据此，桑戴克为这一心理现象起了一个恰如其分的名称——晕轮效应。

【扩展阅读】

美国总统林肯曾因为相貌偏见拒绝了朋友推荐的一位才识过人的阁员。当朋友愤怒地责怪林肯以貌取人，说任何人都无法为自己的面孔负责时，林肯说：“一个人过了四十岁，就应该为自己的面孔负责。”虽然林肯以貌取人不值得提倡，我们却不能忽视第一印象的巨大影响作用，必须通过提高自身修养来整饰自己的形象，为将来的成功奠定基础，搭好台阶。

从认知角度讲，晕轮效应仅抓住并根据事物的个别特征，对事物的本质或全部特征下结论是很片面的。在人际交往中，我们应该注意告诫自己不要被别人的晕轮效应所影响，陷入晕轮效应的误区。

晕轮效应的形成原因，与我们的知觉特征之——整体性有关。我们在知觉客观事物时，并不是对知觉对象的个别属性或部分孤立地进行感知的，而总是倾向于把具有不同属性、不同部分的对象知觉作为一个统一的整体，这是因为知觉对象的各种属性和部分是有机地联系成一个复合整体的。譬如，我们闭着眼睛，只闻到苹果的气味，或只摸到苹果的形状，我们头脑中就形成了有关苹果的完整印象，因为经验为我们弥补了苹果的其他特征，如颜色（绿中透红）、滋味（甜的）、触摸感（光滑的）等。由知觉整体性作用，我们知觉客观事物就能迅速而明了，“窥一斑而见全豹”，用不着逐一地知觉每个个别属性。

对人知觉时的晕轮效应，还在于内隐人格理论的作用。人的有些品质之间是有其内在联系的。比如，热情的人往往对人比较亲切友好，富于幽默感，肯帮助别人，容易相处；而冷漠的人较为孤独、古板，不愿求人，比较难相处。这样，对某人只要有了“热情”或“冷漠”的一个核心特征，我们就会自然而然地去补足其他有关联的特征。另外，就人的性格结构而言，各种性格特征在每个具体的人身上总是相互联系、相互制约的。例如，具有勇敢正直、不畏强暴性格特征的人，往往还表现在处世待人上襟怀坦白、敢作敢为，在外表上端庄大方、恳切自然。而一个具有自私自利，欺软怕硬性格特征的人，则会在其他方面表现出虚伪阴险，心口不一，或阿谀奉承，或骄横跋扈，这些特征也会在举止表情上反映出来。于是，人们既可从外表知觉内心，又可从内在性格特征泛化到对外表的评价上，这样就产生了晕轮效应。

【扩展阅读】

美国心理学家凯利在麻省理工学院两个班级分别做了一个实验。上课之前，实验者向学生宣布，临时请一位研究生来代课。接着告知学生有关这位研究生的一些情况。其中，向一个班学生介绍这位研究生具有热情、勤奋、务实、果断等项品质，向另一个班学生介绍的信息除了将“热情”换成了“冷漠”之外，其余各项都相同。两种介绍的差别是：下课之后，前一个班的学生与研究生一见如故，亲密攀谈；另一个班的学生对他却敬而远之，冷淡回避。可见，仅一词之别，竟会影响学生对代课者的整体印象。学生们戴着这种有色眼镜去观察代课者，这位代课者也就被罩上了不同色彩的晕轮。

为了防止晕轮效应的不利影响，我们要善于倾听和接受他人意见，尽量避免感情用事，全面评价他人，理性和人交往。如果想利用晕轮效应有利的一面，我们在与人交往时应采用先入为主的策略，全面展示自己的优点、掩饰缺点，留给他人尽量完美的印象。

四、刻板效应

刻板效应也称“定型化效应”“社会的刻板效应”，是指个人受社会影响而对某些人或事持稳定不变的看法。它既有积极的一面，也有消极的一面。积极的一面表现为：对具有许多共同之处的某类人在一定范围内进行判断，不用探索信息，直接按照已形成的固定看法即可得出结论，这就简化了认知过程，节省了大量时间、精力。消极的一面表现为：在被给予有限材料的基础上作出带普遍性的结论，会使人在认知别人时忽视个体差异，从而导致知觉上的错误，妨碍对他人作出正确的评价。

刻板效应是指按照性别、种族、年龄或职业等进行社会分类形成的关于某类人的固定印象，是关于特定群体的特征、属性和行为的一组观念或者说是对与一个社会群体及其成员相联系的特征或属性的认知表征。比如，人们一般认为男性独立、刚强、心胸开阔、好攻击，女性依赖性强、温柔、敏感、脆弱；男性擅长学习理工类专业，女性更适合学习文史类专业。大量研究表明，人们即使表面上认同了女性与男性的平等地位，但传统的刻板效应依然以一种自动化的方式对人们的日常观念和行为产生影响。

由于刻板效应往往不是以直接经验为依据，也不是以事实材料为基础，只是凭一时偏见或道听途说而形成的，因此绝大多数刻板效应是错误的，甚至是有害的。关于刻板效应的特征，有学者将其归纳为：它是对社会人群的一种过于简单化的分类方式；在同一社会文化或同一群体中，刻板效应具有相当的一致性；它多与事实不符，甚至有的是错误的。

刻板效应的形成主要是由于在社会生活中，没有人有时间和精力去对每个群体中的每一个成员都进行深入的了解，只能与其中的部分成员交往，因此，只能由部分推知全部，用所接触到的部分推知这个群体的全部。可是，定型化一经形成，就很难打破，并且会对人的认知过程产生很大的影响。

【扩展阅读】

一位公安局局长在路边同一位老人聊天，这时跑过来一位小孩，急匆匆地对公安局局长说：“你爸爸和我爸爸吵起来了！”老人问：“这孩子是你什么人？”公安局局长说：“是我儿子。”

你知道这两个吵架的人和公安局局长是什么关系吗？

最终测试结果发现，孩子比成年人能够更快、更准确地回答出这个问题：“局长是个女的，吵架的一个是局长的丈夫，就是孩子的爸爸；另一个是局长的爸爸，就是孩子的外公。”按照成人的惯性思维经验，公安局局长应该是男的，从男局长这条线索去推想，无法找到正确答案；而孩子没有成人那么多的经验，也就没有心理定式的定型化，因而能很快找到正确答案。

五、投射效应

投射效应，就是“以己论人”，常以为别人与自己具有同样的爱好、个性等，通常以为别人应该知道自己的所想所思。投射效应是一种严重的认知心理偏差。它是因怀疑引起的对别人人格的歪曲。“以小人之心度君子之腹”就是投射效应的典型写照。当别人的想法或行为与我们不同时，我们习惯用自己的标准去衡量别人，从而认为别人是错的。喜欢嫉妒的人常常认为每个人每天都在嫉妒。

【扩展阅读】

伤痕实验

美国科研人员进行过一项有趣的心理学实验，名曰“伤痕实验”。

他们向参与其中的志愿者宣称，该实验旨在观察人们对身体有缺陷的陌生人作何反应，尤其是面部有伤痕的人。每位志愿者都被安排在没有镜子的小房间里，由好莱坞的专业化妆师在其左脸做出一道血肉模糊、触目惊心的伤痕。志愿者被允许用一面小镜子照照化妆的效果后，镜子就被拿走了。关键的是最后一步，化妆师表示需要在伤痕表面再涂一层粉末，以防止它被不小心擦掉。实际上，化妆师用纸巾偷偷抹掉了化妆的痕迹。对此毫不知情的志愿者，被派往各医院的候诊室，他们的任务就是观察人们对其面部伤痕的反应。

志愿者们被分别带到了各大医院的候诊室，装扮成急切等待医生治疗面部疤痕的患者。候诊室里人来人往，全都是素昧平生的陌生人，志愿者们在这里可以充分观察和感受人们的种种反应。规定的时间到了，返回的志愿者竟无一例外地叙述了相同的感受——人们对他们比以往粗鲁无理、不友好，而且总是盯着他们的脸看。可实际上，他们的脸上与往常并无二致，也没有什么不同。

他们的感受出奇地一致。志愿者A说：“候诊室里那个胖女人最讨厌，一进门就对我露出鄙夷的目光。她都没看看她自己，那么胖，那么丑！”志愿者B说：“现在的人真是缺乏同情心。本来有一个中年男子和我坐在同一个沙发上的，没一会儿，他就赶紧拍屁股走开了。我脸上不就是有一块疤吗？至于像躲避瘟神一样躲着我吗？这样的人，可恶得很！”志愿者C说：“我见到的陌生人中，有两个年轻女人给我的印象特别深。她们穿着非常讲究，像有知识、有修养的白领，可是我却发现，她们俩一直在私下嘲笑我！如果换成两个小伙子，我一定将他们痛揍一顿！”志愿者们滔滔不绝，义愤填膺地诉说了诸多令自己愤慨的感受。他们普遍认为，众多的陌生人，对面目可憎的自己都非常厌恶、缺乏善意，而且眼睛总是很无礼地盯着自己的伤疤。

这一实验结果，使得早有准备的心理学家们也吃惊不小：人们关于自身错误的、片面的认识，竟然如此深刻地影响和改变他们对外界的感知。如我们所知，他们的脸上是干干净净的，没有丝毫的疤痕。之所以产生这样的感受，是因为他们将“疤痕”牢牢地装在了心里。正是由于心中的“疤痕”在频频作怪，才使得他们自己的言行、对陌生人的感受与以往大为迥异。

事实上，我们每个人心中，纵然没有心理学家为我们设置的“疤痕”，但或多或少都会有一些这样或那样的“疤痕”。可怕的是，这些心中的“疤痕”都会通过自己对外界和他人的言行，毫无遮掩地展现出来。比如，如果我们认为自己不够可爱甚至令人生厌、认为自己卑微无用、认定自己有缺陷……那么，我们在与外界交往中，一定会在不知不觉间用我们的言行反复进行佐证，直到让每个人都认定我们确实就是那样的一个人。

这真是一个发人深省的实验。

原来，一个人内心怎样看待自己，在外界就能感受到怎样的眼光。同时，这个实验也从一个侧面验证了一句西方格言：“别人是以你看待自己的方式看待你。”不是吗？

一个从容的人，感受到的多是平和的眼光；

一个自卑的人，感受到的多是歧视的眼光；

一个和善的人，感受到的多是友好的眼光；

一个叛逆的人，感受到的多是挑剔的眼光……

可以说，有什么样的内心世界，就有什么样的外界眼光。如此看来，一个人若是长期抱怨自己的处境冷漠、不公、缺少阳光，那就说明，真正出问题的，正是他自己的内心世界，是他对自我的认知出了偏差。这个时候，需要改变的，正是自己的内心；而内心的世界一旦改善，身外的处境必然随之好转。毕竟，在这个世界上，只有你自己，才能决定别人看你的眼光。

你决定着“关系”的走向，关系（relationship）一词来源于 relate，而 relate 则来自拉丁语 relatus，意思是“重述、再现”。我们可以这样认为，我们同他人的关系，都是建立在自己对别人的描述和再现的基础之上。也就是说，我们在内心如何向自己描述对方，给其下了什么定义，对彼此间的关系起着决定性的作用。关系或沟通，不仅是指两个人之间表面上的简单互动，它更为复杂和深奥。沟通为我们提供了描述他人的最初“素材”。而他人也会感觉到我们对他的看法，进而根据我们的看法作出相应的反馈，这些都是在潜意识里一瞬间完成的。我们一直都在重复着这种行为。

我们与他人的关系，最终取决于自己心里给对方的评价。不过你不必非要从描述对方开始，你只要记得将那些复杂的关系拆解开来，并且经常审视自己对关系对象的看法就可以了。在《哈姆雷特》一书中，莎士比亚写道：“世上本无所谓好与坏，思想使然。”你可以想象一下，其实别人怎么样，都是你一厢情愿的看法。一个人并没有什么好坏之分，只是我们的思想让他们变成了好人或坏人。

在你所有的关系里，有没有什么共同之处呢？在与他人的每一次关联当中，有什么是一直不变的吗？答案就是——你。“你”是每一种关系中最基本的要素，把“你”从关系中抽离出来，那这种关系也就不存在了。如果你能通过改变对别人的看法而去改变你们的关系，那么关系的基本动力也会发生变化。你可以花上一辈子的时间去等待、去抱怨，坚持认为别人毫不领情，白费力气去改善关系，最后一无所获；你也可以试着去改变对他人的成见，慢慢地你就会发现，你们相处得越来越愉悦，那么你就会投入更多的精力，努力为双方的关系做出尝试，克服投射效应的消极作用。

六、自我暴露效应

自我暴露是社会心理学尤其是人际交往研究领域颇受人关注的问题之一。自我暴露的意思是向别人说心里话，坦率地表白自己、陈述自己，即一个人自发地、有意识地向另一个人暴露自己真实且重要的信息。笼统地说就是“指个体把有关自己个人的信息告诉给他人”，与他人共享自己的感受和信念。许多心理学家认为，真实的自我至少让一个重要的他人知道和了解，具有这种能力的人在心理上是健康的，是自我实现的个性所必需的，更是建立亲密关系的前提条件。但是，太少的自我暴露和太多的自我暴露也会引起人际环境适应方面的一系列问题。一个从不自我暴露的人不可能与其他人建立密切的和有意义的人际关系。同样，习惯于喋喋不休地向他人谈论自己的私密，也会被他人看作适应不良的自我中心主义者。社会心理学家认为，理想的模式是对少数亲密的朋友作较多的自我暴露，而对其他人作中等程度的暴露。

1. 自我暴露的文化差异

自我暴露的决定因素既与个人有关又与社会有关。种族、性别和文化因素都是主要的。例如，研究表明，女性之间对对方暴露自己要比男性之间高，而且女性更倾向于要求对方暴露自己。这是因为人们对性别角色的不同期望导致了自我暴露的性别差异，即性别亚文化所致。另一个研究者发现，美国人倾向于在一个广阔的社会情境中展示自我，而来自集体主义文化的中国人和日本人自我暴露的范围则非常有限，在亚洲文化圈中那些不爱表达的人反而被认为是诚实可信的，这便是社会文化因素的影响。当然，还有其他一些构成个体情景的诸因素的影响。

2. 亲密关系与自我暴露

在喜欢与吸引的基础上，人们之间的关系会从一般关系发展到亲密关系。密友、知己、恋人、夫妻以及家庭成员等关系均属此列。在人际关系中，当交往双方的互倚性很大时，就把这种关系称为亲密关系。亲密关系具有几个明显的特征：一是双方有较长时间的接触、沟通；二是双方在交往过程中形成了基本相似的价值观和需要、兴趣；三是双方“互倚”和“真相倚”，在思想、情感和行为等方面有很大的相互影响力。阿伦等人认为，亲密关系的实质是把他人融入自我概念，即他人成为自我的一部分。这样，在分配资源和利益时就不分彼此，以及敢于在这种亲密关系中进行自我暴露。其中，爱情和婚姻是一种特别的亲密关系，是亲密关系的最深层次。

3. 回报与自我暴露

互惠性规则指的是接受者按他们所接收到的表露私密程度回报给对方。当人们与自我暴露水平较高的个体交往时，最有可能进行较多的自我暴露。人们往往会回报或模仿其他人所欣赏的自我暴露水平。回报发生在现实生活的广阔范围中，包括知己关系、婚姻关系等亲密关系。我们从婚姻关系中可以看到，妻子和丈夫自我暴露水平具有良好的一致性。因为我们所有人都喜欢得到积极的反馈而不喜欢得到消极的评价。如果一个人的表露在内容、强度或稳定性上不匹配，这可能会引起对方的不愉快。

社会心理学的研究告诉我们，人际关系由低水平的自我暴露和低水平的信任开始。当一个人开始自我暴露时，这便是信任关系建立的标志；而对方以同样的自我暴露水平作出反应，成为接受信任的标志。这种自我暴露往复交换，直到双方达到满意的水平为止，于是，人际亲密关系就逐步形成了。这便是研究者所提出的自我暴露的社会渗透理论。根据这一理论，人们之间亲密关系的建立与人际交往中的沟通水平有关。随着双方沟通话题由浅入深，他们之间的关系也由一般转向亲密。

4. 喜欢与自我暴露

喜欢和自我暴露是紧密联系在一起的，例如，在朱拉德的研究中，当问及女性被试喜欢谁时，她们常常指出喜欢愿意向她们作自我暴露的个体。后来的许多研究都确认了这一发现。个体会对那些他们一开始就喜欢的个体暴露出更多的个人信息；个体也倾向于喜欢那些向自己暴露更多个人信息的人。自我暴露中的“回报”原则决定着喜欢程度。人们最喜欢那些和他们有着相同水平自我暴露的人，也就是说，自我暴露遵循相互对等原则。如果某人的自我暴露比人们暴露自己时更亲密和更详细，他们会害怕过早地驶进亲密关系的港湾，反而考虑由此刹车。喜欢与自我暴露之间的联系还有性别差异。许多研究表明，只有对女性被试来说，喜欢和自我暴露才有联系，而且女性被试报告的亲密朋友比男性多。

自我暴露对社会赞同是相当敏感的。获得对方赞同时，人们的自我暴露就增多，对方表示出不置可否或冷淡时，人们的自我暴露显著减少。泰勒等人曾训练助手对他们谈话的对象提供持续的正面奖励，持续的负反馈，或奖励与负反馈相混合的反应。正如研究者所预期的，收到持续正面的赞同，或者在谈话过程中助手的赞同逐渐增加的被试，变得乐意以亲密的暴露方式谈及自己。

非语言行为在选择恰当的自我暴露和人际亲密关系水平方面，也起着重要的指导作用。这些行为之一是目光接触。女性与男性有着明显的差别：对于女性来说，在高度目光接触条件下，谈话者比较亲密；对于男性来说，倾听者和观察者认为在高度目光接触条件下，男性谈话者实际上较不亲密。倾听者频繁的目光接触可能会使谈话者感到不自在，因此谈话者用减少自我暴露的方法来降低谈话的亲密水平。

第三节 人际交往的技巧

【导入】

- 不要抱怨。
- 看到别人的优点，给予真挚诚恳的赞赏。
- 真诚地关心他人。
- 微笑。
- 记住一个人的姓名。
- 做一个善于倾听的人，鼓励别人谈论他们自己。
- 了解对方的兴趣，就他感兴趣的话题进行交谈。
- 使别人感到他们是重要的。

——卡耐基《沟通的艺术》

一、人际交往中的吸引力

人际吸引是个体与他人之间情感上相互亲密的状态，是人际关系中的一种肯定形式。在社会交往中，人们不仅相互感觉、相互认识，而且也形成一定的情感联系。人际交往是人们运用语言符号系统或者非语言系统相互沟通信息、交流思想、表达感情、协调行为的互动过程。它是人类的生存方式之一，是人类本质属性的表现。美国心理学家W. 巴克说："人离不开人——他要学习他们，伤害他们，帮助他们，支配他们……总之，人需要与其他人在一起。"马克思也说过："人不仅是一种合群的动物，而且是只有在社会中才能独立的动物。"学习处理各种人际关系，提高人际吸引力，是每个人成长中的必修课。

1. 外貌

爱美之心人皆有之，俊美的外表有不可抗拒的吸引力，正如古希腊哲学家亚里士多德所言，"美丽是比任何介绍信更为巨大的推荐书"。虽然"以貌取人，失之于人"的道理人人都懂，但是，外貌在人际交往，尤其是初次接触中，对人际吸引有着强烈的影响却是事实。

容貌、体态、服饰、举止、风度等个人外在因素在人际情感中的作用也是很大的。尤其是在交往的初期，好的外貌容易给人一种良好的第一印象，人们往往会以貌取人。外貌美能产生光环效应，即人们倾向于认为外貌美的人也具有其他的优秀品质，虽然实际上未必如此。要给对方留下美好的"第一印象"，适度修饰自己非常必要。交往前，根据自己的肤色、身材、年龄、职业、交往情境精心打扮一下，使自己更加亮丽、潇洒，往往更易讨人喜欢。微笑是一种最简单有效的使人漂亮动人的方法，微笑传达着友善，暗示着自信，代表着乐观，是一种动态的形象。保持阳光般的微笑，它便于你营造出明朗的人际氛围。

【扩展阅读】

什么样的面孔更漂亮

英国著名心理学家乔治·菲尔德曼博士说："混血人种的面孔消除了人脸的不对称和差异，从而使人显得更加迷人。"德国心理学家布劳恩和格林德尔等人按照人类面孔的黄金分割比例以及多数人的审美标准，利用电脑合成完美的人脸。美丽女性的标准是，麦色的光洁皮肤、狭长的脸型、丰满性感的嘴唇、两眼间距要大、深色的浓密睫毛、细而黑的眉毛、高颧骨、小鼻子。男子的标准同样如此，只需要加上坚毅的下巴。

英国人认为混血儿最有吸引力也最成功。一项研究表明，一级方程式赛车冠军刘易斯·汉密尔顿、足球运动员瑞安·吉格斯和选秀节目《英国偶像》的明星利昂娜·刘易斯等名人提升了混血儿在人们眼中的形象。心理测验表明，在人们看来，混血儿在吸引力方面超过了单纯的白人或黑人。主持该研究的研究员迈克尔·刘易斯认为，导致这种文化变迁的原因可能不止一个。刘易斯的研究是此类研究中规模最大的一个。他说，白人、黑人和混血人种的"融合"会产生"平均先生和平均女士"，导致人们更乐于认同他们。

但可能还有达尔文进化论方面的解释，因为不同遗传背景之间的混血天生就能产生更具吸引力的人。美女的眼睛比一般女性较大，鼻梁较挺，上嘴唇较薄，鼻子下面到下巴的间距较短，两腮稍微细长。研究人员调查了英国 400 名男性和女性，让他们对图中两张男性面孔的照片作出评价。结果显示，拥有更多男子气概的面孔（如方形的下颚、较大的鼻子以及较小的眼睛）被认为更具有统治力，但是缺乏伴侣忠诚度、不适合成为父亲，同时也让人觉得冷漠，而具备女性特征的面孔（如饱满的嘴唇、较宽的眼睛以及细而弯的眉毛）则反之。

英国利物浦大学科学家的学术研究发现，一些女性特别是自认为是"美女"的女性更喜欢典型的"猛男"面孔。另一项研究显示，女性在排卵期更偏爱有阳刚之气的男性，而其他时候则喜欢看起来比较温柔的男性。

美国新墨西哥大学进化生物学家兰蒂·特霍西尔 15 年来一直从事对称性研究，他发现男女两性均认为身体对称性好的异性更具有吸引力。男性对女性脸部对称性的要求超过了身体。人体对称表明一个人具有良好生存能力的基因优势，健康状况也更佳。

2. 熟悉与邻近

熟悉能增加吸引的程度。此外，如果其他条件大体相当，人们会喜欢与自己邻近的人。熟悉性和邻近性均与人们之间的交往频率有关。处于物理空间距离较近的人，见面机会较多，容易熟悉，产生吸引力，彼此的心理空间就容易接近。常常见面也利于彼此了解，使得相互喜欢。但交往频率与喜欢程度的关系呈倒 U 形曲线，过低与过高的交往频率都不会使彼此喜欢的程度提高，中等交往频率时，彼此喜欢程度较高。

提高熟悉程度的主要方法是互动接触。互动接触越多，熟悉程度越高，人际关系越容易密切，正如常言所说："亲戚越走越亲，朋友越走越近。"亲密的人际关系形成以后，相互之间如果不再沟通交往，也会产生陌生感、疏离感，密切的人际关系也会趋向淡化，真所谓"日亲日近，日疏日远"。做人际交往的始动者，掌握人际交往的主动权。生人相遇，主动介绍自己；他人尴尬，主动调侃解围；同学欠安，主动探望慰问；朋友见面，主动寒暄攀谈；长辈有难，主动请战帮助。如此这般，你便容易成为对方最熟悉的、最值得亲近的、最有人缘的朋友。

3. 相似性

人们往往喜欢那些和自己相似的人。相似性主要包括信念、价值观及人格特征的相似；兴趣、爱好等方面的相似；社会背景、地位的相似；年龄、经验的相似。相似的人肯定了我们自己的信念、价值观和个性品质，起着正强化作用；而不相似的信念、价值观和个性品质起着负强化作用。这种正负强化作用通过条件反射过程与具有这些特点的人联系起来，结果造成人们喜欢相似的人，不喜欢不相似的人。相似点越多，越能够方便沟通，加深理解，获得支持，达成共识，赢得共鸣，密切关系。寻求友谊的过程，在某种程度上是寻找相似点的过程。用你的慧眼去"求同"，在对方身上发现相似点，用心珍惜相似点，你便容易赢得人际共鸣。正如鲁迅先生所说："人生得一知己足矣，斯世当以同怀视之。"

4. 互补

当双方在某些方面看起来互补时，彼此的喜欢也会增加。以下三种互补关系会增加吸引和喜欢：需要的互补；社会角色的互补；人格某些特征的互补，如内向与外向。一个主动的支配型男性和一个被动的顺从型女性彼此间有吸引力。选择与自己个性品质相反的人可以起到互补的作用，相互满足需要。互补性原则看起来似乎与相似性原则是矛盾的，但从角色作用的观点看却是一致的。支配型男性和顺从型女性在对男女关系中男女角色的看法上是一致的，他们认为男性应起支配作用，女性应当顺从。当双方的需要、角色及人格特征都呈互补关系时，所产生的吸引力是非常强大的。

5. 才能

才能一般会增加个体的吸引力。但如果这种才能对别人构成社会比较的压力，让人感受到自己的无能和失败，那么才能不会对吸引力有帮助。研究表明，有才能的人如果犯一些"小错误"，会增加他们的吸引力。才智不直接决定人际关系的和谐与否，但它决定人际吸引的强弱。才华、能力出众的人总比一般人更有见解、更有办法、更有力量，有可能给他人提供更多建议、更多启迪、更多帮助。在其他条件相当时，一个人越有能力、才华，人们就越尊重、钦佩、仰慕他。大学生尤其崇拜和羡慕有真才实学的人，“名人效应”“追星现象”便是这一心理的直接反映。“腹有诗书气自华”，充分挖潜，培养特长，使自己在学业、才艺、组织协调能力等方面出类拔萃、卓尔不群，是提高自身人际吸引力的重要方法。

【扩展阅读】

出丑效应

心理学家艾略特·阿伦森曾做过这样一个试验，他把四段情节类似的访谈录像分别放给他准备要测试的对象：在第一段录像里接受主持人访谈的是个非常优秀的成功人士，他在自己所从事的领域里取得了辉煌的成就。在接受主持人采访时，他的态度非常自然，谈吐不俗，表现得非常有自信，没有一点羞涩的表情。他的精彩表现，不时地赢得台下观众的阵阵掌声。第二段录像中接受主持人访谈的也是个非常优秀的成功人士，不过他在台上的表现略有些羞涩。在主持人向观众介绍他所取得的成就时，他表现得非常紧张，竟把桌上的咖啡杯碰倒了，咖啡还将主持人的裤子淋湿了。第三段录像中接受主持人访谈的是个非常普通的人，他不像上面两位成功人士那样有着不俗的成绩，整个采访过程中，他虽然不太紧张，但也没有什么吸引人的发言，一点也不出彩。第四段录像中接受主持人访谈的也是个很普通的人，在采访过程中，他表现得非常紧张，和第二段录像中一样，他也把身边的咖啡杯弄倒了，淋湿了主持人的衣服。当教授向他的测试对象放完这四段录像，让他们从上面这四个人中选出一位他们最喜欢的，选出一位他们最不喜欢的。

最不受被试喜欢的当然是第四段录像中的那位先生了，几乎所有的被试都选择了他，可奇怪的是，被试最喜欢的不是第一段录像中的那位成功人士，而是第二段录像中打翻了咖啡杯的那位，有 95% 的被试选择了他。

从这个实验里我们看到了心理学里著名的“出丑效应”，又称“仰巴脚效应”。对于那些取得过突出成就的人来说，一些微小的失误比如打翻咖啡杯这样的细节，不仅不会影响人们对他的好感，相反还会让人们从心里感觉到他很真诚，值得信任。而如果一个人表现得完美无缺，我们从外面看不到他的任何缺点，反而会让人觉得不够真实，恰恰会降低他在别人心目中的信任度，因为一个人是不可能没有任何缺点的，尽管别人不知道，他对自己的缺点也是心知肚明的。

俗话说“金无足赤，人无完人”，人都难免出丑犯错。当某些人的表现完美无缺时，一般人就会感到他不够真实，难以亲近。和完美的人在一起，普通人往往认为己不如人而感到惴惴不安。这样失衡的人际关系是难以保持长久的，因为它很可能导致一方生活在自卑和压抑之中。因此，被认为杰出或优秀的人偶尔出丑，不但不会影响他的人际吸引力，反而会让他更具人格魅力。

值得注意的是，出丑效应并不是让人故意出丑来哗众取宠，而是倡导人不过分追求完美，在不慎犯错的时候能够用一颗平常心接纳自己。

---

6. 人格品质

个性品质、能力是人的内在素质，它们对人际交往的影响持久、稳定、深刻。尤其是个性品质，往往是人们选择朋友的首要因素，吸引朋友的个性品质有真诚、宽容、自信、幽默等。一般人总把真诚作为选择朋友的首要要求，真诚是友谊的灵魂和核心。1968 年美国社会心理学家安德森曾设计 555 个描写人品的形容词，其中，大学生最喜欢、评价最高的品质是真诚，在 8 个评价最高的形容词中，6 个和真诚有关，即真诚、诚实、忠诚、真实、信赖和可靠。

影响人际吸引的主要人格品质

最积极品质	中间品质	最消极品质
真诚	固执	古怪
诚实	刻板	不友好
理解	大胆	敌意
忠诚	谨慎	饶舌
真实	易激动	自私
可信	文静	粗鲁
智慧	冲动	自负
可信赖	好斗	贪婪
有思想	腼腆	不真诚
体贴	易动情	不善良
热情	羞怯	不可信
善良	天真	恶毒
友好	不明朗	虚假
快乐	好动	令人讨厌
不自私	空想	不老实
幽默	追求物质欲	冷酷
负责	反叛	邪恶
开朗	孤独	装假
信任	依赖别人	说谎

二、倾听

人们总是喜欢尊重自己、关注自己、对自己感兴趣的人。善于倾听，显示了对对方人格的尊重、观点的重视，是赢得友谊的诀窍之一。

1. 倾听的五个层次

会说话并不代表会沟通，一个自诩能言善道者并不是一个良好的沟通者，一个具有沟通能力的人往往能耐心听别人说话、倾听别人心声，这比说话本身更为重要。一个富有影响力的人应该知道倾听的价值。

①完全没有听。对方讲的一点都听不进去，听者也完全没有注意说话人所说的话。

②假装地听。人在心不在，听者其实在考虑其他毫无关联的事，或内心想辩驳，他们的兴趣点并不是听，这样容易导致关系破裂、冲突的出现和拙劣的决策制订。

③选择地听。他们只选爱听的、中意的、有利的、无害的听，其余都当耳边风，听而不讲。

④专心地听。听者主要倾听所有的字词和内容，但很多时候还是错过了讲话者通过语调、身体姿势、手势、脸部表情等所要表达的意思，一般听者是通过点头同意表示正在倾听，而不用询问澄清问题，所以讲话者很容易误解为对方已完全听懂并理解。

⑤同理倾听。以同理心的细密感受去体会对方的需求、了解、感觉而有心灵触动，听者容易在说话的信息中寻找感兴趣的部分，容易获取新的和有用的信息。

2. 同理倾听

同理倾听就是带着同理心去倾听。同理心源于希腊，它的意思是情绪进入，表示一种理解能力——觉察他人个人经验的能力。同理心即辨识或感觉他人的情绪能力。同理心是人际知识的基础，是与他人和睦相处的能力。同理倾听的价值有：

①同理倾听能建立自我肯定并表示你对人的尊重。倾听的反面就是忽视，让一个人泄气、受伤害、觉得受轻视和愤怒最快的方法就是忽视他所说的话。如果你想与其他人建立良好的关系，就必须专注于他们要说的话，要对人印象深刻，要对人有兴趣，而不是打动他人，使别人觉得你有趣。

②同理倾听能建立关系，降低抗拒。卡耐基说过，要成为好的倾听者，你在两周内交到的朋友会比你花两年工夫去赢得别人注意所交到的朋友还要多。所以成为优秀的倾听者能使你在更广的层面上交往，并且培养更牢固、更深刻的友谊，这全是因为你满足了对方的需要。

③同理倾听有助于建立信任和忠诚。没有一个比专心倾听别人说话而获得别人信任更快的方式了，在产品营销中有 40% 是建立在双方信任的基础上，顾客最喜欢的就是那些真心关怀并且了解他们的实际需求，能帮助他们以最小的成本购买到产品的销售人员。

④同理倾听能增加知识。当你成为一位好的倾听者时，就能有效地帮助自己，因为你有能力建立稳固的友谊，搜集更珍贵的资讯，增加你对自己及对他人的认识。

⑤同理倾听会产生彼此间的好感。创新的构想能帮助我们找到新的方法来解决旧的问题，制造新产品，建立让整个组织继续成长的新计划，这会帮助个人继续成长及改进自己。

⑥同理倾听有助于发现对方的需求。为了听懂别人的言外之话，你必须做到当你听

别人说话时，或者是你在和别人说话时，你要自问："他为什么要这样说？""他这句话的弦外之意是什么？"如果对方是在炫耀他的过去，就说明他正在期待别人的夸奖；如果对方在显示他的博学或机智，也是期待夸奖的一种表现；如果对方的话中隐含了讥讽、嘲笑等挖苦的话语，你也不要正面和他发生冲突。

⑦同理倾听有助于发展人格及自我训练。所有伟大的领导者或每个行业里杰出的人物，都会训练自己成为最优秀的听众。你个人的自我肯定度越高，就越容易冷静而舒适地听别人说话，就比较不会让自己的想法和情绪先入为主，而且一定要从他们的角度来看待自己所提供的产品和服务或者你要布置的任务。

3. 同理倾听训练

同理倾听不在于想同意他人，而在于你完全地、深刻地了解他，情绪上与理智上全然投入，不是单纯、单一地听，它涵盖的范围广，是用你的耳朵、眼睛和心来倾听。有同理心者对于他人的感受，有效及精确地了解与体会，同时能够维持一定的距离。

同理倾听训练可从以下入手：营造倾听、接纳、温馨和尊重的态度，使对方愿意表露感受、表达看法；进入对方的感受世界，站在对方的立场体会和了解对方想表达的感受；将自己的了解表达给对方知道；一种生活方式。

有同理心	无同理心	同情心
1. 接纳对方观点和看法 2. 关心、尊重此时此刻的感受 3. 态度亲和、温馨、信任 4. 适时开放自己	1. 否定、争辩 2. 太强调过去的感受与动机 3. 严肃、忠告、欲影响对方 4. 拒绝开放、否认自己的感受	辅导的情绪和对方一致（同理则着重了解、不至于失去客观与冷静）

三、赞美

赞美的技巧：虽然每个人都爱听赞美的话，但并非任何赞美都能使对方高兴。能够引起对方好感的是基于事实、发自内心的赞美。无凭无据，虚情假意，对方会感到莫名其妙，认为你油嘴滑舌，诡诈虚伪，不可信。善于发现别人哪怕是最微小的长处，并不失时机地予以赞美。赞美用语越翔实具体，说明你对对方越了解，对他的长处和成绩越看重。当对方感到你的真挚、亲切、可信，你们的距离就会越来越近。漫不经心的赞扬，不但没有起到赞美的效果，有时还可能由于你的敷衍而引起对方的反感和不满。如赞美对方"嗯，你这条围巾挺漂亮的"，不如说"这条围巾挺漂亮的，和你衣服的颜色搭配起来很协调"，这比空洞的赞扬更有吸引力。赞美要注意适度，过度的恭维、空洞的奉承或者频率过高可能适得其反，只有适度的赞美才会令对方感到欣慰。适度要因人、因时、因事、因地而异，需要不断摸索积累。

四、互惠原则

友情的基础是互惠。商人之间友情的基础，是利益上的互惠；挚友之间友情的基础，是心灵上的互惠。爱因斯坦说：“世间最美的东西，莫过于有几个头脑和心地都很正直且严正的朋友。”真正的朋友把友谊之情永恒为知心的倾诉，敞开心扉的宣泄、温暖的安慰、愉悦的同享、希望的共勉、疑虑的消解和劝告的真诚。我们实在需要太多太多真正的友情，只有真正的朋友才能给予我们情感的寄托。

互惠互利原则既包括物质方面的，也包括精神方面的。人际交往的最基本动机，就在于希望从交往对象那里获取自己需求的精神上的或物质上的满足。人际交往的延续或不断加深的一个必要条件是：交往双方的需求和需求的满足必须保持平衡。也就是说，人际交往的发展要在双方需求平衡、利益均等的条件下才能进行。在交往中积极付出，这样就能满足交往对象的需要，“将欲取之，必先予之”。著名的社会心理学家霍曼斯提出，人际交往在本质上是一个社会交换的过程。

五、尊重个人空间适当疏离的原则

人与人之间的相处就如同两只刺猬一样，需要保持一定的距离才能和谐融洽地共处。每个人都在自己身体周围无形中划分出一块块属于自己的个人区域，这个区域就是人们的心理空间。美国人类学家爱德华·霍尔为了测量出美国人的空间距离，在综合人类学、心理学、传播学研究的基础之上，提出了空间关系理论，将人和人之间的距离划分成亲密距离、个人距离、社交距离和公共距离。

亲密距离一般间隔为 6 ~ 18 英寸（15 ~ 44 厘米）。这是人际交往中的最小间隔，仅限于关系非常密切的人与人之间，如恋人、夫妻、母子、知己等。如果有陌生人闯进这个空间，人们常常会感到很不安全或不舒服。因此，恋人们常常以此距离作为判断感情亲密程度的依据之一。

个人距离比亲密距离稍远一些，一般间隔为 1.5 ~ 4 英尺（45 ~ 122 厘米）。这种距离通常用于一般朋友或熟人之间，如与朋友聊天、和熟人握手问好等。一般而言，在人际交往中，亲密距离和个人距离都是在私人情境或非正式社交情境中使用的。

社交距离一般间隔为 4 ~ 12 英尺（1.2 ~ 3.7 米）。这种距离通常用于一般关系的人际交往，表现为一种比较正式的交往关系。这就是为什么我们看新闻中国家领导人会见来宾时，两个宽大的沙发中间总有一个增加距离的茶几。这种距离让人们之间既能无障碍地进行交流沟通，又能保障人们保护自己的隐私和安全。

公共距离一般间隔为 12 英尺（约 3.7 米）以上，这种距离通常用于满足人们在公共场合的空间需求。这是一个几乎能容纳一切人的空间，除了在比较拥挤的公共场所，如公共汽车上、地铁上、电梯里、超市里等，人与人之间的距离一般都保持在 3 米以上。

【扩展阅读】

心理学家曾做过这样一个试验：在一个只有一位读者的阅览室里，测试者进去紧挨着被试坐下，实验进行了整整 80 人次。结果表明：无论是同性还是异性，没有一个被试能忍受一个陌生人坐在自己旁边。大多数人很快就默默走开，换个位置到别处坐下，有人则干脆明确表示不满："你想要干什么？"

距离产生美，人与人之间确实需要保持一定的空间距离。在人际交往中，了解人与人之间不同的空间距离及适用范围，能帮助我们有意识地选择与人交往的最佳距离，既保证了自己的心理安全，又不至于侵犯他人。

六、学会拒绝

想要长期维持良好的人际关系，懂得拒绝是非常重要的。因不想破坏人际关系而顾虑重重，最终没能拒绝别人的请求，勉强答应，尽管体谅对方是十分重要的，但若只是一方一味忍让，这样的关系迟早会破裂。同样是拒绝的话，由于表达方式的不同，给人的印象也大相径庭。简单委婉的拒绝方法，操作中态度坚决、信息明确、语气婉转。

①遗憾型。"有负您的期望，我很遗憾"，使用能表达出这一感情的词汇。

②过失型。"勉强接受反而会给您造成不便"，传达出这样的意思。

③替代方案型。拒绝后给出替代方案，例如："这周是不行了，下周的话我可以帮忙。""志愿者活动我胜任不了，捐助可以吗？""很遗憾我无法出席，可以让 ×× 代替我去。"可以使用上述句式技巧中的一种，也可以结合具体情况，按照"表达遗憾之情"→"说明勉强应承会造成过失"→"给出替代方案"这样的流程灵活运用。

【扩展阅读】

内向者的社交优势

荣格在 1921 年提出了内向和外向两种不同的人格特质。他认为内、外向的区别在于心理能量指向的方向。内向者的能量指向内部，他们对内心世界的兴趣更大，更喜欢安静和独处。内向不等同于社交焦虑、恐惧，不参与活动是他们的自主选择，多数情况下，独处让他们感觉更舒适；内向的人也不一定是自卑、孤僻、不善言辞、缺乏幽默感的，相反，他们可能非常适合担任领导者。内向者的人格特征和行为习惯，比如敏感、擅长自省、表述具体客观等都在社交中有独特的好处。

1. 内向者不太会给人错误的信号

研究表明，在沟通中内向者和外向者有着不同的语言风格：外向者的表达往往更加抽象、灵活、带有感情色彩，而内向者的表达则更具体、客观、偏向描述性。比如在评价一个人的时候，外向者可能会说“Camiel很不友好”，而内向者可能会说“Camiel对Martin大吼大叫了”。这可能是因为内向者在说话时更审慎，更倾向于经过周密思考后发言，因此也不容易让人产生错误的理解。

2. 内向者更了解自己

相比于外向者而言，内向者更喜欢深入思考并善于自省，因此，他们对自己的优势、劣势往往更加了解，这会帮助他们在社交中表达自己，并找到适合自己的社交对象。

3. 更容易有深度的交流和关系

内向者不喜欢寒暄和表面的对话，这并不代表他们不喜欢人类。内向者认为，寒暄是一种不需要两个人对对方有任何真正的了解，就可以无止境地继续下去的对话，是一种表面的谈话形式。他们喜欢和人进行实质的对话、深度的交流，谈论他们真正在意的话题，而不仅仅是无意义的闲聊；这也使得他们虽然可能朋友总量不多，但容易和人建立起长时间的、稳定而深刻的关系。

4. 内向者更善于观察细节

尽管内向者的敏感往往使他们在外界刺激面前不堪重负，但这也使得他们对外界的观察更加细致，会注意到一些其他人注意不到的细节。神经科学研究发现，内向者的大脑在处理视觉信息时表现出了更强的活动。因此，内向者脑中吸收的这个世界的细节更为丰富，而这些都可以作为很好的社交素材。

5. 内向者不容易因为眼前的快乐失去理智

此外，在赫什的实验中，137名大学生进行了大五人格测试，其中包含“外向性”这一项的得分。随后，这些被试需要做出选择：是立即（1个星期后）获得较低的奖赏（20美元），或者长期（1年后）获得更高的奖赏（1 000美元）。结果发现，外向性得分越高的人，越容易选择短期内较低的奖赏；外向性得分越低，即越内向的人，越容易选择长期较高的奖赏。

这两个选择分别代表了大脑在面对奖赏时的两种工作方式——大脑面对外界刺激时，有两种对“奖赏”的偏好：“即刻满足”与“延迟满足”。有的人的大脑喜欢即刻满足，享受眼前的奖赏；有的人则会在面对“奖赏”时暂时控制住脑内的冲动。延迟满足的能力也是一个人自律程度的指标之一。而这个实验的结果表明，内向的人虽然在社交场合有时是那个“有点扫兴”“玩不起来”的人，但倾向于选择延迟满足，更能够为了长期更大的利益，拒绝眼前的诱惑。

作为一个内向者，应该如何社交？很多内向者也许都想过改变自己，但作为一种人格特质，内向是很难被改变的。那么，作为内向者，如何利用自己的优势，找到适合自己的社交方法？

①运用口头表达以外的交流方法，比如文字。内向者的很多特征，比如对外界的细致观察、倾听、敏感和善于内省，都使得很多内向者成为好的写作者。有时候，当你无

法用口头语言表达时，可以用其他的方式，比如短信、邮件来沟通。

②你可以不用谈论自己，而是找到共同的话题。内向者往往会觉得，和陌生人谈论关于自己的事情很不适。但你可以试着和对方在交谈的一开始就找到一个共同的领域，它可以是工作领域，也可以是你们都喜欢的某部电影、某个歌手，或者是最近的某个话题事件。由于内向者往往对外界敏感而开放，他们善于聆听，善于捕捉细节，善于短时间内了解别人。因此，找到共同的话题对他们来说不会很难。

③即便是在很多人的场合，也可以把自己放到和少数人的沟通语境里。当你在几十人的聚会上感觉不适，不知道站哪的时候，你可以尝试在大型聚会中，进入和少数人的沟通环境，比如和两三个人就你擅长的话题进行谈论。

④假装你和对面的人并不是陌生人。由于内向者非常敏感和容易被外界刺激唤起，因此他们在面对陌生人（新鲜的刺激）时容易陷入过度的思考和分析。如果与陌生人的寒暄让你非常尴尬和不适，有时你可以试着假装自己和对方不是陌生人，切换到和熟悉的朋友交往的模式中，这样，你可能会感到更加自如。

⑤做好常用话题的准备。你还可以试着列出一份“谈话清单”，其中包括一系列对你来说很重要并且擅长的话题，可以问其他人问题，以及对一些问题的可能的回答。在社交场合中，有很多寒暄都是程式化的，比如“你的工作是什么”“你学过 ×× 专业，是什么样的感受”，如果你拥有这样一份清单，就能顺畅地应对对方抛过来的问题，不会出现尴尬的安静场面。

⑥把谈论自己的成就变成很自然的事。专门帮助内向者提高社交技巧的教练彼得·沃格特认为，“自我推销”其实是无论外向者还是内向者都可以拥有的一组社交技能。如果你是内向者，你需要克服这个心理障碍，试着把谈论自己的成就变成很自然的事；因为关于你自己的事情，只有你自己才能最真实地将它们描述出来。不要指望你不表达出来，别人就会自己注意到它们。而这需要克服羞怯去反复练习，可以从和你熟悉的人开始。

⑦有计划地社交，给自己“充电”的时间。对于内向者来说，“充电”永远是必要的。比如，当你陷入“社交宿醉”，唯一的应对方法就是离开那个令你心烦意乱的情境，创造只属于你一个人的空间。有时候，这个空间不一定是物理的，你也可以在一群人的咖啡店里，坐在角落里塞上耳机。

不过，在更多的时候，你要尽量不把自己置于“宿醉”的程度。了解自己能够接受的社交频率和程度，有计划地安排自己的工作和社交，不要轻易逾越自己的底线。也就是说，你需要“管理”好你的社交（时间、频率、场合等），而不能像外向的人一样仅凭自然和随性。

第四节　寝室关系

【导入】

大学寝室是人际关系建构的重要阵地，也是人际关系紧张的高危地带和主要矛盾集中地。对中国的大学宿舍关系调查结果发现，66% 的人认为寝室有自己最不喜欢的人，33% 的人认为室友不能相互关心，相处不融洽。研究表明，大学生引发心理适应障碍的原因中有 35% 涉及宿舍生活。

某大学学生公寓发生一起伤人案，起因是上铺郭某睡觉打呼噜声大，被下铺赵某用手机摄录后传到网上，郭某因此遭到同学嘲笑。两人发生争执并动手，郭某将赵某砍伤，郭某被警方刑拘。

有同学不禁要问：

为什么我们室友都是好人，却住不到一块儿去？

为什么宿舍里总是显得过于冰冷？

为什么我有一肚子话，却不能在宿舍与室友分享？

舍友在我们一生中是极有分量的角色，在我们最渴望经历、最需要友情、最渴望成长的年代，一群原本素不相识的青年因共同的“志愿”走到了一起。在窄小的宿舍里，在简朴的架子床上，在这缘分的天空下，分享了这段最为美妙的成长时光。他们就是“睡在我上铺的兄弟”或者“住在我对面的姐妹”。舍友在我们走出校园之后也是大学生活中保持联络最多的朋友，甚至在以后的人脉中占据着重要的位置。愉快的宿舍生活是快乐大学生活的重要组成部分，宿舍生活也是塑造性格、锻炼独立生活能力的必修课。

一、寝室问题的“七宗罪”

1. 乱扔垃圾

地上铺满由瓜子壳、废纸制成的“地毯”，踩上去也许还会发出“吱吱”的声响；蓦然回首想要寻找一把扫帚，却发现它已在垃圾掩埋处；无奈深呼吸一口，才发觉空气也弥漫着一股异味。这样的场面也许有些极端，但也正是一些寝室卫生状况的真实写照。爱干净的同学一旦意识到自己已经成为寝室里唯一的“清洁工”，心头的不快就堆积起来了。

2. 制造噪声

一位新学期才刚刚搬入南区寝室的同学反映，他寝室的两个室友沉溺于无休止的电脑游戏，“感觉寝室就像是战争的战场”。爱好学习的他不得不每晚去挤自修教室。如果游戏的快乐是建立在别人忍受噪声的痛苦上，寝室生活的快乐就要打折扣了。此罪状也适用于开大音响音量，强迫室友听音乐者。

3. 计较小钱

要在关系密切的寝室成员中，把互相的经济账精确到以角做单位的程度，几乎是一件“不可能完成的任务”。然而，有一小部分同学还是执着于追求寝室经济分配的“绝对公平”，早上我请你吃了一顿饭，心里就上了根弦，一定要尽快“吃回来”。到头来寝室“财政”是理得一清二楚了，却忘了由此带来的情感损失。

4. 随便吸烟

寝室吸烟给同处一室的人带来的危害绝不仅仅是尼古丁。不征询室友的意见就随便点烟，实际上是对室友健康权利的轻视。试想，谁愿意和一个无视自己健康权益的人愉快相处呢?

5. 作息紊乱

晚睡的一方动静太大，影响了正常休息的同学，这样的矛盾在没有熄灯制度的寝室尤为突出。更有甚者为了报复自己头天晚上受到的“不公正待遇”，第二天起床时也故意将放脸盆、挪凳子的声音翻倍。如此一来二去，形成恶性循环，寝室人际的温情也就在一日一夜的折腾中灰飞烟灭了。

6. 言论霸权

“我最讨厌的，就是每次发生争论，不管什么话题，他总要把我彻底驳倒才罢休。”一位大一的同学在问卷中说。逼迫人家接受你的意见容易激发别人的抗拒心理，同一寝室中不见得谁的观点就比别人高明多少，如果发现自己在“寝室辩论”中总是取得全胜的一方，小心寝室不和的种子也许已经在小圈子里播撒开。

7. 亲密过分

一间和睦的寝室，肯定不会维持在一种“相敬如宾”的状态下。凡事有“度”，亲密得太“不拘小节”了，好事也会发生转化。比如反正是好兄弟的东西，一包饼干什么的，先吃了再说；下雨天不想买饭打水了，就请同寝室的姐妹代劳一次吧。一次两次可以，长此以往，如果帮忙的机制得不到轮换，再铁的兄弟、再亲的姐妹，也会生出反感。尤其是因为事情发生在朋友之间，同学大多会选择低调处理，但如果心头的荫翳长久得不到消除，沉默也总有爆发的一天。

二、宿舍的成长阶段

四年里，同人一样，宿舍也是不断成长的，不同的阶段，宿舍有不同的风景。我们在这绚烂的风景中感受着青春，体味着成长。每个宿舍的具体成长过程是不同的，有的可能因为同学性格相符、人数较少等原因而在短时间内融为一体，有的则可能因为其他原因在大学毕业时仍然各自为政。一般来说，宿舍的成长大致可以经历四个阶段。

1. 第一阶段：彬彬有礼（关键词：兴奋、友善、温暖）

从进入高中那天起，大学生活的美妙图景就如挂在大象头上的一串香蕉，永远不远不近地悬在那里，诱惑我们奔命前行。这串香蕉上最甜美的无疑是“宿舍生活”。当我们竭尽全力闯过终点，终于等到剥开这只香蕉的时候，几番摩拳擦掌，在打开宿舍大门之前，都已幻想了好多遍。

门在一瞬间打开了，架子床、大书桌、小吊柜、脸盆架，与想象中的差不多，最吸引我们目光的是坐在床边早到一步的舍友。他们转过了头，我们的第一个反应就是礼貌地一笑。在这一笑中，宿舍生活拉开了彬彬有礼的第一幕。

因为爸妈的教育，因为十几年的人生经验，因为不熟悉对方，因为暗下决心要做最受欢迎的人，所以在这个阶段我们都表现出最有教养的一面。起床微笑问好，争相代打早饭；上课呼朋引伴，唯恐把谁落下；交谈巧言附和，轻松愉快皆大欢喜。一旦遇到有谁需要帮忙，立刻会一呼百应，围拢一团，献计献策，将芝麻绿豆的事当作国家大事来讨论，“落难”舍友感激涕零。

这一时期的宿舍发出互助友爱、大团结的熠熠光芒，一干舍友神清气爽，感觉自己都是当之无愧的“四有”新人，感觉自己又找到了社会主义小家庭的温暖，梦想与计划在每个人头脑中飞速成长。

2. 第二阶段：原形毕露（关键词：自我、混乱、矛盾）

第一阶段一般会持续两三个月，半学期后，各位舍友便绷不住只做这样有礼有度的交往。好像走了太久的模特步，现在很想伸伸腰、踢踢腿、晃晃脑袋、蹦两下。这时，每个人的个性特色和生活习惯也从彬彬有礼的海底浮出水面。

宿舍的放松是从睡懒觉开始的。某个冬日的清晨，有人没有按时起床。任舍友问寒问暖、好言相劝，他就是被瞌睡虫绊住了脚，最后索性一蒙被子说：“这节课我不上了！”有了第一次的出格，井井有条的生活秩序就被打乱了。老大从墙上摘下吉他“噌噌”地弹奏噪声；老二兴致勃勃抨击某事，口无遮拦：老三的秉烛夜读小说与老四的早起晨读英语同样扰人睡眠；老五将宿舍电话变成了爱情专线；老六脏衣服堆积如山；老七一天到晚吃个没完；老八……

从点头微笑到大呼小叫，从客气到打打闹闹，每个人都生动起来，屋子里的空气也热起来。放松方显本色，本色带来丰富，丰富现出不同，不同导致矛盾。几个热血青年同住一室，小磕小碰总是难免。一切不比以前在家，别人的习惯你干涉不了，自己的不满也不好逢人就说。每天生活在六七种声音、十几只眼睛中，一时间会想，这日子过得也真麻烦！

3. 第三阶段：人以群分（关键词：亲密、小团体、心照不宣）

大群体出现裂痕之时，就是小群体加速成形之际。原来行一队止一堆的大部队，自愿结成了轻装出动、勾肩搭背的小分队。

当我们发掘出一个志趣相投的舍友时，那种喜悦是无法言说的，它比爱情来得平静，却比爱情来得持久。刚入学时我们拼命给老同学、旧朋友写信、打电话，倾诉烦恼、排解寂寞，而现在我们把更多的时间与心情给了身边的新朋友。青年时期最可贵的友情就在此时产生。我们歌唱时，有青春的弦音在伴奏；我们表达时，有聪明有悟性的心灵在回应；我们求知时，有同样勤奋的脚步紧紧随行……

大学的友情，比小学来得有选择，比中学来得有情趣，比工作后来得有诚意。这是一个心灵最为开放的时期，渴望友情如同渴望爱情一样强烈。在成长中遇到志同道合的伙伴，找来感兴趣的事一起做，为的是品尝生活的蜜到底有多甜。朋友间的影响是巨大的，很多事情都是在相互鼓励和支持中完成的：排演一个节目，参加一次实践，甚至谈一场恋爱。我们有那么多的事需要询问，需要参谋，需要靠得住的盟军。女生们用同床而眠、彻夜长谈表达亲密，男生们则以互邀喝酒、一醉方休显示义气。大把的时间、大把的激情，追忆往昔，笑谈未来，真是快意人生！

4. 第四阶段：世界大同（关键词：舒展、包容、照单全收）

当学校旁每个小餐馆都被吃遍之后，当不再谈理想而改谈工作和考研之后，当曾经仰慕的师兄师姐都纷纷毕业之后，我们成了校园的“老生”。

几年的生活在别人看来也许平淡无奇，但于我们却是历经风雨再见彩虹。大悲大喜也好，不动声色也好，每个人都换过了一副筋骨，重塑了一颗大脑。看着幼稚天真如自己当年一样的学弟学妹，莫名其妙会生出些沧海桑田的感叹。我们更加独立也更加宽容，心境如老年人一般温和，不会为一点小事剑拔弩张，也不会因个人偏好厚此薄彼。宿舍生活进入了暖意融融的世界大同期。

我们深知每个舍友的脾气与毛病，我们也感受过每个人的可爱与魅力。我们熟练掌握了与他们相处的技巧，曾经闹过别扭的此时已冰消雪融，原本不大来往的如今也互表友善。好友还是好友，只是友情由表及里，不必时时以亲密状示人，以前神神秘秘自成一统的小团体在不知不觉中回归了大集体，餐桌旁又出现了难得一见的热闹场面。

如果说新入学时的自持与礼貌是对自己刻意的要求，那么此时表现出的洒脱有教养就实实在在是自身气质的外现了。宿舍是个大家庭，宿舍也是个小社会，它在潜移默化中教会了我们成长。

逝去的，永不再回，大学宿舍，百味俱全，个中滋味，只有亲身经历方能体会深刻。大学新生对宿舍生活既不要有太多幻想，也不必有任何恐慌，一个新环境总是需要一定时间去适应，关键在于怎样处理好宿舍里的关系。为人处世是大学生的必修课，也是走入社会之后无法回避的问题。从协调宿舍关系做起，处理好与舍友的关系，为处理好人际关系迈出第一步。

三、影响宿舍关系的主要因素

1. 家庭背景和条件

这是宿舍人际关系中一个难以改变的客观前提和基础，宿舍里的几个同学来自五湖四海，有着不同的家庭背景和家庭条件。有的来自繁华的大都市，有的来自贫穷的偏远农村；有的父母是富商高官，有的父母是农民和下岗工人。在一个大学宿舍的人际关系从一开始就受到了这种客观前提的影响，不同的家庭背景和家庭条件使宿舍成员之间有着不同的消费观念、价值倾向、思维模式、说话习惯和行为方式，这些都深深影响着宿舍人际关系的发展。在我们的调查中，有 37% 的人认为宿舍成员不同的家庭条件和家庭背景是影响宿舍人际关系的主要原因，由此可见这一因素对宿舍人际关系的影响之大。

2. 宿舍成员的性格差异

从影响宿舍人际关系的种种因素来看，宿舍成员的性格差异是影响宿舍人际关系的最根本因素，因为人的性格从根本上决定着人的思维模式、行为习惯、说话方式。一个宿舍里生活的几个同学天天抬头不见低头见，性格相合就会相处比较融洽，甚至会亲密无间，亲如一家。如果性格不大相合，哪怕只是宿舍两个人之间的性格不合，这个宿舍也会因为某些小事出现矛盾和摩擦。性格不合会带来交流上的困难，由于个人思维方式的不同，我们经常会看到同样的话在不同的人口中会表达出截然相反的意思，进而产生误会，心存芥蒂。假如由于性格的原因所导致的矛盾积累到一定阶段，就会剧烈爆发，轻者会大吵一番或大打出手，重者可能出现“马加爵事件”。宿舍成员之间性格上的差异是客观存在的，只是表现的形式和最后的结果不一样，但是这种差异对于宿舍人际关系的影响是极深刻的。

3. 宿舍成员的志向和兴趣

除了宿舍成员的性格之外，宿舍同学中每个人的志向和兴趣爱好也会影响宿舍的人际关系。志同道合的人住在一起会相互影响、相互激励，产生良好的化学反应。我们经常会看到某一个宿舍的同学相互鞭策、相互激励，从而使这个宿舍的同学素质、学业都很优秀，这就是志同道合的人的群体性效应。而臭味相投的人住在一起也会产生“化学反应”，导致寝室氛围越来越差。比如说有些宿舍经常集体逃课打游戏、睡懒觉或者出去包夜上网，这就使宿舍的氛围很糟糕。这样一来可能宿舍的人际关系比较和睦，看似团结，其实隐患很多，不可能长久，毕竟大部分人还是愿意上进的，这种宿舍里一旦有人醒悟过来了，他有可能在一段时间里会被孤立，被边缘化，这就给宿舍的人际关系带来了隐患。

4. 室友之间的沟通频繁度

在大学宿舍里，我们经常会发现每个人都为了学业和工作而忙碌，与自己室友沟通很少，比如有的人早上很早就起床去上课，中午不回来，上完晚自习十点多才回宿舍，一回到宿舍也不大和室友交流，洗个澡就上床睡觉了。这样一来和室友的交流就比较少，交流少了，关系自然也就淡了，当我们向别人问道："你了解你的室友吗？"55%的人给出了否定的答案。在一个宿舍里生活的人没有相互了解而导致关系生疏，这说明了对一个宿舍的人际关系来说，沟通和交流是很重要的，它让我们相互了解，进而成为朋友，营造和谐的宿舍人际关系。

5. 寝室长的威信和责任

在很多大学里都设有寝室长和宿舍安全员，寝室长的设立一方面有利于学校对学生的日常管理，另一方面也有利于维护好宿舍人际关系，营造良好的宿舍氛围。不过寝室长能否发挥促进宿舍人际关系的作用就要看他的威信和责任了，一个负责的有威信的寝室长会对宿舍的人际关系起到很大的促进作用。比如，会和室友一起开展一些旨在促进宿舍交流的活动；当宿舍室友之间出现矛盾时，会从中做好调解工作；等等。而一个没有威信和责任感的寝室长不仅不会去关注室友之间的关系，甚至会在室友之间挑拨离间，把宿舍人际关系搞得更糟。

6. 人际竞争

宿舍同学间面临着多方面的人际竞争。如竞选班干、系干，申请入党及奖、助学金，申请勤工助学岗位，考试竞争（主要表现在宿舍同学间不共享考试信息）等。在资源有限的情况下，竞争成为大学生活的方式之一，它培养了大学生的竞争能力并为以后的社会竞争做好了准备。尽管竞争已为许多学生所认同，也并不必然带来宿舍人际关系的恶化，但如果竞争中存在明显能感知到的不公平，则会引发宿舍内部长久的不和谐。

7. 宿舍危机事件

大学很多宿舍可能遭遇危机事件，如失窃。不管失窃为外盗还是内盗，都会打破原有室友间的信任关系，让彼此心里不安并有所猜疑，给宿舍人际关系蒙上一层难以拭去的阴影。

8. 学校的宿舍管理制度

这一点是宿舍所处的外部环境，对于宿舍内的人际关系也有一定的影响。特别是当宿舍成员之间出现矛盾时，如果学校的宿舍管理制度较完善，能够及时地关注学生宿舍的动态，那么学校就可以对学生之间的矛盾和问题进行必要的调解和干预，就可以减少学生之间的矛盾激化。

除了上面所提到的这些因素外，还有很多因素或多或少地会影响宿舍的人际关系，比如宿舍成员的恋爱状况、宿舍的电脑、室友之间的不同风俗习惯等。这些因素中尤以宿舍的电脑对宿舍人际关系的冲击最大。总之，影响大学生宿舍人际关系的因素很多，这也注定了我们的宿舍人际关系既简单又复杂。我们每个人都要在某一团体里生活，宿舍对我们来说就是一个家，我们在日常生活中应注意这些因素，尽量和宿舍同学搞好关系，这样才能找到家的温馨。

四、处理好大学宿舍关系的技巧

宿舍关系是大学阶段最基本的人际关系，也是日常活动最基本的单位。住集体宿舍，与宿舍成员搞好关系非常重要。关系融洽，心情舒畅，不仅有利于学习，也有利于身心健康。反之，若关系不和，甚至紧张，就会给生活抹上一层阴影，带来一系列负面影响。那么，怎样才能处理好宿舍关系呢？

1. 与舍友统一作息，在日常起居生活给予包容和理解

一个宿舍有三四个或五六个甚至更多的人在一起生活，宜用统一的作息时间加以调整。只有大家协调一致、共同遵守，才能减少争执，消除摩擦，维持正常的生活秩序。如果你是“夜猫子”，晚上睡得很晚，待宿舍成员都睡了才洗漱睡觉，这样很容易惊醒其他人，影响别人休息。久而久之，你就会引起舍友的反感。因此，宿舍的全体成员应当尽量统一起居时间，减小作息差距。倘若实在有事，早起或晚睡的成员也应尽量减少声响和灯光对舍友的影响。

2. 不搞“小团体”

在宿舍应当以平等的态度对待每一个人，不要厚此薄彼，和一部分人打得火热，而对另一部分人疏远不理。有些人喜欢同宿舍中的某一个人十分亲近，平时老是同一个人说悄悄话，无论干什么事，进进出出都和一个人在一起，这样容易引起宿舍其他成员的不悦，认为你是不屑与他们交往。结果是你俩的关系或许搞好了，但却疏远了别人，不利于建立和谐的宿舍关系，得不偿失。我们不反对建立有深度的友谊，但绝不能以牺牲友谊的宽度和广度为代价。

3. 不触犯舍友的隐私

每个人都有自己的秘密，也有足够的好奇心。对于舍友的隐私，我们不要想方设法去探求。对方把一个领域化为隐私，对这个领域就特别敏感，任何试图闯入这个领域的话题都是不受欢迎的。尤应注意的是，未经舍友同意，切不可擅自乱翻其衣物。我们要格外注意这个问题，千万不要随随便便，以为是熟人就忽略了细节。另外，同住一个宿舍，有时难免知道舍友的某些隐私，我们要守口如瓶，告诉他人不仅是对舍友的不尊重，也是不道德的。以上几个方面，我们要切实做到，否则触怒舍友发生“干戈”就不好了。

4. 积极参加集体活动

宿舍的活动不单纯是一个活动，更是舍友之间联络感情的重要形式，应该积极参

与配合。千万不要幼稚地把集体活动当作纯粹费财费力的无聊之举，表现出一副不屑为伍的样子。其实，那都是感情投资，也是不可缺少的人生经历。舍友们决定一起去干什么，我们要尊重他们的选择。确实不能参加，可以把自己的想法和意见提出来，不要勉强参与反倒让舍友觉得你在应付了事，更不要一口回绝而伤了舍友的兴致。可以说，集体活动的有无和多少，从一个侧面反映了这个宿舍的团结程度。倘若这样的活动你老是不参加，多多少少会显得你不合群。

5. 给予别人关心，有难要帮，自己有事也要求助

良好的人际关系是以互相帮助为前提的。在集体宿舍中要有良好的合作意识，别人在整理床铺时，你应该想想这种事情是否需要帮忙；有人生病时，你是否愿意帮他去食堂买饭。相互帮助的确是不可缺少的，因为任何时候人都难以凭借自己的力量生活。哪怕只是些小事，相互关心帮助也是可以加深友谊的。平时生活、学习中给予舍友关心和帮助，当舍友遇到困难，我们应当主动伸出援助之手。

那么，当我们有事时，是否适宜向舍友求助呢？答案是肯定的。因为有时求助反而能表明你对别人的信任，能够融洽关系，加深感情。比如你有事需请人帮忙，倘若你舍弃舍友而远求他人，舍友得知后反而会觉得你不信任他。你不愿求别人，别人以后有事又怎么好意思求你帮忙呢？其实，求助舍友，只要讲究分寸，不使人家为难，是完全可以的。

【心理测试】

大学生人际关系综合诊断量表

说明：大学生在人际关系上存在的一些心理健康问题，主要表现为以自我为中心、多疑、害羞、孤僻、自卑、嫉妒、社交恐惧症等。一些研究表明，人际关系不和谐的大学生，其个人的成才及其未来的成就会因此而受到严重的影响。及时诊断并采取必要措施予以治疗，是消除大学生人际关系方面心理障碍的较好途径。以下给出的是郑日昌等编制的人际关系综合诊断量表（是这样的 1 分，不是这样的 0 分）。

1. 关于自己的烦恼有口难言。 （ ）
2. 和生人见面感觉不自然。 （ ）
3. 过分羡慕和嫉妒别人。 （ ）
4. 与异性交往太少。 （ ）
5. 对连续不断的会谈感到困难。 （ ）
6. 在社交场合感到紧张。 （ ）
7. 时常伤害别人。 （ ）
8. 与异性来往感到不自然。 （ ）
9. 与一大群朋友在一起，常感到孤寂或失落。 （ ）
10. 极易受窘。 （ ）

11. 与别人不能和睦相处。（ ）
12. 不知道与异性相处如何适可而止。（ ）
13. 当不熟悉的人对自己倾诉他的生平遭遇以求同情时，自己常感到不自在。（ ）
14. 担心别人对自己有什么坏印象。（ ）
15. 总是尽力使别人赏识自己。（ ）
16. 暗自思慕异性。（ ）
17. 时常避免表达自己的感受。（ ）
18. 对自己的仪表（容貌）缺乏信心。（ ）
19. 讨厌某人或被某人所讨厌。（ ）
20. 瞧不起异性。（ ）
21. 不能专注地倾听。（ ）
22. 自己的烦恼无人可申诉。（ ）
23. 受别人排斥。（ ）
24. 被异性瞧不起。（ ）
25. 不能广泛地听取各种意见、看法。（ ）
26. 自己常因受伤害而暗自伤心。（ ）
27. 常被别人谈论、愚弄。（ ）
28. 与异性交往不知如何更好地相处。（ ）

【结果统计与分析】

评分标准：

0—8 分：说明你在与朋友相处时困扰较少。你善于交谈，性格比较开朗，主动关心别人。你对周围的朋友都比较好，愿意和他们在一起，他们也喜欢你。你能从与朋友相处中得到许多乐趣。

9—14 分：你与朋友相处存在一定程度的困扰。你的人缘一般。

15—28 分：你在同朋友相处上的行为困扰较严重；你不善于交谈，可能性格孤僻或自高自大。

【扩展阅读】

别被自己伤害

在人际关系中，经常听到伤害和被伤害的事。那么，一个人是怎么受到伤害的呢?

伤害有两种：肉体的和心灵的。肉体的伤害归法院管，我们不去谈它。

心灵的伤害，我认为是这样发生的：如果一个人对我的实际态度比我希望他对我的态度要差，我就会认为自己受到了他的伤害。比如我希望一个人喜欢我，但实际上他却对我不好，那我就感到受了伤害。相应地，如果一个人对我的实际态度比我希望他对我的态度要好，那我就会有受宠若惊的感觉。从某种意义上来说，这也是一种伤害，一种内心的宁静被打破的伤害。更糟糕的是，这为下一次受到真正的伤害留下了隐患，因为这提升了我们对别人的希望。别人的态度是由别人控制的，我怎么能保证别人总对我好呢？再比如，一个我不在乎的人，我对于他对我的态度没有抱任何希望，所以他无论怎么对我，都不会跟我的希望发生冲突，所以我绝不会受到他的伤害。

所以是否可以说，我们如果感觉到受了伤害，那并不是别人伤害了我们，而是自己的愿望伤害了自己。

如果站在别人的立场上，可以肯定地说，我们也在某些方面伤害过别人，因为我们对别人的态度不可能总是像他们所希望的那样。古人说，宠辱不惊。那是把对别人的希望降低到最低点了。这样的一个人，怎么会在人际关系中受到伤害呢？

别被自己的希望伤害。请把希望寄托在自己身上，对自己好一点，再好一点，那你就永远不会受到来自人际的伤害了。

思考题 ?

1. 人际交往中存在哪些心理效应？消极和积极的意义分别是什么？
2. 如何增加自己的人际吸引？可以运用哪些心理效应？
3. 人际吸引发展的过程是怎样的？
4. 寝室人际关系主要存在哪些常见问题？如何克服？

第五章

爱情心理

再没有比爱情更容易让人受伤的了。

——弗洛伊德

爱情不过是一个肮脏的诡计，它欺骗我们去完成传宗接代的任务。

——毛姆

第一节 爱情概论

【导入】

一名男生为了追求一名女生，在女生生日那天，召集老乡一起在女生宿舍外面用蜡烛摆出一个心形。男生把生日蛋糕摆在心形蜡烛中间，在围观的众人面前向女生表白。女生感动之下同意跟男生交往，但时间不长，两人就因各种原因分手了。除了浪漫、感动，爱情不单是一种形式，到底什么是爱情?

一、什么是爱情

长期以来，尽管有许许多多的文字去描述和歌颂爱情，但是爱情作为人类的一种情感，并没有严格的定义。古今中外，有数不清的文人墨客对爱情进行过各种各样的描述。爱情是人类最持久的生命之火，是人生中最亮丽、最迷人的娇艳之虹，是人性中最真挚、最纯洁的情感之花，是人类最美好、最深沉的情感，是人类最富魅力的社会现象。在现实生活中我们常常看到，沉浸在爱河中的人们有很不同的表现，有的平静似水，有的澎湃热烈；有的亲密无间，有的若即若离；有的天长地久，有的稍纵即逝。

【扩展阅读】

名人名言

恋爱是严重的精神病。——柏拉图

爱情有如佛家的禅，不可说，不可说，一说就是错。——三毛

爱情里要是掺杂了和它本身无关的算计，那就不是真的爱情。——莎士比亚

只爱自己的人不会有真正的爱，只有骄横的占有；不爱自己的人也不会有真正的爱，只有谦卑的奉献。——周国平

爱的本质就是性。——罗素

爱之酒，甜而苦，两人喝，是甘露，三人喝，酸如醋，随便喝，毒中毒。——陶行知

从心理学角度来看，爱情是性爱和情爱组成的一种特殊感情系统。在爱情的结构中性爱与情爱同等重要，只讲性爱，否定情爱，是动物水平的爱；只讲情爱，否定性爱，是柏拉图式的病态的爱；只有性爱和情爱的统一，才是真正的爱情。

二、与爱情有关的因素

1. 爱情与生理

爱情是一件无法用言语解释清楚的事，尽管有不少心理学家曾试图诠释它。在这一

领域进行开创性工作的是英国伦敦大学心理系的泽米尔·泽基教授和来自瑞士的研究生安德烈亚斯·巴特尔斯。研究人员在向志愿者出示其爱人照片的同时，用一种名为“功能磁共振成像仪”的设备对他们的大脑进行扫描。扫描仪通过观察脑部血流量的变化，发现志愿者在看到其爱人的照片时，大脑中有四个特定的区域呈现积极、活跃的状态。其中两个区域位于大脑中相对比较高级的部分，一个区域是与大脑所有感觉区域都有联系的内侧脑岛，另一个区域是会对令人精神愉快的药物作出反应的前扣带的一部分。另外两个区域则位于相对较深、同时也比较原始的基底神经节区，这两个区域与发现对自己有益的某种经历有关，同时也有可能在人对某种事物上瘾的过程中发挥一定的作用。

2. 爱情与性欲

爱情是人类男女间基于生命繁殖的本能和确保身心快慰而产生的互相倾慕和追求的生理的、心理的和社会的综合现象。正如瓦西列夫所说：“爱情是一种复杂的、多方面的内容丰富的现象。爱情的根源在本能、在性欲，这种本能的欲望不仅把男女的肉体，而且把男女的心理引向一种特殊的、亲昵的、深刻的相互结合。爱情把人的自然本质和社会本质联结在一起，它是生物关系和社会关系、生理因素和心理因素的综合体，是物质和意识多面的、深刻的、有生命力的辩证体。”

3. 爱情的社会性

爱情是人类异性间的一种崇高情感，具有排他性、专一性，只存在于彼此相爱的男女之间。两性间的爱情，不仅由人的自然属性即生物属性所决定，而且还由人的社会属性即人们在社会中的活动、地位、需要、社会的伦理观念、价值观念等社会属性所决定。因此，爱情在爱的形式、内容、求爱方式等方面，具有一定时代、民族、阶级、国家的具体特点。

三、爱情的心理特征

1. 专一性：你就是我的唯一

爱情要求双方在感情上和性关系上都忠贞专一，不与任何第三者分享。同时，爱情具有排他性，不允许任何第三者插入，但是这种排他性并不意味着对他人的排斥和漠不关心，恋爱的任何一方与他人包括异性建立友谊都是正当和正常的。最终，爱情的专一性与传统道德的从一而终有着本质区别。

2. 平等性：上帝面前人人平等

男女双方既是爱者又是被爱者，二者在地位上是完全平等的，不存在依附和占有关系，也不等同于同情或怜悯。成熟的爱情是在保留自己完整性和独立性的条件下，也就是保持自己个性的条件下与他人合二为一。

3. 持久性：爱你一万年

爱情的持久性，体现在爱情内容的更新上。首先，双方原有的新鲜感渐渐消退后，要不断地更新自我、完善自我，带给对方新的认识、新的感受。而在这种新的认识中，两人的爱情又达到一个新的境界，不能认为反正“生米已煮成熟饭”，便不修边幅，也不再顾忌自己的缺点，全然放松自己，那样只会使爱情之花逐渐枯萎。其次，爱情的持久性还表现在对爱情的珍惜上。最后，爱情的持久性还要求爱人们不因对方的健康、地位等发生变化而改变感情，而应在对方最需要自己的时候给予鼓励和慰藉。

爱情是一棵苍松而不是一枝昙花，爱情所包含的感情因素和义务因素，不仅存在于婚前的整个恋爱过程，而且延续到婚后的夫妻生活和家庭生活。爱情的持久性表现在爱情的不断深化、充实和提高上，正如莎士比亚所说：真正的爱，非环境所能改变；真正的爱，非时间所能磨灭；真正的爱，给我们带来欢乐和生命。事实上，爱情的持久性正是建立和保持婚姻关系的基础。真正的爱情不会随着年岁的增长而减弱，但人生的不同年龄阶段，爱情的表现会有所不同，具有阶段性。

4. 互爱性：你中有我，我中有你

爱情是一种复杂、圣洁、崇高的感情活动，是由两颗心灵弹拨出来的和弦，男女双方彼此倾慕，情投意合。真正的爱情是不可强求的，只能以当事人双方的互爱为前提。在爱情发展中，男女双方必须始终处于平等互爱的地位。单恋虽然也是一种强烈的情感，但它却不是互爱意义上的爱情，它只能从内部消耗一个人的精神力量，从而造成心灵创伤，因而是不可取的。

5. 社会性

爱情虽然是男女之间相互爱慕的私情，但具有丰富的社会内容。爱情的内涵、本质以及追求爱情的方式，必然要受到各种社会关系及社会因素的影响。爱情的道德性是指爱情中蕴涵着对对方的强烈的义务感和责任心。

【扩展知识】

《爱的艺术》（*The Art of Loving*，1956）的作者弗洛姆认为，爱是一门艺术，要求人们有这方面的知识并付出努力。书中提出爱的要素包括付出、关心、责任、尊重和了解。

第二节　爱情相关理论

【导入】

当心理学产生并获得发展之后，爱情作为一种独特的心理现象，才有了一个相对科学的定义。关于爱情的定义，按心理学的观点，一般是这样描述的：爱情是男女之间建立在性需要基础上的一种强烈的内心情感体验，是基于一定的社会关系和共同的生活理想，在各自内心中形成的对对方的最真挚的倾慕并渴望对方成为自己终身伴侣的最强烈的感情，是两颗心灵相互向往、吸引，达到精神升华的产物，是人类特有的一种高尚的精神生活。那么，有哪些与爱情相关的理论呢？

一、斯滕伯格爱情三角理论

美国心理学家斯滕伯格提出的爱情理论，认为爱情由三个基本成分组成：亲密、激情和承诺。亲密指在爱情关系中能够引起的温暖体验；激情是爱情中的性欲成分，是情绪上的着迷；承诺指维持关系的决定期许或担保。

1. 爱情的三元素

（1）亲密

亲密是两人之间感觉亲近、温馨的一种体验。简单说来，就是能够给人带来一种温暖的感觉体验。它包含以下十个基本要素。

①渴望促进被爱者的幸福。爱方主动照顾被爱方并全力促进其幸福。一方可能以自己的幸福为代价去促进另一方的幸福——但是也期望对方在必要时同样会这样做。

②跟被爱方在一起时感到幸福。爱方喜欢跟自己的情侣在一起。

③当他们在一起做事情时，会感到十分愉快，并留下美好的记忆，对这些美好时光的记忆能成为艰难时刻的慰藉和力量。而且，共同分享的美好时光会涌流到互爱关系中并使之更加美好。

④尊重对方。情人必须非常看重和尊重对方。尽管情人可能意识到对方的弱点，却不能因此而减少自己对对方的整体尊重。在艰难时刻能够依靠对方；在患难时刻爱方仍感到对方跟自己站在一起；在危急时刻，爱方能够呼唤对方并能指望对方跟自己同舟共济。

⑤跟被爱方互相理解。情侣应互相理解。他们知道各自的优缺点并对对方的感情和情绪心领神会，懂得以相应的方式互相作出反应。

⑥与被爱方分享自我和自己的占有物。爱方应乐意奉献自己、自己的时间以及自己的东西给被爱方。虽然不必所有的东西都成为共有财产，但双方在需要时应分享财物，最重要的是分享自我。

⑦从被爱方接受感情上的支持。爱方能从被爱方得到鼓舞和支持，感到精神焕发，特别是在身处逆境时尤其应该这样。当你感到似乎一切都在跟你作对，但你意识到只有一件事不会出问题——你的配偶始终跟你站在一起。

⑧给被爱方以感情上的支持。在逆境下，爱方应与被爱方在精神上息息相通，并给予感情上的支持。

⑨跟被爱方亲切沟通。爱方能够跟被爱方进行深层次和坦诚的沟通，分享内心深处的感情。当你为自己所做的某件事感到困窘为难时，仍能推心置腹地跟被爱方交谈。

⑩珍重被爱方。爱方要充分感到对方在共同生活中的重要性。当你认识到你的配偶比你所有的物质财富都更重要时，就知道你对被爱方具有这种珍重和珍爱。

（2）激情

激情是一种“强烈地渴望跟对方结合的状态”。通俗地说，就是见了对方，会有一种怦然心动的感觉，和对方相处，有一种兴奋的体验。性的需要，是引起激情的主导形式，其他自尊、照顾、归属、支配、服从也是唤醒激情体验的源泉。激情的发展大致经历三个阶段。

①由于意识控制减弱，身体的变化和表情动作越来越失去控制，细微的动作因高度紧张而发生紊乱。人的行为服从于所体验的情感。

②人失去意志的监督，发生不可控制的动作和失去理智的行为，这些动作在事后回想起来会感到羞耻和后悔。

③在激情爆发之后，此时会出现平静和某种疲劳的现象，严重时会出现精力衰竭，对一切事物都抱着不关心的态度，有时还会精神萎靡，即所谓的激情休克。

激情可以是积极的，也可以是消极的。积极的激情能激励人们克服艰险，攻克难关；消极的激情常常对正常活动具有抑制的作用或引起冲动行为。具有正确的思想认识、高尚的道德品质和坚强意志的人能控制自己消极的激情。

（3）承诺

承诺有两种类型：短期的和长期的。短期的就是要作出爱不爱一个人的决定；长期的则是作出维护这一爱情关系的承诺，包括对爱情的忠诚、责任心，也就是结婚誓词里说的“我愿意”，这是一种患难与共、至死不渝的承诺。当然，两者不一定同时具备。比如决定爱一个人，不一定愿意承担责任或者给出承诺；决定一辈子只爱一个人，但不一定会说出口。

2. 爱情的类型

（1）喜欢式爱情

喜欢式爱情只有亲密，在一起感觉很舒服，但是缺少激情，也不一定愿意厮守终生。没有激情和承诺，如友谊。显然，友谊不是爱情，喜欢也不等于爱情。不过友谊还是有可能发展成爱情，尽管有人因为恋爱不成连友谊都丢了。

【课堂讨论】

1. 喜欢和爱有什么区别？

2. 当友谊发展成爱情时，里面多了什么元素？如果有丢失友谊的风险，你还会想要捅破那层“窗户纸”吗？

（2）迷恋式爱情

迷恋式爱情只有激情体验。认为对方有强烈吸引力，除此之外，对对方了解不多，也没有想过将来。只有激情，没有亲密和承诺，如初恋。第一次的恋爱总是充满了激情，却少了成熟与稳重，是一种受到本能牵引和导向的青涩爱情。

【课堂讨论】

说说你对爱情的看法。

（3）空洞式爱情

空洞式爱情只有承诺。缺乏亲密和激情，如纯粹为了结婚的爱情。没有亲密、没有激情，不交流，失去肉体上的吸引，但为了孩子、面子、经济在一起，只会是空洞的爱，留下的是痛苦和凄凉。

【课堂讨论】

夫妻之间已没有激情与亲密，但为了给孩子一个完整的家而在一起，对孩子有伤害吗？会有怎样的伤害？

（4）浪漫式爱情

浪漫式爱情有亲密关系和激情体验，没有承诺。这种爱情崇尚过程，不在乎结果或者不能够给出承诺。

【扩展阅读】

梁山伯与祝英台的爱情故事

东晋时期，浙江上虞祝家庄，玉水河边，有个祝员外之女英台，美丽聪颖，自幼随兄习诗文，慕班昭、蔡文姬的才学，恨家无良师，一心想往杭州访师求学。祝员外拒绝了女儿的请求，祝英台求学心切，伪装卖卜者，对祝员外说："按卦而断，还是让令爱出门的好。"祝父见女儿女扮男装并无破绽，不忍她失望，只得勉强应允。英台远去杭州求学，途中邂逅了赴杭求学的会稽书生梁山伯，两人一见如故，相谈甚欢，在草桥亭撮土为香，义结金兰。不一日，二人来到杭州城的万松书院，拜师入学，从此同窗共读，形影不离。梁祝同学三年，情深似海。英台深爱山伯，但山伯却始终不知她是女子，只念兄弟之情，并没有特别的感受。祝父思女，催归甚急，英台只得仓促回乡。梁祝分手，依依不舍。在十八里相送途中，英台不断借物抚意，暗示爱情。山伯忠厚淳朴，不解其故。英台无奈，谎称家中九妹，品貌与己酷似，愿替山伯做媒，可是梁山伯家贫，未能如期而至，待山伯去祝家求婚时，祝父已将英台许配给家住鄮城的太守之子马文才。美满姻缘，已成沧影。二人楼台相会，泪眼相向，凄然而别。临别时，立下誓言：生不能同衾，死也要同穴！后梁山伯被朝廷任命为鄞县令。然山伯忧郁成疾，不久身亡。遗命葬鄮城九龙墟。英台闻山伯噩耗，誓以身殉。英台被迫出嫁时，绕道去梁山伯墓前祭奠，在祝英台哀恸感应下，风雨雷电大作，坟墓爆裂，英台翩然跃入坟中，墓复合拢，风停雨霁，彩虹高悬，梁祝化为蝴蝶，在人间蹁跹飞舞。

【扩展阅读】

贾宝玉与林黛玉的爱情故事

没两盏茶的工夫，宝玉仍来了。林黛玉见了，越发抽抽噎噎地哭个不住。宝玉见了这样，知难挽回，打叠起千百样的款语温言来劝慰。不料自己未张口，只见黛玉先说道："你又来做什么？横竖如今有人和你顽，比我又会念，又会作，又会写，又会说笑，又怕你生气拉了你去，你又做什么来？死活凭我去罢了！"宝玉听了忙上来悄悄地说道："你这么个明白人，难道连'亲不间疏，先不僭后'也不知道？我虽糊涂，却明白这两句话。头一件，咱们是姑舅姊妹，宝姐姐是两姨姊妹，论亲戚，他比你疏。第二件，你先来，咱们两个一桌吃，一床睡，长得这么大了，他是才来的，岂有个为他疏你的？"林黛玉啐道："我难道为叫你疏他？我成了个什么人了呢！我为的是我的心。"宝玉道："我也为的是我的心。难道你就知你的心，不知我的心不成？"林黛玉听了，低头一语不发，半日说道："你只怨人行动嗔怪了你，你再不知道你自己怄人难受。就拿今日天气比，分明今儿冷得这样，你怎么倒反把个青肷披风脱了呢？"宝玉笑道："何尝不穿着，见你一恼，我一炮燥就脱了。"林黛玉叹道："回来伤了风，又该饿着吵吃的了。"

思考：上述两个故事是我们耳熟能详的爱情故事，国外也有罗密欧与朱丽叶的爱情故事，请问这三则故事当中的主人公都是多大年纪？

（5）伴侣式爱情

伴侣式爱情有亲密关系和承诺，缺乏激情，是一种密友之情、夕阳之爱。

（6）愚蠢式爱情

愚蠢式爱情只有激情和承诺，没有亲密关系。没有亲密的激情是生理上的冲动，而没有亲密的承诺不过是空头支票。

（7）完美爱情

完美爱情同时具备三要素，包含激情、承诺和亲密。

【课堂讨论】

随着时间的推移，爱情的三要素会发生怎样的变化？

3. 爱情三要素的发展

亲密随着时间的推移，稳定地增长，直到一个峰值，然后保持不变。

承诺刚开始增长的速度比较慢，到了“感觉对方最完美”的阶段，给对方的承诺会迅速增长，然后再趋于稳定。

激情的变化是快速增加，到了峰值又快速下降，“来得快去得也快”是激情的特点，最后激情会趋于稳定，并有上升的趋势。

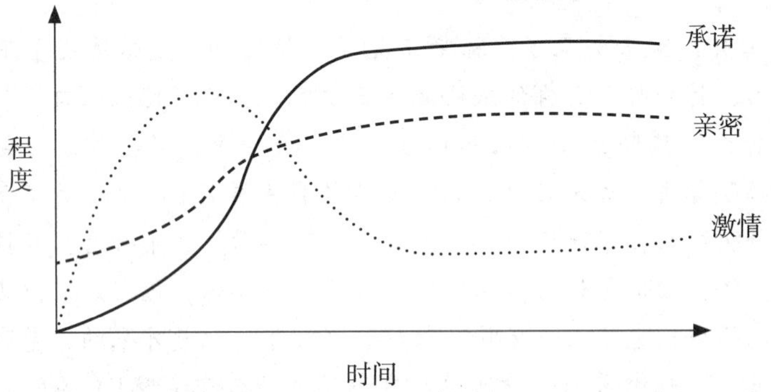

二、依恋关系理论

英国精神分析师于 1969 年提出依恋理论，他认为婴儿每天在与养护者的相互作用中形成了对成人的预期，这种预期渐渐发展为一种无意识、自动化的“内部工作模式”，比如母亲对幼儿无微不至的照顾会让幼儿感到自己的要求是能够随时被满足的，意识中就觉得世界是安全的、温暖的。

1. 依恋理论

依恋，一般被定义为婴儿和其照顾者（一般为母亲）之间存在的一种特殊的感情关系。它产生于婴儿与其父母的相互作用过程中，是一种感情上的联结和纽带。最初的研究者把对依恋研究的注意力放在母婴相互关系如何随婴儿的成长而丰富和变化上。现在，研究者普遍认为，依恋是人类适应生存的一个重要方面，因为它不仅提高婴儿生存的可能性，而且建构了婴儿终生适应的特点，并帮助婴儿终生向更适应生存的方向发展。

1978 年，美国发展心理学家玛丽 · 安斯沃思创建了著名的陌生情境测验，在这个测验中：

①让母亲与婴儿（12 ~ 18 个月大）一起进入一间有玩具的房间，之后母亲鼓励孩子玩玩具和探索环境，当孩子玩的时候，母亲陪伴在身边。

②进来一个陌生人，先是保持沉默，再与母亲交谈，然后接近婴儿。

③分离：母亲离开，婴儿产生分离焦虑，陌生人努力安慰和引导婴儿继续玩。

④团聚：母亲重新回到婴儿身边。

实验者可以控制母亲离开的时间长短、母亲与陌生人的交往方式、母亲离开孩子的次数等因素。基于其行为表现，可把儿童分为三类。每一类反映一种不同的与母亲的依恋关系。

（1）安全型依恋

安全依恋于母亲的儿童，当母亲在场时，会自由地进行探索、与陌生人打交道，在母亲离开时会表现出心烦意乱，并在看到母亲返回时表现出高兴。

按照理论，当知道存在一个可在需要时返回的安全基地时，儿童能够最好地从事探索行为。提供支持会增强安全感，儿童还认为母亲的支持有用，这使儿童学会如何在将来应对同类问题。因而，可把安全依恋看作最具适应性的依恋风格。一些心理学研究者认为，当母亲可以亲近，能够以相应和适宜的方式满足儿童的需要时，儿童就会成为安全依恋型。另有人指出，还存在影响儿童依恋的其他决定性因素，父母的行为也会受到儿童行为的影响。

（2）焦虑—矛盾型依恋

焦虑—矛盾型依恋的儿童会对探索行为及陌生人焦虑，即使母亲在场也如此。母亲的离开会使儿童极端沮丧。母亲返回时儿童会表现出矛盾心态：寻求保持与母亲的亲密但会怨恨，并且在母亲开始关注时进行抵抗。

一些心理学研究者认为，这种依恋源于母亲的养育风格：尽心尽力但自以为是，即儿童的需要有时被忽视，直到完成其他某些活动，并且有时更多是通过双亲的需要而非儿童的主动要求来关注儿童。

（3）回避型依恋

回避型依恋的儿童会回避或忽视母亲——在母亲离开或返回时几乎没有情感反应。无论是什么人在场，儿童都很少有探索行为。对待陌生人及母亲的态度没有什么不同。无论室内是否有人或有何人，儿童的情绪都不会有多大变化。

这种依恋源于漫不经心的养育风格：儿童的需要经常得不到满足，使得儿童相信对需要的传达不会影响到母亲。

同时，还存在第四种类型，即所谓的“紊乱依恋”。“紊乱依恋”不是一种依恋风格，因为它是连贯风格或应对模式的缺乏。抵抗和回避风格虽然不是完全有效，但它们仍是应付世界的策略。而紊乱依恋型儿童把照看者体验为既受到惊吓又吓人。人类交往被体验为是无规律的，儿童无法形成连贯的交际模式。如果儿童借助照看者来反映、理解自己，紊乱儿童就是在观看破裂为无数碎片的镜子。这比后天无助更严重，因为它是自我而非情境的模板。

【扩展阅读】

《落基山新闻》调查了成人依恋类型，有一千多个读者从科罗拉多州这份报纸的生活版上看到了这个小测验并寄来了他们的答案。其中有一个问题是要求答题的人标明下面三种描述中哪一种与他们最接近。

①我很容易与人接近，信赖他们或让他们信赖我是件开心的事。我不怎么担心被抛弃或害怕别人离我太近。

②与他人接近让我不安；我很难完全相信、依靠他们。有人对我太亲近时我会很紧张，并且爱侣想让我更亲近一点我也有点不自在。

③我想让人亲近我，可别人不情愿。我常担心我的同伴不是真的爱我或者想离我而去。我想和他人完全融为一体，可这个愿望有时会吓跑别人。

第一种情况描述的是安全依恋型成人，第二种是回避型成人，第三种是焦虑—矛盾型成人。尽管样本不一定具有科学性，但是结果却具有启发性。答题者中有56%的人属于安全型，25%的人属于回避型，19%的人属于焦虑—矛盾型。研究人员就这三个问题调查了大学生，也发现了同样的百分比。

---

2. 依恋行为系统

依恋行为系统是依恋理论中的重要概念。在鲍尔比看来，依恋系统在实质上是要“询问”这样一些根本性问题：所依恋的对象在附近吗？他接受我吗？他关注我吗？如果孩子察觉这个问题的答案为“是”，会感到被爱、安全、自信，并会从事探索周围环境、与他人玩耍以及交际的行为。但是，如果孩子察觉这个问题的答案为“否”，会体验到焦虑，并且表现出各种依恋行为：从用眼睛搜寻到主动跟随和呼喊。这些行为会一直持续下去，直到孩子重新建立与所依恋对象的足够的身体或心理亲近水平，或者直到孩子“精疲力竭”，后者会出现在长时间的与母亲分离或母亲“失踪”的情境中。鲍尔比相信，在这种无助的情境中孩子会体验到失望和抑郁。

（1）依恋策略

所谓的依恋策略，就是个体在寻求依恋关系时，会采取什么样的方式方法。依恋策略的方式主要有初级依恋策略和次级依恋策略。

初级依恋策略主要是一个个体在遭遇问题或需要有协助时，能够主动地去寻求帮助。例如，我们可以寻找自己朋友的帮助，以获得更好的适应。当我们心情抑郁时，可能会找个朋友谈谈，获得他的支持，等等。

次级依恋策略则是当初级依恋策略不再有效时，或者当个体的依恋启动时，依恋对象没有反应，个体就不得不去寻找其他的依恋策略。从婴儿到成人的心理发展中我们经常遭遇这样的环境。例如，一个不敏感的母亲，对于个体依恋策略的形成可能是有问题的，这时候儿童往往表现出两种依恋反应方式：一种是过激依恋，即个体不放弃其依恋寻求亲密的企图，反而更加猛烈地强化接近这一企图，直到获得依恋对象的关心或回应为止；另一种是不激活依恋，即个体最终放弃寻求依恋的企图，并以转移注意力等消极防御来逃避依恋对象。

从最新的研究来看，这在每个人身上都有可能产生，不同的是有的人会更多地习惯采取后两种方式，这样才能构成其生活中人际关系的困境。这一习惯的养成究其原因和其童年的经历直接相关。

（2）安全基地

依恋理论认为，我们心理的稳定和健康发展取决于心理结构中心是否有一个安全基地。正如前面所说，人们都有依附的需要，这个可以依附的对象必须是可以信任的并且能够提供给我们支持和保护的重要他人。而在我们很小的时候，这个安全基地更多是由妈妈来承担的。如果妈妈是个“足够好”的妈妈，这个妈妈所担任的安全基地就会内化为孩子心中的安全基地，孩子长大后就有了内在的安全感。如果没有“足够好”的妈妈呢？那么在孩提时代就开始表现出某些特征，比如索性不要妈妈，妈妈回来了也懒得理她，他们更关注自己的智力活动，不太有情感反应；或者表现得很矛盾，好像要靠近妈妈，但当妈妈靠近要拥抱他们时，又挣扎着要离开，对妈妈好像有很多怒气，情感摇摆，缺乏理性。所有这一切都是因为他们没有从母亲那获得安全基础，所以或者发展成一种强迫性的自我依靠，或者想要母亲又不信任母亲。

3. 成人依恋类型

【扩展阅读】

到20世纪80年代中后期为止，依恋理论的研究大多局限在儿童研究领域，直到1987年，人格和社会心理学家的加入，才使得依恋的研究拓展到了成人阶段，典型的标志是哈赞和谢弗发表了一篇题为《浪漫的爱可以看成是依恋过程》的论文。他们认为安斯沃思等人提出的三种依恋类型同样能应用到成人的恋爱过程中。因此，他们在安斯沃思等人对婴儿依恋模式描述的基础上，构建了一个简单的自我报告量表。在这个测量中，受测者要求从三个有关依恋类型的描述中挑选一个最能反映他们在恋爱中经常有的感觉和想法。如安全型的描述以信任对方，喜欢保持亲近为特征，而回避型的描述是缺乏信任，喜欢跟对方保持情感上的距离，焦虑—矛盾型的依恋类型的典型特征是对恋人的情感效用性缺乏信息，有一种强烈的、又不太满意的与对方亲近的愿望。此后，有关成人依恋的量表不断涌现，并极大地推动了这个领域的研究进展。

研究认为，儿童期孩子身上表现出来的依恋特征，成年以后仍然会显露出来，所以成年人也应具有和儿童一样的依恋类型分类。

（1）安全型依恋

我发现与别人亲密并不难，并能安心地依赖于别人和让别人依赖我。我不担心被别人抛弃，也不担心别人与我关系太亲密。在人群中约占60%。

（2）回避型依恋

与别人亲密令我感到有些不舒服；我发现自己很难完全相信和依靠他们。当别人与我太亲密时我会紧张，如果别人想让我更加亲密一点，我会感到不自在。在人群中约占 20%。

【扩展阅读】

参加了一次婚姻辅导课程之后，林涵开始怀疑她和老公之间是否出了问题：他经常出差，虽然每次都是几天，但每次回来，就算我去机场接他，我们也对相互之间的亲昵感到别扭，他不说，但我们两个都能感觉到。我很期待拥抱、亲吻，但绝对没有，即使在他回到家后，我兴奋地在他身边转来转去，但还是没有，眼神互相接触的时候似乎也显得不自然。最要命的是，我们好像总是要过一个晚上才能再亲近起来。

（3）焦虑—矛盾型依恋

我发现别人不乐意像我希望的那样与我亲密。我经常担心自己的伴侣并不是真爱我或不想与我在一起。我想与伴侣关系非常亲密，而这有时会吓跑别人。在人群中约占 20%。

【扩展阅读】

第四次失败的爱情后，小江已经濒临崩溃边缘。“我不明白为什么我做出那么多牺牲和改变，她都不满意。她知道我是爱她的，我只是受不了她和男同事吃饭，和男同事单独出差，别的我都可以忍受，就是忍受不了胡思乱想。我想完全拥有这份爱情，这难道错了吗？她难道就不能为我做出一点改变，略微地约束自己一下。”

---

4. 依恋与爱情

鲍尔比认为，婴儿会形成一种人际关系的“内部工作模式”。如果孩子在早期的关系中体验到爱和信任，他就会觉得自己是可爱的、值得信赖的。如果孩子的依恋需要没有得到满足，他就会对自己形成一个不好的印象。“一个不受欢迎的孩子不只觉得自己不受父母欢迎，而且相信自己基本上不被任何人欢迎。相反，一个得到爱的孩子长大后不仅相信父母爱他，而且相信别人也觉得他可爱。”

个体早期形成的“内部工作模式”，在建立亲密关系的行为中起主导作用。婴儿的母亲或者养护者有不同的对待婴儿的方式，比如对婴儿的需求的敏感与否、忽视与否等，都会在无形中对婴儿的心理产生某种影响。婴儿每天就是在与养护者的这种相互作用中形成了对成人的预期，这种预期渐渐发展为一种“内部工作模式”，这种模型内化了对依恋对象和自己以及两者关系的内在表征，最后转变为一种无意识、自动化的运作。这种行为模式一旦形成，就具有了很强的保持自我稳定的倾向，并且会在行为主体（婴儿）的潜意识中起作用。这种行为模式将对儿童的各种社会人际关系（如母子关系、师生关系、同伴关系等）产生影响，更会对其成年以后的人际关系和婚恋关系产生长期的影响。所以说，“内部工作模式”实质是儿童对自我、重要他人以及人际关系的一种稳定认知。

这种“内部工作模式”主要以无意识方式运行，一旦建立起来就倾向于永久，它决定着儿童的行为方式，并成为未来人际关系的参照系。随着年龄的增长，个体倾向于用已有的“内部工作模式”去理解新的信息，早期经验就是这样对个体日后的发展起作用的。它会引导个体去思考自己应该得到何种对待和关注、给他人怎样的信任和支持、对他人的需要给以怎样的关注，以及在亲密关系中的交往策略等，并投射到与其发生亲密关系——恋爱——的人身上。

【扩展阅读】

“储爱槽”理论

美国心理学家保罗·米尔提出了“储爱槽”理论，简单来说：每个人都拥有一个储存爱的容器，这个容器中盛了多少爱，会直接影响一个人的爱和信任的能力。他用心形的储爱槽来解释人对爱的渴望。储爱槽是存在着爱的，爱好像就是槽里的水。这里有多少爱才等于你能拿给别人多少爱。

米尔把储爱槽画成心形，一颗心代表一个储爱槽。作为一个新生儿，他可能什么都没有，如果没有父母照顾他连活都活不下来，他连基本的生存都是靠别人的照顾。他的内心深处储爱槽的计量表，一开始会近于零。

孩子的上面有两颗心，一颗是母亲，一颗是父亲，他们各自也有一个储爱槽。父母照顾孩子的过程就是孩子感受父母关爱的过程，也是储满孩子储爱槽的过程。随着时间的流逝，父母会用自己槽中的爱注满孩子的爱槽，过了十五年、二十年，当孩子脱离了原来的家庭，自己成家，那时孩子的爱槽已注满了爱，身为成年人，准备好去注满自己孩子的槽，以后也会轮到他们去为下一代注满储爱槽。因而，在正常运作的家庭里，爱是代代流传下来的，从父母传给子女。

为了让父母的储爱槽保持注满状态，父母之间的关系必须不断滋长，所以在父母的储爱槽中间是有一条连接线的。在正常的家庭中，这条线代表了相互的爱与尊重，是爸爸与妈妈之间真挚的感情。如果一个孩子在小时候得到了足够的爱，那么在长大之后才更理所当然地付出爱，一个完整的、充满爱的家庭对孩子的健康成长是很有益的，尤其是身心健康。

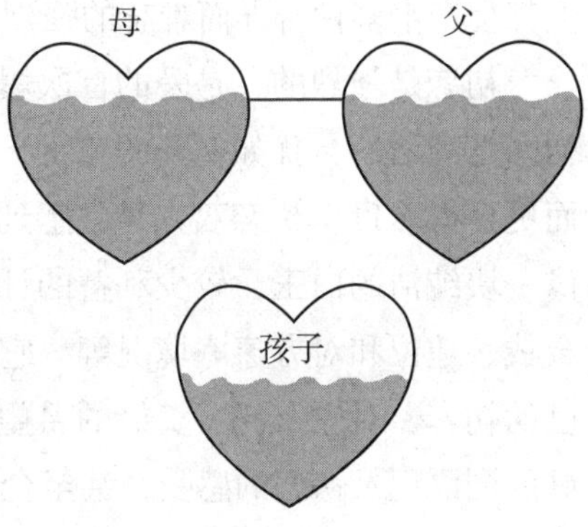

当然，这里指的爱不能理解为一般的爱。这种爱，必须是稳定的、安全的，不掺杂任何利益关系。有的夫妇因工作忙，就把孩子送到亲人家抚养，倒不是说亲人不爱你们的孩子，也不是他们给孩子的爱不够，但孩子知道，他得到的爱是不稳定的，他不知道自己在将来的某一天就忽然失去了。或者有的父母对孩子的爱是有条件的，所以孩子会发展出一种不健康的爱的饥渴。

万一父母其中一个，为了某种因素而无法灌注爱给子女，那么这个孩子的储爱槽最多也不过注了一半，而且通常是少于一半的。试想，如果父母经常冲突会造成一个相当悲惨的情况。父母在不自觉的情况下，可能会让倾注倒向逆流，为了满足自己内心的需要，他们会从孩子少得可怜的储爱槽里汲取，让孩子的储爱槽所剩无几。因此，不幸家庭中长大的孩子，储爱槽处于枯竭状态。他对爱的需要没有被满足，这样的伤害将会伴随他的一生，他会寻求另一种东西来填满心中的缺失——可能是金钱，可能是酒、毒品，也可能是一个人。

对那些储爱槽枯竭者，需要一个辅助治疗过程才能康复，那就是正视自己的过去。遗憾的是，那些不幸家庭的孩子往往回避自己的不幸，或者压抑自己的正常需要，形成一种不合理的个人自我认知。储爱槽枯竭的人则很容易停留在过程中的某一点上，不能再前进。这时，就需要心理治疗师的帮助。

第三节　爱情的发展

一、爱情的发展

人们常把异性间择偶、培养爱情的过程称为恋爱。恋爱是对爱情美的选择和追求，是男女双方在建立爱情之前必定要经历的阶段。

1. 初恋与初始阶段

（1）初恋

初恋是爱情交响曲的第一乐章，是两颗心灵的第一次碰撞，绝大多数初恋者在心理上都会产生多种奇异而难忘的强烈感受。

初恋是强烈的，是爱的首次爆发，是青春火焰的点燃，其力量足以震撼人的心灵。初恋是纯洁的，犹如初开的花蕾，素雅、清新、令人心颤。这花蕾一生只绽开一次，因而更显得珍贵。初恋双方经常感到神圣、甜蜜、兴奋不已。初恋的感情是纯洁美好的，像一块纯洁的白玉，较少利益的计较和世俗的污斑，很少考虑感情以外的其他因素，如金钱、地位和对方家庭境况等，它完全以感情为联系纽带。每一个青年人都十分珍惜自己的初恋，对它寄托着美好的希望、幻想和深情。在一些大学生的日记中，总是用最美好的词语记录初恋的感受，甚至全然不顾后果。

（2）恋爱的初始阶段

恋爱的初期，男女双方彼此抱有好感却相知甚少，渴望更多地了解对方。这个时候，男女双方的眼神总在捕捉对方的身影，并制造条件约会见面，从约会中感受愉悦感。

男女双方彼此有了一点了解后，就会情不自禁地美化对方的形象和能力，爱上了经过自己美化后的幻象。而对这种幻象的迷恋之情，很多人称之为“爱情”。有一句话说得好，不是你爱上了谁，而是你爱上了你的“爱情”，指的就是这种情形。在这个阶段，由于头脑中会产生许多美好的幻觉，因此也称为恋爱的朦胧期。

不过，如果一个人有过三次以上的恋爱经历后，在和新的异性交往的时候基本上就不会再抱有不切实际的幻想，除非情商低下。很多人觉得失恋是一件很可怕的事情，其实很多人就是通过失恋这样的经历不断成熟起来的。

2. 热恋共存期

热恋期大多是从一吻定情开始的，接吻往往是热恋的一个象征动作，通过亲密动作将男女双方带入亲密关系。这时候男女双方开始出双入对形影不离，一日不见如隔三秋，彼此在对方身上找到了自我存在感。热恋阶段的心理特征就是共存，恋爱双方看到的都是彼此的优点，对周围环境漠不关心，可以说双方都已迷恋其中。

在热恋期，男女双方有了更多的接触，因而对对方有了更多的了解，双方的优缺点日渐显露，当一方发现对方与自己以前在心目中塑造的形象有一定差距，并且这种差距令自己很难适应时，就会造成极大的心理落差，而这种心理落差就表现为行为方面的冷淡和疏远，最终一方会提出结束恋爱关系。

一般来说，在热恋期双方都会察觉到对方与自己心目中塑造的形象有落差，但很多人还是能够接受这种落差，两人的恋爱关系会随着交往而继续升温。

3. 依恋与独立期

男女双方肢体接触不断升级，不再满足于牵手、接吻、拥抱，开始试着爱抚对方的身体直至发生性行为。性行为是人类作为动物的最原始的生理需要的满足，但是在恋爱关系中却具有特别的象征意义，代表了恋爱关系进入相互依恋的阶段，恋爱关系开始稳固下来。性行为对许多女生来说意味着她现在是对方的人了，而一些男生则在发生性行为后觉得自己需要对女生负起责任。当然，有一些情侣会坚持到结婚后才发生性行为，只是这种现象在这个时代比较少见了。

男女双方进入依恋期后，双方在日常生活已离不开对方，离开一阵儿都会觉得不顺心，有一种心不安的感觉。同时，男女双方也会直接面对日常琐碎的生活细节和生活习惯的差异，小摩擦不断产生，偶尔也会爆发比较大的冲突。

依恋关系代表了恋情趋向稳定，这时候至少会有一方（通常是男方）开始追求独立，想要有多一点自己的时间做自己想做的事，这时另一方（通常是女方）就会感到被冷落。但这其实是很容易理解的，鱼上钩被钓上来后，钓鱼的人还会再抛鱼饵给钓上来的鱼吗？

对于缺乏安全感的女生来说，被男生冷落的感觉让她惶恐不安，会十分怀念热恋阶段的男生取悦自己的“爱情”，这样就会产生很大的心理落差和不安全感，于是开始对男朋友表达不满。如果男朋友不懂女生的心理，就会觉得女生胡搅蛮缠，男女双方的冲突可能会不断升级。这个阶段是恋爱关系的高危期，一方寻求独立，另一方寻求依恋，当双方的追求处于对立关系时，很多恋人就因忍受不了自己被对方冷落而提出分手。

我们每个人谈恋爱都会经历由依恋到独立的阶段，当进入独立阶段的时候，实际上代表的是恋爱关系更稳固，而这种更稳固的现实才代表了真正的安全感，这是需要意识到的。但人们的潜意识是感性的，很多女生一旦察觉到自己被冷落，会产生自己被对方抛弃的不安全感，于是不断地胡思乱想和不断地表达不满，最终把自己推到近乎崩溃的地步。最终很多女生因无法承受内心的压力而向男朋友提出分手，以寻求心理解脱。

很多女生在下一段恋情进入依恋和独立阶段时，还会遇到同样被冷落的问题，然后又陷入惶恐不安中，又不断地胡思乱想，进而把自己迫害到心理崩溃的地步，于是又想着要提出分手，以获得心理解脱。

4. 平淡共生期

恋爱关系就像性活动一样，经历了高潮之后就会平缓下来。男女双方随着恋爱关系的进一步稳定而平淡下来，性活动也不再像过去那样频繁而充满激情。双方会开始适应平淡的生活，最终进入婚姻，共同生活在一起。

也有些男女恋人因为恋爱时间短或适应能力弱而未能在心态上接纳平淡，仍在幻想和期待热恋阶段的甜蜜时光，结果把问题拖到了结婚之后，导致婚后冲突不断，最后只得分道扬镳。在心理上能接受平淡，才能长久地共生。

5. 爱情发展流程图

如果你是爱过或被爱过的人，那么你肯定可以在下页爱情发展流程图中找到自己的位置。因为此图揭示了两个人如何产生爱情，产生爱情后又会有怎样的结局。

（1）第一种认识：爱慕，然后失恋……

两个人在一起时间久了，其中一方暗恋上对方，不敢表白，在痛苦中苦苦挣扎，时间长了，这段感情就黯然收场了。另一种情况是勇敢地表白了，然后被拒绝了，或苦撑一段时间后，选择结束这段感情，或直接放弃，与对方避而不见，在痛苦中结束。

（2）第二种认识：恋爱，然后失恋……

恋爱后双方时常争吵，或者在有适合的解决办法的情况下选择分手，互不相见，在痛苦中让一份爱情消逝，抑或在争吵过程中移情别恋，结束一段感情。还有一种是双方恋爱后，归于平静，日久无趣，移情别恋，痛苦收场。

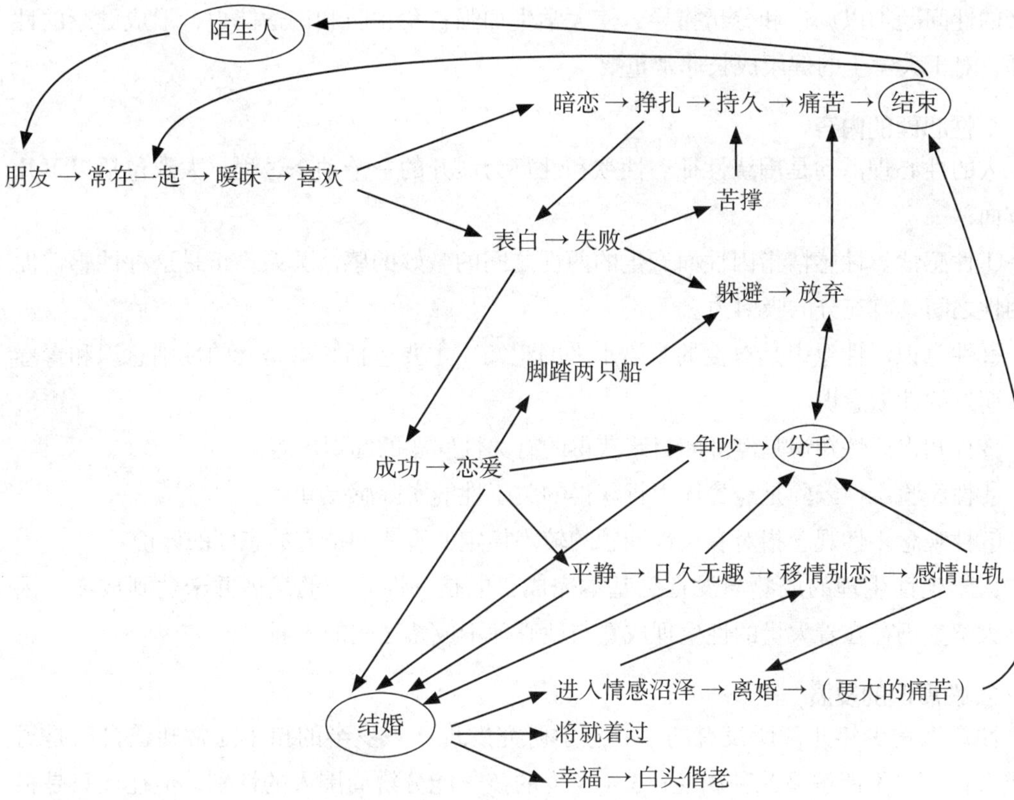

（3）第三种认识：恋爱，然后结婚……

首先最顺利的一种：两个人是朋友，常常待在一起，慢慢就产生了爱慕之情，然后一方表白成功，确立了恋爱关系，顺利牵手步入婚姻殿堂。第二种：两个人在确定关系后开始出现争吵，待双方磨合之后，顺利结婚。第三种：双方确定了恋爱关系后，开始了平淡的生活，一起领证，继续平平淡淡地生活。最后一种：两个人在平静的生活中，日久无趣，最后选择了结婚。

结婚以后是什么？是无法结束的更大的痛苦……

二、性心理的发展

在性心理成熟过程中，青少年逐渐意识到两性差别和两性之间的关系，以及对待两性的态度和行为的规范，这就是通常所说的性意识。对性意识的考察可以准确地反映性心理的发展。

在青年期，由于生理方面第一特征、第二特征发育成熟，萌动了对性的意识和强烈欲望。大学生作为青年中的一个群体，除了有着一般青年的性心理发展规律以外，又由于其所处的较特殊的学习环境，性心理发展有其自身的特点。帮助大学生正确认识性生理、性心理及其社会意义和心理健康意义，普及性知识，并对大学生中存在的具有普遍意义的性问题加以调适和分析指导，使大学生加强自我预防和调适能力，形成健康的性心理，对于大学生的健康成长非常重要。

1. 性心理的内容

人的性心理活动是围绕性征、性欲和性行为展开的一个动态过程，大致包括以下几个方面：

①性感情。性感情指因性而产生的两性之间的微妙的感情关系，正是这种性感情促成两性之间具有充分的吸引力。

②性意识。性意识是对性的言语水平的觉知，主要包括是男是女的性别意识和青春期后萌发的性欲意识。

③性知识。性知识是经耳闻目睹获得的有关性问题的知识内容。

④性经验。性经验是经身体力行获得的关于性的实际感受和体验。

⑤性观念。性观念指对有关性问题的较为稳定的看法和持有的态度的评价。

大学生性生理的成熟与发育已基本完成，但是，性心理的发展并未达到成熟。因此，大学生仍存在着大量的性生理成熟与性心理不成熟之间的矛盾。

2. 性意识的发展

性意识是少年儿童所没有的，心理学研究发现，一岁半的孩子通常知道自己是男孩或女孩，但不能解释此种属性；3 ~ 4 岁的孩子能分辨周围人的性别，但往往只是根据外部特征，如衣着、发式来区分；5 ~ 6 岁的孩子因游戏的兴趣不同，出现了同性之间紧密联系的倾向，没有异性意识；小学阶段同性之间结合成封闭状态的小集体，回避异性，但对异性的兴趣在增加，只是因为受着同性伙伴的约束和成人文化的控制而不敢接近异性；到了青春发育期，由于生理发育和第二性征的出现，青少年明显地意识到自己的性别，意识到两性之间的区别和联系，对异性的意识发生了微妙的变化。一方面内心关心爱慕异性，另一方面又表现出对异性的冷淡、回避或厌恶态度，性意识开始觉醒。

性意识的觉醒，一方面，使人体具有靓丽的青春美，对异性具有特殊的吸引力；另一方面，一旦觉察出自己的身体变化，就刺激着性意识的萌动和发展。性意识的发展，大致经历以下几个时期：

（1）疏远异性期

一般出现在 13 ~ 14 岁。随着第二性征的出现，开始男女性别的分化，少男少女们出现羞涩感，内心深处产生青春萌动的朦胧感觉，把异性的差异和彼此之间的关系看得很神秘，同时对异性产生既好奇又害羞的心理。既想探求异性的秘密，但又不敢正面观察和询问，只是自己暗自揣测。两性之间在相互接触中感到不自然，出现“心有相互吸引之力，而行又互相疏远”的现象，男女间彼此回避，行为举止显得羞涩、拘谨、冷漠。忌讳在公开场合与同龄异性接触，走路不同行、学习不同桌，所谓男女界限开始明显划分，如男女同学坐一桌画“三八线”来表示自己对异性的反感和藐视。集体活动中，男女之间不愿接触，即便是童年时代“两小无猜”的亲密异性朋友也会自然地疏远，这种对异性的疏远，实际上是少男少女性意识萌动而产生的一种心理骚动，是对异性好奇心的表现。表面上疏远掩盖了他们自己内心的不安，可在实际生活中，异性之间发生的一些事情，往往更易引起他们的注意。如女生中间发生某些事情，常引起男生的讥笑和起哄，男生中发生一件新闻，又引起女生的议论和嘲讽。这些证明了两性之间实际上都对异性充满好奇，性意识随着性的发育由朦胧状态迅速明朗化。

（2）接近异性期

性意识的发展，使少男少女逐渐开始出现一种情感上的吸引，开始产生一种极为强烈的对异性的神秘感和探索心理。15 ~ 16 岁，少男少女对性知识产生兴趣，在无人传授知识的情况下，开始主动地关心起书刊、杂志中有关青春期性生理发育的知识，同学们之间悄悄地询问和议论着，有些人甚至直接向成人发问。男女间开始由抵触转向好感，产生一种自然的亲和力，男女生开始注意自己的言行和装束，男生力求在自己的装扮和言行中表现能力和风度，从而博得女生的好感；女生则将自己装饰得更加美丽和整洁，以达到对异性的吸引和关注的目的。这一时期两性之间的兴趣往往不是针对某一个人，而是异性的全体。

（3）倾慕异性期

一般为 16 ~ 18 岁，这是一个向往和倾慕异性的年龄阶段。随着生理的进一步发育和对爱情知识的了解，开始出现对爱情的憧憬，经常在心底默默地塑造自己的爱情模特。这一时期的青年，往往以各种主动的方式对异性表示好感，希望得到对方的积极响应，并容易感受对方的优点，特别是外在吸引力和某种出众的才华。这一时期，女生常常爱慕男生强健的体魄、精神的豁达和他们的智慧；男生则爱慕女生容貌的美丽、性格的文雅和举止的飘逸。此时男女之间的爱慕还只是异性间的吸引和好感，男女学生对所喜爱的对象，不时作出表示：如暗送秋波、传递纸条、献媚调情，并积极主动接近，哪怕是一两次接触，也会感受到内心的激动与震荡。特别注重在所爱异性心目中的形象，对周围同伴与异性交往既羡慕又嫉妒。这个阶段的大多数学生还没有对特定的异性产生倾慕，倾慕具有广泛性，理想主义色彩浓重，想象多于现实，但也有少数学生产生了对特定异性的倾慕。

（4）恋爱期

多数大学生的年龄正处于这一时期，随着生理与心理的成熟，18 岁以后男女大学生已不再满足于对异性的泛化接近与好感，而是把最初萌发的对异性的情思逐步导向恋爱的轨道。大学生的生活充满着诗情画意，男女同学彼此互相爱护，互相帮助，培养着友谊。随着时间的推移，友谊的加深，当全方位的友谊逐渐定向集中于符合自己理想模式的个别异性身上时，友谊便转化为爱情。

大学生的社会性成熟往往落后于其生物成熟，这就使得他们在成长过程中会产生相应的问题。如大学生虽然性功能已经发育成熟，并有了强烈的性生理感受，但他们对性的科学知识和社会意义却一知半解，往往因性无知而产生焦虑情绪和盲目行为。有的人在体内性激素的刺激下，产生性欲冲动，却不能用道德标准和社会规范来约束自己的行为，任凭本能冲动泛滥，以至于失足，甚至犯罪。因此，在性成熟的过程中，能否适应社会的要求，使性的生物性与性的社会性达到有机统一，对每个大学生来说，都是十分严峻的课题。

【扩展阅读】

心理学家眼中的爱情

①爱情与成熟度无关。如果不努力发展自己的全部人格，那么每种爱的努力都会失败；如果没有爱他人的能力，如果不能真正谦恭地、勇敢地、真诚地和有纪律地爱他人，那么人们在自己的爱情生活中，也永远得不到满足。

②如果我爱他人，我应该感到和他一致，而且接受他本来的面目。而不是要求他成为我希望的样子，以便使我能把他当作使用的对象。

③最重要的是学会一个人单独地待着，而且不看书、不听广播、不抽烟、不喝酒。有没有集中的能力表现在能不能单独地待着，而这种能力又是学会爱的一个条件。

④正因为我们不能自力更生，所以只能把自己同另一个人连在一起，这个人也许就是我生命的拯救者，但是这种关系与爱无关。

⑤爱首先不是同一个特定的人的关系；它是一种态度，一种性格倾向。这种态度、性格倾向决定了一个人同整个世界的关系，而不是同一个“爱的对象”的关系。

⑥如果一个人只爱一个人，而对其他人漠不关心，他的爱就不是爱，而是一种共生性依恋或放大的自我主义。

⑦不成熟的爱：因为我需要你，所以我爱你。成熟的爱：因为我爱你，所以我需要你。

第四节　爱情的吸引力法则

【导入】

什么样的人更有魅力，更容易吸引对方？什么样的情况下，更容易擦出爱情的火花？

一、近水楼台先得月

生活空间邻近的两个人，通常更容易喜欢上对方。空间的邻近，为彼此的认识和交往提供了便捷的条件。他们可以付出很小的代价，却能轻易地了解和熟悉对方。反之，遥远的空间距离，使人们的交往付出更大代价，而共处时间的缺乏，更是增加了彼此不能及时消除的误解。

【扩展阅读】

我们为什么更喜欢在自己身边的人

或许远在手机那头的朋友能陪你侃大山侃到天昏地暗，但是在你来“大姨妈”的时候一杯热水不是比屏幕上冷冰冰的一句安慰要来得暖心吗？我们能听到身边的人的声音、看到他们的微笑、感觉到他们的拥抱，这些不都比屏幕上的对话更能让我们感觉到被爱吗？

为什么“为你我用了半年的积蓄，漂洋过海的来看你”？不就是想看到真人版的你，想真切地感受你手掌的温度啊！

那么，为什么空间上的邻近有如此大的影响力？

如果他人在我们身边，我们就更容易得到他们带来的愉悦。去看望在天涯海角的那个他需要花费的时间、精力、金钱有多少，跟他交往的成本就有多少。要是走去隔壁的房子就能找到小伙伴陪我们喝茶，谁会跨过山和大海去约饭？而且，在对话框或者话筒里传来的爱意真的跟脸颊上结结实实的一个吻传达的一样多么？

另外，空间上的邻近也使两个人能有更多相遇的机会，彼此变得更加熟悉。与他人重复接触，甚至仅仅是经常看到他的脸，都能让我们更喜欢他。因为邻近常常导致熟识，而熟识又会引起喜欢，所以与他人频繁接触不仅能使交往更加方便，还会让你觉得对方看起来更有吸引力。

但是你有没有发现，我们最讨厌的人其实常常就在我们身边？

比如说楼上那个总是噪声扰民的派对狂魔，还有隔壁那个总是让宠物到处乱跑的大妈……

所以，邻近也不一定让我们更喜欢他人。准确来讲，邻近起到的作用是增强了我们对他人的情感。如果我们与别人相处愉快，当他们在身边时我们会更喜欢他们；如果我们讨厌某人，邻近只会使我们更讨厌他们。

二、相似与互补

人们总是被与自己相似的人所吸引，科学研究发现越相似的伴侣越幸福，尤其是价值观和性格方面相似，即人们常说的知己。也有人说伴侣间的互补最重要，但是这种互补绝对不应是价值观、性情上的互补，真正有益的互补是双方角色功能上的互补。所以人们常说，相似的人适合一起欢闹，互衬的人适合一起变老。

物以类聚，人以群分。人和人的交往肯定是以某种共性为基础的。如果彼此没有共性，相互之间也就缺乏认同。所以，有相似处是必然的。

一般来说，相似意味着共同点，相似会导致默契与熟悉，相似也会导致彼此容易互相理解，相似是大多数时候感情的基础和起源。

如果两人性格太过相似，就会拥有共同的性格，彼此互为影子。但他们会拥有共同的缺点，共同的矛盾，一旦出现矛盾，就会走向激烈对抗，任何一方都不愿意轻易缓和；如果两人性格比较互补，会有彼此投缘与赏识的感觉，但共同点比较薄弱，很难拥有共同的理想和目标。

相似与互补不是一个层面上的东西。相似是本质上的东西，如价值观、为人处世的原则、道德品质等；而互补则多反映在性格上，如一个内向，另一个外向；一个急，另一个慢。一个前卫的人是很难和一个传统的人和谐相处的，一个外向的人很难理解内向的人的敏感，内向的人对外向的人对自己感受的漠视也会感觉很受伤。不要幻想不同的价值观会让彼此的生活更丰富。

以相似性为前提的互补才是牢靠的，就像两只手，十指紧扣的前提是它们处在同一个平面上，这个平面，就是它们的相似性；而缺少互补性的两个人，不管他们具有多么近似或相同的本质属性，都不可能走到一起，因为他们互相不为对方所需要。

三、我们喜欢喜欢我们的人

与某人相处中，如果感受到对方喜爱自己，被接纳和欣赏的感觉便会提高自己的自尊，从而更喜欢对方；相反，则会感到被否定，即使这个人再有魅力，他的吸引力也会因此而大打折扣。因为与他所带给我们的良好感觉相比，我们更关注自己被其拒绝或否定的糟糕感觉。

1. 增益效应

原本我们很讨厌的人，随着时间的推移，对我们越来越好，我们就会对他更有兴趣。

2. 损耗效应

真正伤害你很深的人，恰恰不是那个你原本就讨厌的人。你原本就讨厌的人，那个见一次烦一次的家伙，过段时间根本就伤害不了你。而那个你们彼此相爱的人，对你逐渐冷淡了，你反而会很受伤。你也只能被你爱的人伤害。但那个一直很爱你的人，有时不善于表达他对你的爱。那个你很讨厌的人，开始对你示好，即使是一点点的改变，都会在很大程度上影响你。

四、有魅力的人

1. 外貌

这里有个有趣的实验。在调查问卷中，当被问到在交往中哪些因素是你认为重要的时，人们会说热情很重要、幽默很重要、同情心很重要，智慧很重要，但是长相不重要。但是如果要求被试去参加速配相亲会，决定他们第二次约会的最重要的因素是什么呢？——外貌。我们总说外表不重要，但是我们却很重视。研究表明，外表在决定第二次约会时的确很重要，但是决定长期关系的因素却不会像外表那样肤浅。

【扩展阅读】

“假卷发”实验

一个美女假扮成心理学研究生，对被试进行人格测评。当美女戴上假发，打扮得很丑的时候，无论对被试的测评是积极的还是消极的，他们都显得不太在乎。当美女打扮得很漂亮，并对被试做出积极评价的时候，被试会非常高兴。当美女打扮得很漂亮，并对被试做出消极评价的时候，他们会很失望，并在以后的日子里，努力尝试着讨好美女，以证明她的结论是错误的。这说明，魅力大的人对我们的评价会给我们造成更大的影响。

2. 能力

一般来说，人们更喜欢那些能力强的人。但是物极必反，能力太强的人，各方面都很出色的人，会给别人压力感，使别人自惭形秽。所以，人们更喜欢的是那些偶尔会出错的能力强的人，这被称为“出丑效应”。能力强的人出丑，你会觉得他更有魅力，而平庸的人出丑，你会觉得他更差劲。

五、情绪唤醒理论

唤醒原因错误归因：当我们心理被唤醒的时候，有时我们不知道原因是什么，所以我们编造了一个理由，即归因错误。你以为你恋爱了，其实并不是。在一些实验中，即使唤醒原因看起来很明显，但你还是会受其影响。

【扩展阅读】

吊桥实验

1974 年，著名情绪心理学家阿瑟·阿伦在温哥华的卡皮诺拉吊桥上证明了这个爱情制造定律的魔力。阿伦请到一位漂亮的女性作为研究助手。女助手按照阿伦的要求首先来到了这座全长 450 英尺、宽 5 英尺，仅靠 2 条粗麻绳悬挂于卡坡拉诺河河谷上空的吊桥上。她要站在这座与地面相距 230 英尺的悬吊桥中央，在动人心魄的摇摆中，寻找那些没有女性陪同的青年男性来参加实验。

女助手首先给了那些同意参加调查的男性一份很简短的问卷，告诉他们这个实验的主要目的是了解一下他们对问卷上问题的看法，但实际上这是心理学家为了避免有人猜到这个实验的目的所设的烟幕弹。接着，女助手通过与这些男性聊天的方式，让他们为一张照片编个故事。最后，每个参加实验的男性都得到了这位女助手的电话。

然后，同样的实验在另一座横跨一条小溪但坚固而低矮的石桥上再次进行。心理学家想知道的是：这些男性会编出什么样的故事，谁会在实验后给漂亮的女助手打电话？

实验结果显示，走过卡皮诺拉吊桥的男性中大概有一半的人后来给实验的女助手打过电话，而通过那个坚固而低矮的小桥的16位男性中，只有两位给她打过电话。与这组相比，吊桥上的男性依图片所编的故事中，也含有更多情爱的色彩。

研究者利用心理学家沙赫特的情绪二因素理论对实验的结果进行了解释。一般情况下，我们认识到自己发生了哪种情绪会经历两个阶段，首先我们会有自己的生理感受，如体温升高、心跳加速等；接着，我们会对它产生一个认知评价，也就是根据周围的环境，为自己的这个生理感受寻找一个合理的解释。

比如在公交车上，你感觉体温升高、心跳加速，看看窗外，车子一点儿动的意思也没有，你会觉得“我的情绪是烦躁的”。如果当时你没有看窗外而是一低头，发现一个小偷正在拉开你的手提包的链子，你会觉得“真可怕，我好恐惧”。如果幸运的你没有碰到上述两种情况，而是一抬头看到了一位大帅哥，你会觉得“上帝，我的白马王子坐着公交车来找我了！这就是爱情啊”！

面对同样的生理感受，我们体会到烦躁、恐惧和爱慕三种不同的情绪，原因就在于我们依据周围环境所作出的评价和解释不同。生活中，由于同样的生理表现可能会存在着多种不同但合理的解释，我们很难确定自己的生理表现是由哪一种因素造成的。

体温升高、心跳加速同样也是吊桥上那些男性的生理反应，这种生理反应的出现到底是由于对吊桥的恐惧还是对漂亮女助手的意乱情迷，估计他们很难分清。对于吊桥上那些回电话的男性中的一部分人来说，是摇摆的吊桥致使他们心跳过速，而他们却有意无意地将其认为是擦燃了爱情的火花，自己的心开始为一个女人而跳动。

不能否认的是，即使是这样“误擦”出来的火花，一样可以缔造出美丽的爱情。如果你真的倾心于某位异性，不妨约对方去看看恐怖电影、爬爬山……自己动手制造一场由“误擦”产生的爱情。

错误归因还适用于家庭暴力。一位女士曾说，三十年前她和她现在的丈夫谈恋爱的时候，他们经常吵架。有一次，她的丈夫冲她大声吼叫，还用拳头砸她的车窗（没有伤害她），她说，那时候她觉得，他是真的爱她。我们把这些暴力行为错误地归因为爱情：如果他不爱我他就不会这么生气。

六、亲本投资理论

亲本投资理论是与亲属选择理论、互惠利他理论相并列、最具发展潜力的现代进化理论。这里有三种推论：一是投资多的一方，对于配偶的选择更具有选择的余地；二是投资少的一方，性别内的竞争会更为激烈；三是人类物种中女性作为投资多的一方，会更具有挑选性，所选择的是男性某种能力和意愿，而男性之间的竞争更激烈，所选择的是女性的健康和生殖力。

男人好攻击、易躁动。由于女性在亲本投资方面远超过男性，因此女性在性选择方面必然拥有比男性更大的选择余地。两性投资的差异表现在，交配季节中一个雄性可以为多个雌性受精，而一个雌性却只能接受一个雄性的受精。所以雌性的被动和矜持便成为一种性选择模式，雌性的羞涩和被动，恰恰对发现和选择最佳的雄性基因有利。而雄性是否能够实现性的交往，取决于雌性的态度，这就使雄性具有好侵犯、情感易变的特点，在亲权方面也无鉴别力，不知道哪个雌性怀上了自己的孩子。于是，与多个雌性的交配，尽可能广泛地传播自己的基因，便成为雄性在性选择方面的一种补偿方式。

女性谨慎、矜持。女性的优势最重要的是亲权识别，即只有女性能够准确地知道谁是她肚子里孩子的父亲，这是女性的特权。因此，从动物到人类，雌性都要选择那些受精后更愿意与她们待在一起的雄性。女方希望孩子的父亲为这个孩子的抚养付出应有的投资。而在这方面男方则处于绝对劣势之中，他们不知道他所抚养的孩子体内是不是有着他的基因。女方在婚前的选择是谨慎的，她的姿态也是矜持的，这样做是因为她的投资多，她有权力这样做，包括订婚考验以及各种被动的姿态。

因此，男女双方在性选择方面的顾虑是完全不同的。父权的不确定性，使得男性天生存在着疑虑——这孩子是谁的？他在担心会不会养着别人的孩子。男人最根本的担心不是女性的感情出轨，而是担心女人怀上别人的孩子。担心自己是在抚养别人的孩子。男性所作出的最好的策略，就是让孩子用父亲的姓，从形式上脱离父权的不确定性。由于女方不存在父权的不确定性，她明确知道谁是自己的孩子，具有母权的确定性，因此她并不担心男人与谁有肉体关系，关键他是不是对她有真情，真心投入金钱和精力来和她一起养这个孩子。

【扩展阅读】

男女配对实验

男女配对实验出自麻省理工学院著名经济学家丹·艾瑞里的《怪诞行为学 2：非理性的积极力量》。其结果很有趣，在我们的生活中也很常见。

Part 1

实验人员找来 100 位正值青春年华的大学生，男女各半。然后制作了 100 张卡片，卡片上写了从 1 ~ 100 总共 100 个数字。单数的 50 张卡片给男生，双数的 50 张卡片给女生。但他们并不知道卡片上写的是什么数字。工作人员将卡片拆封，然后贴在该大学生的背后。

实验规则：

①男女共 100 人，男生单数编号，女生双数编号。

②编号为 1~100，但他们不知道数字最大的是 100，最小的是 1。

③编号贴在背后，自己只能看见别人的编号。

④大家可以说任何话，但不能把对方的编号告诉对方。

⑤大家去找一个异性配对，两人加起来的数字越大，得到的奖品越高，奖金归他们所有。

⑥配对时间有限。

大家猜猜会怎么样？这个实验设置很简单，就是要男女都能找到适合自己的异性，争取能凑到最大的总和。实验是有奖金的，奖金金额为编号总和翻 10 倍。比如，83 号男生找到了 74 号女生配对，那么两人可以获得（83+74）×10=1 570 美元的奖金。但如果 2 号女生找到了 3 号男生配对，那么两人只能拿到 50 美元。

Part 2

实验开始，由于大家都不知道自己背后的数字，因此首先就是观察别人，分数高的男生和女生很快就被大家找出来了。

例如，99 号男生和 100 号女生。这两人身边围了一大群人，大家都想说服他们和自己配成一对。“来跟我一起嘛！我会给你幸福的！”“我们简直是天作之合啊！”是的，有些人天生就自带“女神”“男神”光环……谁都想和最好的“女神”“男神”配对。但人类的一夫一妻制决定了，人不可能同时和 N 个人配对，因此他们（高分者）变得非常挑剔，他们虽然不知道自己的分数具体是多少，但他们知道一定是比普通人的要高。为什么？看看围在自己身边的“狂蜂浪蝶”就知道了，从这些追求者们殷切的眼神中就能看出来。自小是女神的人为什么被外界看起来更加“高贵冷艳傲慢”，是因为从小到大她们周围都有太多“狂蜂浪蝶”扑过来了。追求者太多，哪有时间去一一好口相向？只能高冷一点把不合格的拒之门外。那些碰壁的追求者迫于无奈只能退而求其次，原本给自己的目标是一定要找 90+ 的人配对，慢慢地发现 80+ 也可以了，甚至 70+ 或者 60+ 也凑合着过了。但那些数字太小的人就很悲惨了，他们到处碰壁，到处被拒，被嫌弃。据一位学生事后表示，在参加了这场游戏之后，他对人生的理解都有了不同……因为他在短短几小时里就感受到了人间的冷暖——他们背后的数字太小了（基本都是个位数），要找一个愿意配对的人简直是难上加难。

最后他们想出来的办法无外乎两条路：一个是大家自己找个差不多的凑合凑合算了，比如 5 号和 6 号两人配成一对，虽然奖金只有 110 美元，那也好过没有。二是和对方商量，如果你愿意和我配对，那么拿到奖金的时候就不是对半分，我愿意给你更多，比如三七分或四六分等，或者事后再请你吃饭，虽然请客吃饭花的钱肯定多过奖金数额，但是找不到人配对实在是太没面子了（这在现实中有如交易婚姻：交易条件包括房子、财产、其他物质等）。

经过了漫长的配对过程，眼看时间就要到了，还有少数人没有成功配对，这些人没辙了，只能草草找人完成任务，因为单身一人的话是拿不到奖金的。

最后的倒数阶段，没有配对的都胡乱找了一个人。当然也有坚持不配对，单身直至游戏结束的大学生。

第五节　大学生恋爱特点与性心理困扰

一、大学生恋爱的心理特点

1. 浪漫色彩浓厚

大学生的恋爱，倾注着爱慕之情，提升着人生看法，很少甚至根本不谈结婚、家庭等具体问题，这是由大学生的客观条件决定的。大学生恋爱的这种浪漫色彩，掩盖了理想和现实之间存在的矛盾。爱情缺乏挫折的磨炼和必要的现实基础，比较脆弱，一旦遇到问题，容易破裂，这也是大学生恋爱成功率较低的重要原因之一。

2. 自主性较强

大学生具有文化层次高、思想开放、易接受新观念、独立意识强等特点。在恋爱问题上，人格突出，具有男女平等的价值观念，不受传统习俗的局限，择偶中大都自己做主，常以自我为中心，设计自己的恋爱模式。在确定恋爱关系前，甚至在确定恋爱关系后，一般都不征求双方父母的意见，这与社会上的同龄人确定恋爱关系前一般要征求双方父母的意见有着明显的不同。

3. 恋爱心理不成熟

目前，大学生恋爱现象较为普遍。然而，大学生特别是低年级学生，往往社会阅历浅、思想单纯，很多学生对自己的人生目标和需要还没有一个很清楚的概念，造成在恋爱问题上的幼稚和不成熟，在恋爱择偶上，往往重外表、轻内在：男生倾向于找漂亮、温柔的女生；女生则倾向于找才华出众，有男子汉风度的男生。在恋爱方式上，往往重形式、轻内容，追求和模仿现代影视文学作品的浪漫，而忽视彼此深刻的相互了解和思想交流。在恋爱行为中，往往重过程、轻结果，重享乐、轻责任，把爱情视为一种消遣，缺乏对自己、对对方、对他人和社会的责任感。

大学生就学期间经济上没有独立，前途未知，无法确定自己的生活方式，不能确定自己的情感及发展趋势。而且大学生的心理尚未完全成熟，思想易冲动，缺乏妥善处理恋爱中情感纠葛的能力，或对恋爱对象的选择漂泊不定，恋爱的成功率很低。

4. 情感随意性较强

现代大学生谈恋爱一扫传统的以含蓄、内在、深沉为美的形式，与之相反的是在公开场合下手拉手、肩并肩，整日形影不离，甚至搂搂抱抱，招摇过市，致使旁人不得不退避三舍。有的同学对婚前性行为持认可和宽容的态度，偷吃禁果。

5. 自控力与耐挫力较弱

一些大学生在热恋中往往不善于控制自己的情感，感情随意放纵，缺乏理智的驾驭能力。特别是女大学生对恋爱对象过分依赖，稍有波折就痛苦万分，一旦恋爱受挫，就会情绪失控，无法自拔，对学习、生活造成严重影响。

二、大学生恋爱中常见的误区

1. 好感与爱情

好感与爱情是大学生在异性交往中经常遇到又难以区分的两种感情，青年人在性发育成熟以后，便开始被异性吸引，对异性产生好感。好感与爱情确实有相同之处，会给人以肯定、愉悦、积极以致兴奋的感受，而且异性之间的好感也有可能转变为爱情，但是好感并不是爱情，异性之间的好感也并非都会转化为爱情，两者之间有着质的不同。

2. 虚荣与爱情

虚荣心是有些人试图通过追求名誉、荣耀等表面的光彩，来满足自己的自尊心。虚荣心之所以存在，是因为人们在某些时候对自尊的需要得不到满足，只能用一些外在的荣耀去代替，所以说虚荣心是每个人都有的心理现象，只不过每个人表现的方式和程度不同。在某种程度上，虚荣心可以起到保护自己自尊的功能，但虚荣心太重则是有害无利的。在现实生活中，有的人通过穿着华丽来满足虚荣心，有的人用一掷千金的爽快来满足虚荣心，也有的人用彬彬有礼、努力塑造出来的风度翩翩来满足虚荣心，还有的人通过自己找一个漂亮的或有钱有地位的恋人或配偶来满足虚荣心。

在大学生选择恋人的过程中，都会不同程度带有虚荣的因素，但随着思想和心理的成熟，大部分同学都会放弃虚假的、表面的一些条件。当然，建立在虚荣心满足的基础之上的爱情也是不牢固的和虚伪的。

3. 友谊与爱情

友谊是同学、同事、朋友之间在相互了解和信任的基础之上，形成的一种亲密、平等、真挚友好的情谊关系，而爱情却是在性吸引和性满足的欲望的基础之上的一种情感。作为友谊，无论是在异性还是在同性之间，不管两人的关系发展到多么亲密的程度，彼此之间也不会有相互拥有对方身体的愿望，当然也就没有要求对方满足自己性欲的需要。

在今天的大学校园中，男女同学融洽和谐地相处，学习上互相关心和帮助已经成为极其平常的事。但是，随着新型人际关系的建立，对友谊和爱情界限的把握又给大学生带来了新的困扰。不少同学在与异性交往的过程中把握不住感情的分寸，本来出于交友的美好愿望，却在有意无意之间使感情深化了，超出了友谊的范围。

友谊作为爱情的基础，具有发展成爱情的可能性，但是友谊和爱情毕竟是两种不同的感情，在更多的情况下，异性间的友谊只表现为纯真无邪的朋友关系，并不必然引发出爱情。如果把这种不具备转化可能的友谊糊里糊涂地发展为爱情，那么，悲剧的产生则是不可避免的。即使是可以发展为爱情的友谊，也并不代表二者之间可以画等号，它需具备一定的条件，把握适当的时机，不能凭一时的感情冲动，急于求成。

4. 寂寞与爱情

寂寞感是大学生活的一种特殊心理现象，不少大学生都有过孤独、寂寞、苦闷的情绪体验。产生寂寞心理的原因有很多：首先，大学生在年龄上虽然已度过了心理反抗期，但由此形成的与父母、老师等成人之间的心理距离依然存在，这种心理隔膜使他们在思想、情感上进行交流的愿望只能转向同龄人。其次，大学生正处于自我意识形成时期，对他人、对自己的态度和评价十分敏感。尽管情感上迫切需要抚慰，渴望理解，期望有人能分担自己的烦恼，但为了避免自尊受到他人伤害，而不愿轻易对别人敞开心扉，形成相互之间的闭锁心理。最后，不少人进入大学以后，失去了明确的学习目标，缺乏学习的动力，感到学习和生活枯燥乏味，精神空虚，于是借恋爱消磨时光，以此来丰富自己的生活。实际上，这并非真正的爱情，真正的爱情具有感情和理智的双重性。从感情上来看，彼此从好感到爱慕；从理智上来看，对恋爱结果有着清醒的认识和强烈的渴求。而这种寂寞的恋爱只是为了摆脱心理上的孤独和寂寞，谁同情我、谁理解我，谁就是我的恋人。恋爱必须建立在真诚相爱的基础上，如果仅是为了填补心灵的空虚，把爱情当成毫无感情的人生游戏，则是对爱情的亵渎，是感情上的低级趣味，是极不可取的。

5. 价值观与爱情

当今社会，商品经济日渐发达，一些人将爱情作为一种商品和筹码，试图用爱情交换更多的物质享受和精神享受，爱情价值观受到严峻的考验。有少数学生为了金钱、名誉、地位和享受，以恋爱作为交易。例如，为了毕业时能去一个理想的工作单位，为了获得物质的满足，为了考研究生或出国，为了留在大城市等，往往通过恋爱搭桥攀关系。有的人为了达到个人目的，甚至可以抛弃原来的恋人另觅新欢，这不仅不符合社会的主流价值观和伦理道德，也为日后的婚姻埋下了隐患。

三、恋爱与性心理困扰

恋爱是培植爱情的过程，爱情作为人类美好的情感被大学生向往和体验，但是恋爱也会给大学生带来这样或那样的心理问题，如果处理不好，会给他们造成很大困扰并影响学习和生活，甚至影响身心健康。

1. 恋爱困扰

（1）单恋与爱情错觉

单恋与爱情错觉是大学生恋爱中常见的心理挫折之一，单恋指异性关系中的一方倾心于另一方，却得不到对方的回应。例如，有些人在生活中被自己所爱慕的异性打动，产生难以抑制的爱情之火，却苦于没有机会表达，苦苦忍受情感的煎熬而无法自拔，还有的人虽然向对方表示了自己的爱慕之心，但被婉言拒绝，面对现实却无法解脱，仍执着地爱慕着对方。

单恋者往往误认为别人爱上自己或明知别人不爱自己，却深深爱着对方，这种爱的情感越深，它所带来的情感折磨就越痛苦。有的大学生一旦爱上某个人，就不管对方是否接受而苦苦追求，完全不顾他人的感受和反应，甚至可以丧失自尊，不顾人格去表达自己的爱，干扰对方的学习和工作。有的还会走向极端，作出伤害他人的蠢事。单恋是一种具有臆想性的恋爱情结和幼稚的行为方式，会令人沉浸在幻想的情爱中不能自拔。

爱情错觉是指在与异性的接触中，一方错误地认为对方对自己有好感，或者把双方正常的交往和友谊误认为是爱情的来临，产生所谓的“爱情错觉”。其实爱情错觉是单恋的另一种形式，它常常会使当事人想入非非、自作多情，有时还会作出荒唐可笑之事。由于爱情错觉的梦幻终究要被生活的现实打碎，最终不免陷入单恋的痛苦之中。

爱情是以互爱为前提的，倘若仅是一厢情愿，而没有得到对方同等的回报，这种单方面的挚情不能称为爱情。可见，单恋与爱情错觉只是一种虚幻的爱情，它们都是恋爱心理的一种认知和情感的失误，往往会导致当事人产生强烈的内心冲突，使人情绪低落、学习效率下降。要相信，爱上一个不爱自己的人永远不会有幸福可言，如果真的爱对方，就应该尊重对方的选择。

（2）恋爱中的感情纠葛

感情纠葛是指恋爱过程中因某些主客观原因引起的，欲爱不能、欲罢不忍的强烈的内心矛盾和感情冲突。常见的情况有两种：一是相爱双方之间持久的分分合合的纠葛冲突，即两人之间存在一定的感情基础，但又在一些重要的问题上不能达成共识，导致分手舍不得，在一起却总有矛盾的尴尬局面；二是某些同学在寻求爱情的过程中进入了三角恋的漩涡，可能是同时喜欢上了两个人，也可能是同时被两个人所追求，还可能是正在与另一个竞争对手进行着持久战。三角恋情或多角恋爱是一个爱情的怪圈，一旦深陷其中便难以脱身，使人烦恼、痛苦，它会使当事人形成多种形式的冲突并带来许多心理上的问题。因此，一旦在无意之间陷入多角恋爱，应当机立断，终止与其中一方的交往，以免造成对他人和自己的更大伤害。在恋爱过程中，无论是哪种感情纠葛，都会导致当事人情绪受到严重的冲击和干扰，进而影响正常的学习和生活。

（3）失恋

现实生活中，恋爱的成功和失败是相伴的，无论最后的结果是缔结姻缘还是终止恋爱都很正常，也无可非议。但对有的同学来说，失恋是一种永远的痛，会造成剧烈的心理创伤，使自己长期处于极其强烈的自卑、忧郁、焦虑、悲愤甚至绝望的消极情绪之中，甚至失去生活的信心和勇气。失恋是人生中比较严重的心理挫折之一。个别大学生由于失恋而造成各种心理障碍，或者从此怀疑和不信任任何人，把自己的感情之门永远封闭起来，变得郁郁寡欢；或者看破红尘，自暴自弃，从此消沉下去；或者反目成仇，图谋报复，损人害己。

随着大学校园中恋爱人数的增多，感受失恋痛苦的人数也在增多。失恋是痛苦的，无论意志多么坚强的人，只要真诚地爱过，都不可能面对爱的挫折而无动于衷。问题的关键在于要保持清醒的头脑，敢于正视现实，迎接不幸，积极主动地从失恋的痛苦中摆脱出来。应该认识到，恋爱是甜蜜的，失恋是痛苦的，但失恋也是人生的课堂，可以加深大学生对人生和爱情的理解。意志薄弱的人会一蹶不振，而生活的强者会更加奋发努力，开拓新的人生。

2. 性心理困扰

当代大学生因为性的成熟，面临着许多性心理问题。总的说来，大学生性心理发展是正常的、健康的。然而，由于社会传统性观念以及社会性心理氛围的影响，又因为青年性生理成熟的提前和性心理成熟滞后这一矛盾冲突，以及目前的性教育远远跟不上大学生身心发展的需要，使得大学生在性心理发展过程中出现许多问题，由此引起诸多的性困扰和适应不良等。主要表现在以下几个方面：

（1）性认知方面的偏差

由于受到我国几千年封建社会性愚昧和谈性色变的保守观念的影响，又未受到系统、正规的性科学教育，不少大学生对性持有不正确的认知，把性看成是低级下流的、肮脏的、难以启齿的、污秽的、见不得人的东西。这种性认知往往导致性情感、性态度的过敏、矛盾和冲突，进而影响大学生的自我评价。表现为焦虑、烦躁、厌恶以及内心不安、恐惧、自责等。少部分性困扰严重的同学，出现失眠、注意力不集中、情绪抑郁、不愿与同学（尤其是异性）交往，并常常陷入焦虑、困惑和苦闷之中，从而影响其学习、社会活动等，甚至影响到身心的正常发展。这种性认知、性情感、性态度的偏差，既是一种不健康的性心理表现，也是引起一系列性心理障碍的重要因素。

有少数大学生过于强调性的生物性，信奉西方的性自由，把性解放视为终极的人性，从而在行为上随便、放纵，甚至不择手段获取性满足，这同样是一种性适应不良。性是人的一种本能，是人性的表现。大学生一方面应该学习、掌握性知识，具有与年龄和文化程度相吻合的性知识水平和性行为方式；另一方面也要认识性的社会属性。人的性观念、性行为应符合社会道德和社会规范，性是自然属性和社会属性的统一体，性禁忌和性放纵都是有害于身心健康、有悖于人性的。

（2）性意识的困扰

在青年期，常见的性意识活动有性冲动、性幻想和性梦。所谓性冲动是指在遇到有吸引力的异性时，想到与性有关的意念并体验到性兴奋；性幻想表现为在某种因素诱导下，产生一系列与性有关的联想；性梦是指在梦中出现与性有关的梦境。由于大学生正处于青春后期，性意识活动具有普遍性，这符合性生理和性心理发展的自然规律。对于上述性意识活动，许多同学能泰然处之，对自己的心理行为没有造成不良影响，能较好地维持心理平衡。但是，在一部分大学生中，容易产生性意识的困扰，对其正常的学习和生活产生不良的影响，使其陷入深深的痛苦之中。大学生常常处于这样的深刻矛盾中：一方面是性的自然欲求，对异性的美好向往；另一方面又是对性的否定、批判和压抑，这种矛盾使大学生既躁动不安，又迷惑不解、痛苦不堪。

（3）手淫的心理困扰

手淫是指用手刺激性器官以引起性快感的行为。以往对手淫视为不健康的恶劣行径，现在一般较为接受。近年来，随着性知识的普及，大学生对手淫的认识日益科学化，但仍存在一些认识上的误区，仍有少数大学生认为手淫是有害的、不道德的，甚至是罪恶的。

手淫引起的心理困扰主要有以下表现。

①手淫有害。虽然从理论上知道手淫是一种自慰行为，对身体无害，但在观念上仍然认为有害。在这种错误观念的影响下，一些大学生往往把身体任何部位出现的大大小小的问题都与手淫联系起来，如偶尔的失眠、腰酸腿痛等疲劳感，自己容貌体态的细微变化，某种偶然发生的小病等，都认为是手淫造成的，并用自己的主观体验去努力证明“手淫有害”。由于整日思虑这些问题，将注意力倾注于自身生理上的细微感觉，因此背上沉重的心理包袱，有的还产生了疑病性神经症。其实手淫是年轻人很普遍的一种自慰性性行为，它不仅没有那么多可怕的后果，而且还存在一种自然的、生理的调节机制。手淫的危害不在于手淫本身，而在于对手淫的担忧、恐惧羞愧和罪恶感，手淫有害的思想使手淫的大学生容易悔恨、焦虑、自责。

②消极的自我评价。由于在观念上仍将手淫视为恶习，是见不得人的，所以认为自己没出息、意志薄弱，与大学生身份不符，因而引起罪恶感、自卑感。这种消极的自我评价，阻碍了有这类问题的大学生与他人的交往，影响了当事人专心学习及自我表现，进而采取自我压抑的处世态度。

③无休止的联想乃至强迫性倾向。手淫方面存在困扰的大学生，大都想戒除手淫，但手淫所带来的生理快感又使得它实际上很难戒掉，反倒可能变本加厉。于是，要不要戒除手淫？继续手淫对今后前途影响如何？对将来恋爱婚姻乃至夫妻生活有无妨碍？如此等等的问题，无休无止的联想，反反复复地纠缠，占据了这部分大学生的思考中心。而担心、抑郁、忧心忡忡，也就成了其主导情绪。不仅如此，长时间地处在对手淫的控制与反控制的心理冲突下，还很容易引发强迫性的观念和行为。

摆脱手淫困扰，重在心理疏导，绝非行为控制。消除手淫行为带来的心理困扰，可采取以下措施。

①改变认知。国内外大量研究表明，手淫是性宣泄的一种方式，在生理上是无害的，不会对身体造成伤害。而手淫的危害主要是对手淫行为的过分担忧引起的心理困扰。所以，必须正确认识手淫，改变错误的认知，消除过分担忧，才能减轻手淫的危害。

②调整行为。改变不健康的和不科学的生活方式，充实生活内容，专注于学习，培养强烈的事业心，树立远大的理想，追求高层次的心理需要。加强人际交往包括与异性的交往，发展广泛的兴趣爱好，树立新的生活目标，可以大大缓解对手淫问题本身的关注，因手淫而引起的种种烦恼渐渐地也就烟消云散了。

③平时不穿紧身内裤，在睡前不看或少看与性有关的书刊和影视节目，避免形成性兴奋，产生新的手淫欲望。

④积极参加健康的文体活动，使身体积蓄的能量得到有效且有益的释放，合理安排作息时间，养成锻炼身体的好习惯。

（4）性伤害的心理困扰

性伤害是指由性行为给受害者心理上造成严重伤害性体验的现象。这类性行为本身可以是侵犯性的、违法的，也可以是非侵犯性的，但都会给当事人造成即刻或延迟的、长期的消极退缩，担惊受怕，人际回避，自尊心严重受损等心理反应。

受性伤害者以女性较为多见。近年来，女大学生遭受性伤害的案件呈上升趋势，此类案件严重摧残了女大学生的身心健康，威胁着女大学生的生命安全，严重干扰了校园的正常秩序。

少数大学生在受到性伤害之后，原本开朗的性格变得内向、抑郁，精神受到恶性刺激，性格被扭曲，对社会、对人生产生了不良的认知和理解，以致不能安心学习，不能正确地去面对今后的生活。个别大学生在受到性伤害后，产生了极强的报复心理，变得自暴自弃，放弃原有的理想和追求，有的甚至发展成为道德沦丧的人，成为社会的罪人。还有的大学生受到性伤害后，出于种种原因没有报案，心理压力又很大，长期的压抑得不到宣泄，造成精神失常，甚至导致自杀。

3. 心理调适

性伤害的心理调适，不仅要抚平性伤害的心理创伤，而且要鼓起生活的勇气，像其他同龄人一样，迎接美好的明天。一般来说，应着重解决好以下几个方面的问题。

（1）吸取教训，告别过去

一个人受到性伤害后，不应该淹没在个人的痛苦回忆和怨恨之中，而应该从不幸的经历中吸取教训，学会更好地保护自己。这种教训的代价也许太沉重了，但人生的道路就是这样，不全是光明，难免有黑暗，若能懂得生活的这种哲理，会使自己变得理智起来，辩证地看待自己的遭遇，改变自己的消极心境。同时，要有勇气给那黑暗、不幸的一页画上句号。有的人永远不能使伤口愈合，自己在痛苦中倒下；而有的人却能尽快愈合伤口，重新站立起来。作为一名大学生，应该做坚强的后者。

（2）鼓起勇气，面对现实

受过性伤害的大学生，在一定程度上受旧观念的影响，会感到自己罪恶深重，低人一等，自卑心理严重，丧失生活的勇气，回避现实生活。这实际上是陈旧的封建思想带来的精神枷锁。性伤害是一件灾难性事件，并不是自己的过错，而自己是一个受害者，所以不应该对自己雪上加霜。应该摆脱封建思想的束缚，消除心理上的压力，克服自卑心理，鼓起生活的勇气，以积极的态度投入现实生活之中。通过人际交往，打开封闭的心理，拓宽生活空间，尤其可通过交往异性朋友，消除对异性的偏见和顾虑，恢复正常的心态。积极参加各种健康的活动，培养广泛的兴趣，丰富生活内容，体验生活的乐趣。

（3）肯定自我，迎接未来

遭受性伤害当然不是一件好事，是人生的缺陷和不完美。但这并不意味着一个人的未来没有希望，没有前途。关键要肯定自我，自强不息，不要嫌弃自己，更不要否定自己。大学为自我完善提供了良好条件，社会为自我发展提供了众多机会。作为一个遭受过创伤、经受过磨难的大学生，更应发愤图强，改变不幸的命运，不要让过去的不幸影响自己的一生。树立明确的生活目标，刻苦学习，立志成才，创造自己美好的未来，实现自己的人生价值。

（4）积极主动寻求帮助

在性伤害过程中，如果涉及法律问题，大学生应该勇敢地拿起法律的武器保护自己，为自己讨回公道。同时，伴随着性伤害，还可能会带来一系列的现实问题，如意外怀孕或其他身体上的伤害等。面对这种情况，要学会并敢于求助自己的亲人、师长，请他们指导并帮助解决问题，必要时，求助医学以及心理学的专业帮助，尽可能把伤害降到最低程度。

四、爱的能力

爱的能力是指和他人建立亲密关系的能力，它对人的一生发展有着重要的意义。具有爱的能力会引导一个人去真正地爱他人，也真正地爱自己，能真正体验到爱给人带来的快乐和幸福。

美国著名的精神分析学家弗洛姆在《爱的艺术》一书中指出，爱是一种能力，也是一种艺术。现实中，人们“祈求爱、渴望爱”，然而愿意学习爱的人却为数寥寥；人们“几乎把所有别的东西都置于爱之上。成功、名誉、金钱、权势——我们把所有的精力都耗费在学会如何实现这些目标……”，他提出，要掌握爱的艺术，一是要掌握理论，二是学会实践，三是赋予爱以最大的关切。

【心理测试】

大学生恋爱观自测表

判断自己的恋爱观是否正确？什么样的爱情观才是正确的？

每一个问题的下面，都有四种不同的选择，请你选出符合自己想法的选项（每题只选一个）。

1. 你想象中的爱情是（　）。

a. 具有令人神往的浪漫色彩　　b. 能满足自己的情欲
c. 使人振奋向上　　d. 没想过

2. 你希望同你恋人的结识是这样开始的（　）。

a. 在工作和学习中逐渐产生爱情　　b. 青梅竹马
c. 一见钟情也未尝不可　　d. 随便

3. 你对未来妻子的主要要求是（　）。

a. 别人都称赞她的美貌　　b. 善于理家
c. 顺从你的意见　　d. 能在多方面帮助自己

4. 你对未来丈夫的主要要求是（　）。

a. 有钱或有地位　　b. 为人正直，有事业心
c. 不嗜烟酒，体贴自己　　d. 英俊有风度

5. 你认为完美的结合应是（　）。

a. 门当户对　　b. 郎才女貌
c. 心心相印　　d. 情趣相投

6. 你认为巩固爱情的最好途径是（　）。

a. 满足对方物质要求　　b. 柔情蜜意
c. 对爱人言听计从　　d. 完美自己

7. 在下列格言中，你最喜欢的是（　）。

a. 生命诚可贵，爱情价更高
b. 爱情的意义在于帮助对方，同时也提高自己
c. 有福同享，有难同当
d. 为了爱，我什么都愿干

8. 你希望恋人同你在兴趣爱好上（　）。

a. 完全一致　　b. 虽不一致，但能互相照应
c. 服从自己的兴趣　　d. 互不干涉

9. 当你发现恋人的缺点时，你的态度是（　）。

a. 无所谓　　b. 嫌弃对方
c. 内心十分痛苦　　d. 帮对方改进

10. 你对恋爱中的曲折怎么看？（　）

a. 最好不要出现　　b. 自认倒霉

c. 想办法分手　　d. 把它作为对爱情的考验

11. 你对家庭的向往是（　）。

a. 能同爱人天天在一起　　b. 人生归宿

c. 能享天伦之乐　　d. 激励对生活的新追求

12. 自己有一位异性朋友时，你将（　）。

a. 告诉恋人，在其同意下继续交往　　b. 让恋人知道，但不准干涉

c. 不告诉　　d. 告诉与否看恋人的气量而定

13. 另一位异性比恋人条件更好，且对自己有好感时（　）。

a. 讨好对方，想方设法接近　　b. 保持友谊，说明情况

c. 持冷淡态度　　d. 听之任之

14. 当你迟迟找不到理想的恋人时（　）。

a. 反省自己的择偶标准是否实际　　b. 一如既往

c. 心灰意冷，甚至绝望　　d. 随便找一个

15. 当你所爱的人不爱你时（　）。

a. 愉快地同对方分手　　b. 毁坏对方名誉

c. 千方百计缠住对方　　d. 不知所措

16. 你的恋人以不道德的理由变心时，你会（　）。

a. 报复　　b. 散布对方的缺点

c. 只当自己没看准　　d. 吸取教训

17. 当发现恋人另有所爱时（　）。

a. 更加热烈地求爱　　b. 想方设法拆散他们

c. 若他们尚未确定关系就竞争　　d. 主动退出

【恋爱观测试结果统计与解释】

题　号	a	b	c	d
1	2	1	3	0
2	3	2	1	1
3	1	2	1	3
4	0	3	2	1
5	1	1	3	2
6	1	0	2	3
7	2	3	2	1
8	1	2	0	3

续表

题　号	a	b	c	d
9	1	0	2	3
10	1	2	0	3
11	2	1	1	3
12	3	2	1	1
13	0	3	2	1
14	3	1	0	1
15	3	0	1	1
16	0	1	2	3
17	1	0	3	2

将各题答案所对应分值相加，总分在 46 分以上，说明恋爱观正确；42 ~ 46 分，基本正确；42 分以下，说明恋爱观需要调整。

【课堂讨论】

爱情论坛

（一）活动目的

让学生在活动中认识自己选择恋人的标准，自己能给予恋人并希望恋人能给予自己什么？不断提高自己爱的能力。

（二）活动方案

1. 爱情大渲染

4 ~ 6 名学生组成一个小组，发挥大家的聪明才智，用比喻的方式描述爱情。描写得越多越好，最后在全班中选出最有创意的小组（以所写出的比喻句的数量为主要衡量标准，兼顾句子的质量）。

2. 认识自己寻找爱人的标准

对于每一个走向成熟的人来说，爱情都会成为他生命中的重要课题。就大学生而言，无论你已经拥有了爱情，或是即将拥抱爱情，都需要对自己所选择爱人的条件进行认识。下面，请你用形容词、词组或句子的形式写出自己选择恋人的五条标准。

第一条：________________________________

第二条：________________________________

第三条：________________________________

第四条：________________________________

第五条：____________________

3. 两性对比猜猜看

（1）请 4 ~ 6 名同性别的同学组成若干个小组（即男女生分开），将小组同学的意见和说法综合起来，完成下面的填空。

我能够给予恋人：

①____________________

②____________________

③____________________

④____________________

⑤____________________

我希望从恋人那里获得：

①____________________

②____________________

③____________________

④____________________

⑤____________________

（2）待各小组全部写完之后，各组同学一起猜想另一半同学的答案（即男生小组猜想女生小组所写的内容，女生小组猜想男生小组所写的内容），并按照上面的格式记录下来。

（3）男女生小组在全班范围内轮流报告小组的答案，大家看看自己猜想的另一半和他们实际答案的吻合程度。

4. 挖掘爱的源泉

爱是需要学习的，爱也是可以发现的。你周围的异性同学当然不可能都成为你的恋人，但在他们身上一定可以找到许多可爱的地方。现在请你找出和你最熟悉的三名异性同学，并在他们每人身上至少找到三项可爱之处，并把内容写在下面。

（1）__________ 是我的 __________（同学、朋友……），他 / 她的可爱之处有：

①____________________

②____________________

③____________________

（2）__________ 是我的 __________（同学、朋友……），他 / 她的可爱之处有：

①____________________

②____________________

③____________________

（3）________ 是我的 ________（同学、朋友……），他 / 她的可爱之处有：

①____

②____

③____

5. 组装自己爱的能力

爱的能力是一种综合素质的融合，是在爱的过程中一系列能力的组合。具体来讲，爱的能力至少包括以下几个方面，请你发挥自己的想象力，用五句话填满这些空栏。当然，如果你能写出更多内容就更好了。

（1）爱的能力包括 ________________________________ 的能力。

（2）爱的能力包括 ________________________________ 的能力。

（3）爱的能力包括 ________________________________ 的能力。

（4）爱的能力包括 ________________________________ 的能力。

（5）爱的能力包括 ________________________________ 的能力。

思考题 ?

1. 大学生的恋爱有何特点?
2. 生活中恩爱的夫妻往往有夫妻相，请你运用所学知识进行分析。
3. 为什么有人说“男人不坏，女人不爱”？
4. 结合亲本投资理论，谈谈你对“一夫多妻制、一妻多夫制、一夫一妻制”的理解。
5. 健康成熟的爱包含哪些爱的能力?

第六章

大学生常见心理问题与疏导

让生活失去色彩的不是伤痛，而是内心世界的困惑；
让脸上失去笑容的不是磨难，而是禁闭心灵的缄默。
没有谁的心灵永远一尘不染。

第一节　心理卫生基本概述

【导入】

活动：什么是心理健康？

世界卫生组织1947年给健康下的定义是："健康是身体、心理和社会方面的完善状态，而不仅仅是没有疾病和虚弱现象。"请同学们每人写出五条心理健康的表现。

一、心理健康标准

1. 心理疾病的定义

心理疾病，有的心理学家称之为心理障碍或精神障碍。对其概念的界定是一件非常棘手的工作：一是各种心理障碍并没有一个共同的致病因素；二是很难找到判定心理异常所必需的标准；三是正常与异常行为之间并不存在一个明显的界限。因此，尽管许多心理学家都曾努力尝试给心理障碍下一个完善的定义，但均不成功。

在普通医学中，对疾病的定义有三种：一是把疾病定义为失去健康，如世界卫生组织把健康定义为一种完好的躯体、心理和社会状态，不仅仅是没有疾病。把疾病定义为失去健康，又把健康定义为无病，并没有解决问题的实质。二是把疾病定义为感受到了痛苦。此定义有一定的实际意义，但并不能包罗所有的疾病现象。例如，尽管别人认为躁狂症是一种病态，但患者本人不仅没有痛苦，而且高兴异常；某些疾病的早期（如早期糖尿病），患者并无病感，但实际上已处于疾病状态。三是把疾病定义为病理或病理性变化。

《心理学与生活》认为，对心理障碍最好的理解是：它是一个从心理健康到心理疾病的连续体。因为正常与异常之间的界限是相对的，而不是绝对的，所以把心理障碍看作一个连续体是合适的。连续体的一端定义为最佳心理健康的行为，另一端则定义为最差心理健康的行为，在中间逐渐增加的是适应不良的行为。

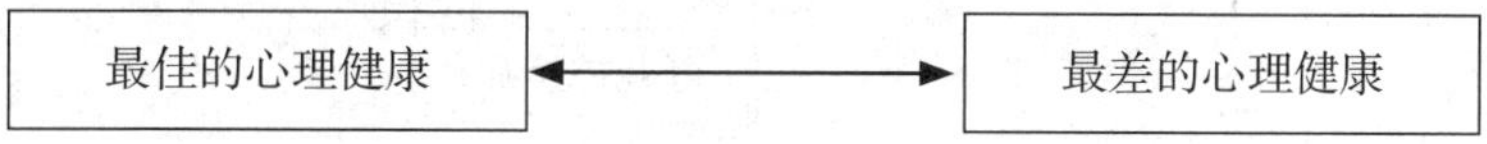

个体的、小组的和环境的因素协同，保证：主观的幸福感；心智能力的最佳开发和运用；实现合乎理想的标准；基本的平等状态。

个体的、小组的和环境的因素冲突，导致：主观的痛苦感；心智能力的缺损或发育不良；不能达到目标；破坏性的行为；不平等的建立。

综上所述，对心理疾病的定义如下：心理疾病是指人的感知、注意、记忆、思维、言语等心理过程发生了病理性的变化，从而导致其行为和人格显著偏离正常人群，无法有效地按适宜的社会行为方式活动，表现出思想困惑、情绪失调、人际不适及情绪上的依赖、强迫、回避等问题，进而感到内心异常痛苦的一系列心理障碍。心理疾病的心理学内涵是指自觉有心理痛苦并主动求治，其社会学内涵是指个体存在人际交往能力、社会适应能力或工作学习能力上的障碍，其生物学内涵是指个体脑功能偏离正常或发生病理性变化。

2. 心理健康的标准

关于心理健康，医学和心理学对此都没有标准答案，只有相对标准。衡量心理健康的相对标准如下：

①统计学标准：个体的心理健康水平分数统计学上处于中间大多数范围，不处于异常范围。

②症状学标准：个体不具有心理疾病的异常表现。

③社会适应性标准：个体的心理活动和行为能够被所在的社会文化所接受。

心理健康与不健康还有第二大区别，就是病与非病三原则：

①主客观世界统一：意思是桌子上有个苹果，你看到的是苹果，大家看到的都是苹果。

②内外协调一致：心里悲伤，就哭丧着脸；心里开心，就满脸桃花开。

③人格相对稳定：今天是沉默忧郁的，明天依然如此，接下来的几十年可能都是这样，变化不大。

如果这三条有所违背的话，就属于不正常心理，这时候需要的不是心理咨询师，而是精神科医生根据症状进行诊断和治疗，接下来再辅以心理治疗。

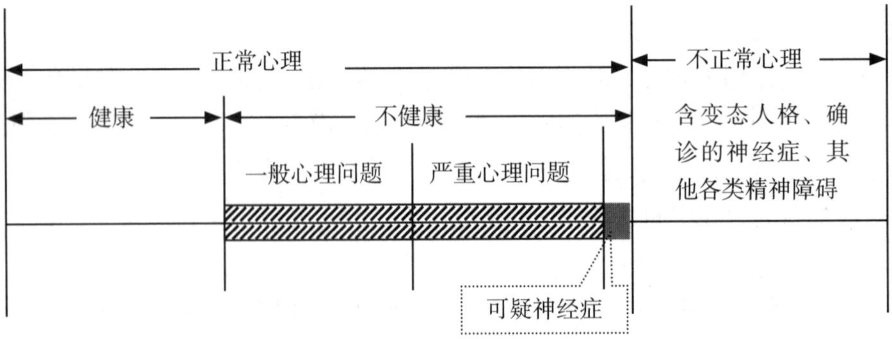

3. 常见心理健康的错误观念

①整天开心就是心理健康。心情愉悦是身心状态良好的表现，但是应该是与情境相适宜的开心，应该是能开心的时候有能力开心，该悲伤的时候有能力悲伤，还有能力从

悲伤里走出来。比如亲爹去世，有的人完全感觉不到悲伤情绪，还有的人一哭哭一年，茶饭不思无法工作，这两种都是不健康的表现形式。

②人际关系好就是心理健康。健康的人不光要擅长建立关系，还要有憎恶他人、表达愤怒的能力。例如，小王同学的老师当着全班同学抽小王一顿大嘴巴子，到了教师节小王就是不给这个老师贺卡。更重要的是，小王还不会因此而担心或愧疚。

③道德感强就是心理健康。道德感和本能欲望是一对相互制衡的能力。道德感强的人，往往对自己要求高，换句话说“不满意于现在的自己”，适当的道德感能规范人的行为，让人能更好地适应社会，过强的道德感会降低人的幸福感。

只看抽象的标准可能还是难以理解心理健康的定义，关于心理健康衡量的操作性标准，可以看看许又新教授关于神经症的评分标准，神经症就属于正常心理与非正常心理之间的过渡区间。具体见下表：

<table>
<tr><td rowspan="2">心理冲突</td><td>常形特点</td><td colspan="3">1. 心理冲突与现实处境直接相关，涉及大家公认的重要生活事件；
2. 心理冲突带有明显的道德性质，无论持什么道德观点，总可将冲突的一方视为道德的，而另一方视为不道德的</td></tr>
<tr><td>变形特点</td><td colspan="3">1. 心理冲突与现实处境没有什么关系，或者它涉及的是生活中的鸡毛蒜皮，一般人认为简直不值得为它操心，让人难以理解，很容易解决的问题为什么解决不了；
2. 心理冲突不带明显的道德色彩；
3. 心理冲突的变形是神经症性的，要注意的是一旦出现头痛、失眠、记忆差或内脏功能障碍，原来不明显的心理冲突便会尖锐化，也很容易出现变形，如明显的疑病症状</td></tr>
<tr><td rowspan="4">评分标准</td><td>分值</td><td>1 分</td><td>2 分</td><td>3 分</td></tr>
<tr><td>病程</td><td>不到 3 个月为短程</td><td>3 个月到 1 年为中程</td><td>1 年以上为长程</td></tr>
<tr><td>精神痛苦程度</td><td>轻度者病人自己可以主动摆脱</td><td>中度者病人自己摆脱不了，须靠别人的帮助或处境的改变才能摆脱</td><td>重度病人几乎完全无法摆脱</td></tr>
<tr><td>社会功能</td><td>能照常工作学习或者工作学习以及人际交往只有轻微妨碍</td><td>中度社会功能受损害者，工作学习或人际交往效率显著下降，不得不减轻工作或改变工作，或只能部分工作，或某些社交场合不得不尽量避免</td><td>重度社会功能受损害者，完全不能工作学习，不得不休病假或退学，或某些必要的社会交往完全回避</td></tr>
</table>

续表

分数解释	1. 如果总分为3分，可以认为还不够诊断为神经症； 2. 如果总分为4～5分，则为可疑病例，需进一步观察确诊； 3. 如果总分不低于6分，神经症的诊断是可以成立的； 4. 需要说明的是，对精神痛苦和社会功能的评定，至少要考虑近3个月的情况才行，评定涉及的时间太短是不可靠的	症状学标准	强迫症状、焦虑症状、恐怖症状
		病程标准	3个月，一个例外是，惊恐障碍标准为1个月
		严重程度标准	主观方面：痛苦情绪，内心痛苦； 客观方面：社会功能，无法上班、上学，无法工作、学习、生活
		排除标准	一是排除器质性精神障碍； 二是排除严重精神障碍； 三是排除精神活性物质所致的精神障碍

【扩展阅读】

心理健康的外部表征

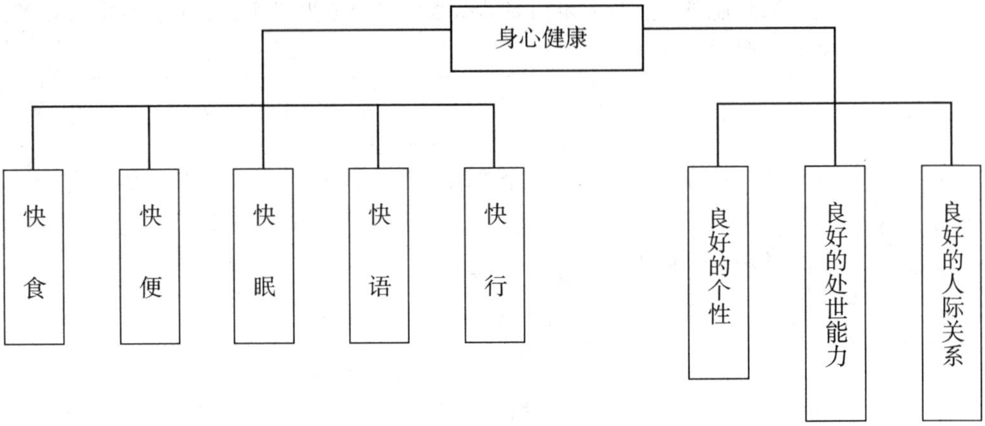

（1）“五快”

①吃得快：进餐时，有良好的食欲，不挑剔食物，并能很快吃完一顿饭。

②便得快：一旦感觉有便意，能很快排泄完大、小便，而且感觉良好。

③睡得快：有睡意，上床后能很快入睡，且睡得好，醒后头脑清醒，精神饱满。

④走得快：行步自如，步履轻盈。

⑤说得快：思维敏捷，口齿伶俐。

（2）“三良好”

①良好的个性人格：情绪稳定，性格温和，意志坚强，感情丰富，胸怀坦荡，豁达乐观。

②良好的处世能力：观察问题客观、现实，具有较好的自控能力，能适应复杂的社会环境。

③良好的人际关系：助人为乐，与人为善，对人际关系充满热情。

二、心理问题成因

经过上述标准的检验，可以判定一个人有一定程度的心理疾病，那么疾病形成的原因是什么呢？

关于心理问题的成因有如下三种分类。

1. 硬件原因为主的心病

在精神病这个领域里面，有几种病，尤其是常见的那几种重性病，都是硬件部分有问题。注意，说它的硬件部分有问题，但并不是说它的软件就一定是好的。

硬件精神病，一个是精神分裂症。在一个关于中国人对精神疾病的认识的研究中对全国八个省市取样调查，结果发现，在六种精神障碍中，中国人对精神分裂症的认识最正确。另一个是心境障碍，就是平常说的躁狂症和抑郁症。这几种心病在医学界是公认的有生物学原因的。

2. 软件原因为主的心病

什么是软件原因呢？打个比方，就是我们出厂时原装的程序（操作系统）装入大脑时，有问题。好比操作系统版本比较低，有很多问题等，这叫软件的系统问题。但是这个问题不能靠刷机升级去解决，因此解决起来特别麻烦。

软件原因为主的心病，最主要的是两种：人格障碍和神经症。比如有一个人，他对这个世界的看法总是很消极，任何事情、任何外部信息，经他的软件加工之后，出来的都是消极的东西。一瓶水喝了一些，别人会说还有一半呢，可他只会说，你看只剩下一半了。在消极人的眼里这个世界就没有积极的事情！为什么会这样呢？因为他的软件是系统性地扭曲的。他看这个世界看到的都是消极的、负面的、灰色的、腐烂的。这类心病就是这样，它们是系统性的偏离。对这类问题，我们称其为人格上的障碍、神经症障碍，等等。

3. 运行环境原因为主的心病

还拿电脑打比方，大家知道，在正常使用环境下，大多数电脑是能够正常工作的。但是在高温、极寒、高湿的环境里，有些电脑就会出现故障。同样道理，有些人在顺利的环境下也挺好，不会闹心病，可是让他到一些极端的环境中，他就受不了这个考验。比如说激烈的竞争，压力巨大的任务，有人跟他过不去，成天找他麻烦，那他这个脆弱的神经就会绷不住，就要崩溃了。所以，精神医学总是非常重视病人的环境，尤其是家庭环境。环境好，病人的预后就好；环境不好，预后就不好。

有些人存在适应障碍，工作不适应，学习不适应，职业不适应，婚姻家庭出现问题等，这往往与环境有关系。但是环境并不是单独的原因，个人软件方面的原因往往也是更重要的。如果一个人人际关系恶劣，周围都是敌人，可能真的是他不幸落入狼群之中，更可能是他自己亲手把周围的人变成了狼！这是他的软件有问题。

大多数心病都是多病因的，多因交互作用的。

第二节　心灵加油站——心理咨询简介

【导入】

选择的困惑

选择这所大学到底有前途吗？我所学的这个专业毕业能找到工作吗？

我现在很焦虑，我想转学或者转专业，但我不知道该怎么办？

我想考研、升本，修二学位，希望学到更多实用的东西，但我不知道该怎么学习？

我想睡觉，讨厌听课，经常迟到，但我不知道为什么会经常迟到？

我没有目标，找不到方向，我的未来在哪里？

我没有心理问题，也不想自杀，但为什么总有这么多困惑？

一、心理咨询的概念

心理咨询是心理咨询师运用心理学的原理和方法，帮助求助者发现自身的问题和根源，从而挖掘求助者本身潜在的能力，改变原有的认知结构和行为模式，以提高对生活的适应性和调节周围环境的能力。

二、心理咨询的主要对象

心理咨询的主要对象可分为两大类：一是正常人群，遇到了与心理有关的现实问题并请求帮助的人群，或者是希望在某一方面做得更好的人群；二是有心理问题，但是并非精神异常的人群。

三、心理咨询的原则

心理咨询的原则包括：保密原则；在心理咨询室进行咨询；不给认识的人咨询；心

理咨询期间不进行咨询外的接触；一般不出诊；不收受礼物；咨询期间和咨询结束后一定时间内不能有双重关系；不给来访者电话号码。

四、心理咨询的设置

1. 地点设置

心理咨询的场景，是在固定的、装饰比较安全、温暖的场地——心理咨询室。

2. 时间设置

①个人咨询的面谈时间一般以每次 50 分钟左右为宜。心理咨询中的疗程一般都在 6 ~ 20 小时。

②在不同的咨询阶段，根据咨询的不同任务，咨询时间的长度和频率还需要不断进行适当的调整。

3. 预约设置

咨询师的咨询时间安排需要有严格的预约设置，一般不接受临时到访者，除非属于危急情况。

4. 转介设置

在遇到下列情况时，咨询师可以将来访者转介到其他的机构或咨询师：不属于心理咨询解决的范畴；咨询师个人的问题，转介的原则是维护来访者的利益。

五、来访者须知

开放和坦诚很重要。在心理咨询过程中，来访者要做到开放和坦诚，愿意讲自己的问题，坦诚地表达自己的观点。

如果觉得咨询对自己没有帮助，应该怎么办？一走了之？不，应该坦诚地向咨询师表达，商讨对自己适合的方式。

除了短程咨询，通常情况下心理咨询都需要一个持续过程，第一次咨询通常是了解情况和建立关系，不要在进行一次咨询之后觉得对自己没有帮助就停止，建议见一个咨询师 2 ~ 3 次后再做决定。

六、我可以信任心理咨询师吗

很多进行心理咨询的人都有一个强烈的需求——保密。只有保密才能让来访者觉得安全，才能很放松地向咨询师吐露自己的心声。保密原则是心理咨询中最重要的一个原则。

很多大学生在进行心理咨询前或者过程中都会有这样的担心：心理咨询师会为我的问题保密吗？我的问题会不会被班主任知道？答案是：一个合格的职业心理咨询师会为你所讲的问题保密，一般在进行心理咨询前都会签类似于“来访者须知”的保密协定，来访者的问题不会被别人知道。

注意，这个保密原则有两个例外：一是有可能伤害他人的情况，二是有可能伤害自己的情况。在这两种情况下心理咨询师可以打破保密原则。

七、心理咨询的误区

1. 心理咨询≠讨教、传授处理问题良策

人们有了心理问题才可能想到要心理咨询，而恰恰多数的心理问题不能以简单的说教来解决。对于求助者来说，他们认为心理咨询就是心理咨询师帮助自己拿出解决问题的主意，要求尽快得到处理问题的良方良策，但大多数的问题又是社会心理问题，每一个问题又有千差万别的处理方法，不同的个性及思维行为模式就会有不同的思维趋向，因此在不同的人看来就有不同的方法，咨询者看来是正确的方法不见得适合来访者。

正规的心理咨询是咨询工作者与来访者在商榷、讨论当中使来访者发现其个性中的不足，并通过咨询来解决和完善这一不足，然后来访者拿出办法。相反，假若咨询工作者替来访者在某类问题上拿定了主意，这便违背了心理咨询的原则。假如一个人向不同的几位心理咨询师咨询，得到了几种良策，到最后他肯定会不知所措，再假如他走捷径按照讨得的决定去做了，丧失了自己的个性不说，下一步心理咨询师该给他纠正的就是"咨询依赖"了。

2. 心理咨询≠同情＋阅历

有不少来访者，尤其是电话来访者，要求心理咨询师最好遇到过、处理过他们所存在的问题（似乎只有心理咨询师回答"是"，他们才放心），只有这样才会同情他、理解他。对心理咨询工作人员要求阅历深、经验多是人之常情（也不排除来访者自己尚未意识到的多疑这一性格特点），但大可不必要求心理咨询师也有过类似经历，不管有无类似经历，都会以极大的同理心相待。就像一位助产士的轻柔动作未必是从体验生孩子当中学来的一样。还有一种现象，来访者咨询的目的好像就是寻求同情，如恋爱中的一方如果自认为条件较优越，而对方又不够热情主动，这时如果按照咨询原理去解决问题，他会显得不安，也许会说："我的条件多优越呀，你应该同情我批评她才对呀！"但是，对来访者赞扬、同情一番，除了当时心情上一阵舒畅之外，领悟不到自身认知方面的缺陷，过后还是又回到原来的状态。"良药苦口，忠言逆耳"就是这个道理。

3. 心理咨询≠有精神病、不光彩、不体面

目前，人们对心理咨询虽有所了解，但仍有人认为是"治精神病"的，或者已经到了精神病的程度再来看心理咨询师。曾有心理学家做过统计，来心理门诊咨询的有26.3%达到重性精神病诊断标准，还有一些人认为看心理咨询师是不光彩、不体面的事，往往是偷偷摸摸地来到心理门诊，唯恐被别人发现。实际上在有些国家，人们对心

理咨询的理解正好与我们相反，例如在美国，小伙子在与女友约会前会见一次他的心理咨询师，约会时他有可能在女友面前炫耀一番他在这之前看过心理咨询师，他的女友则会为之感动，因为她觉得一来男友对她、对约会很重视，二来会认为他很注重生活质量。

4. 爱心 + 道德 + 能言善辩≠心理咨询

在一些电台、电视台及报刊的栏目主持人当中，不少人存有这一误区。这些新闻媒介具有较高的知名度，开办栏目的宗旨是为人们排忧解难。人们对这些主持人的评价或许是“人生的导师”，他们的口才好、文笔流畅，但很多时候往往以道德家的眼光来评判来访者的苦恼，把人们的心理问题区分为有对有错、有该干与不该干之别。其实，在人们的心理问题当中，有许多就是以与现实道德伦理相悖为根源的，就心理问题而言，不该有对与错之说。

5. 心理咨询师≠万能算命者

有些来访者将心理咨询师神化：一种是认为心理咨询师是搞心理学的，应该一眼就能看出来访者的心理问题，否则就是不称职的；另一种是来访者羞于表达内心感受，不愿将自己的心理活动吐露出来，认为心理咨询师能够猜得出。实际上，心理咨询师也是人，只是利用心理学原理，以来访者提供的问题作基础才能对其有所帮助。正如感冒发烧时医生先用体温表测出病人体温后再制订治疗方案一样。

6. 声音悦耳 + 善解人意≠心理咨询

似乎只要有甜美的嗓音，不管谈什么，能侃能聊、迎合求助者的心理、能吸引住人就是标准。尽管有的打着“心理调适”这样含蓄的字眼，但打电话的来访者在与主持人的对话当中，已经把主持人当成心理咨询师，或把这个过程看作心理咨询了，所起的作用更多的是疏泄一下。

第三节　大学生心理问题

【导入】

她们怎么了

案例一：小王，男，21 岁，大学二年级学生。上课无法集中注意力，情绪低落，不愿与同班同学在一起上课，独来独往，无食欲，睡眠不深，易醒，怕考试，一听说考试就睡不好、吃不下，进考场出汗，心慌。5 岁就读小学，聪慧，后在重点学校就读中学，学习成绩优秀，备受老师及家长的赞扬和夸奖，后保送重点大学。大学一年级上学期考试时因患重感冒在考场晕倒，补考时成绩不太理想。从那以后，小王见人便不爱讲话，上课总坐在最后一排，天天在图书馆不愿与同学一起活动。

案例二：小陈，以家乡高考状元的身份考上某重点大学。他来自边远地区的农村，上了大学后，与来自大城市的同学相比，他发现自己是那么地老土，什么都不知道，也没有什么特长，为此感到非常自卑。他想通过在学习上取得好成绩来找回自信。但是，由于他的英语底子比较薄，无论怎么努力，学习成绩都上不去。在沉重的心理负担下，到了二年级第二学期时，他已有两门功课不及格。慢慢地，同学们发现他经常用家乡话自言自语，有时甚至一个人在那里独自发笑。有一天，同学们都在寝室里整理内务，他突然指着寝室的某个角落大声地说："是谁在那里装了窃听器？"大家感到莫名其妙，在寝室里检查了半天，也没有发现窃听器。可他坚定不移地认为是有人在寝室里装了窃听器偷听他的说话，而且他还听到了周围有很多人在说他的坏话。

案例三：小曾，女，20岁，大二，失恋已经有两周。她每天茶不思饭不想，不想上课，要么逃课，要么坐在教室里发呆。小曾从小喜欢跳舞，之前参加舞蹈队、参加活动都很积极，现在什么都不参加。平常无论什么事都心不在焉，室友跟她说话，她动不动就发脾气，搞得室友也不知怎么去关心她了。

大学生常见的心理困惑分为两种：发展性问题和障碍性问题。

①发展性问题是指人在成长、成熟过程中，因年龄、环境、心理任务的变化而遇到的适应问题，或是人为了提高个人生命质量，在面临各种任务的过程中遇到的问题，如生涯规划、恋爱关系、新生入学适应、工作环境适应等。

②障碍性问题是指根据医学评估与诊断，个体在心理、精神某些方面具有的较严重的心理障碍或疾病。障碍性问题一般需要长期心理咨询或辅导，严重疾病需要遵守医嘱服用药物或住院治疗。

一、成长的烦恼——发展性问题

1. 大学生常见的心理问题

①环境适应问题。在大一新生中较为常见。

②学习问题。大学生常见的学习问题主要表现为：学习目的问题、学习动力问题、学习方法问题、学习态度问题以及学习成绩差，等等。大学期间，学习往往不再如高中阶段那样得到绝大多数人的重视，目的不明确、动力不足、态度不好构成了学习问题的主要方面。

③人际关系问题。如何与周围的同学友好相处，建立和谐的人际关系，是大学生面临的一个重要课题。同高中阶段相比，大学生对人际关系问题的关注程度超过了学习，也成为大学生心理困扰的主要原因之一。人际关系问题常常表现为难以和别人愉快相处，没有知心朋友，缺乏必要的交往技巧，过分委曲求全等，以及由此而引起的孤单、

苦闷、缺少支持和关爱等痛苦感受。

④恋爱与性心理问题。大学生处于青年中后期，性发育成熟是重要特征，恋爱与性问题是不可避免的。恋爱问题一般包括单相思、恋爱受挫、恋爱与学业关系问题、情感破裂的报复心理等，而性心理问题常见的有手淫困扰以及由婚前性行为、校园同居等问题引起的恐惧、焦虑、担忧等。

⑤性格与情绪问题。性格障碍是大学生中较为严重的心理障碍，其形成与成长经历有关，原因较为复杂，主要表现为自卑、怯懦、依赖、神经质、偏激、敌对、孤僻、抑郁等。

⑥求职与择业问题。这是高年级大学生的常见问题，在跨入社会时，他们往往感到很多的困惑和担忧。如何选择自己的职业，如何规划自己的生涯，求职需要什么样的技巧等问题，都会或多或少地带来困扰和忧虑。

⑦神经症问题。长期的睡眠困难、焦虑、抑郁、强迫、疑病、恐怖等都是神经症的临床表现症状。

神经症问题是偏离正常状态的心理问题，需要进行专业的心理咨询或心理治疗。而对于大部分同学来说，常常遇到的是前六种心理困扰，这些困扰主要是由很多现实的社会心理因素导致的，也往往是暂时性的，经过自己的主动调节或寻求咨询老师的帮助，多能恢复心理的平衡和适应。

2. 如何面对自身的“心理问题”

随着心理健康教育的普及，人们对心理健康的认识已逐渐加深，但大学生们在对待他人的心理困惑的态度上比对待自己的更为理性，一旦涉及自己则表现得优柔寡断，难以启齿，常常不知所措。要改善这一心态，建议：

①坦然面对。心理健康也跟身体健康一样，在人的一生中难免会出现这样那样的问题，出现心理困惑只是成长正常状态，没有问题哪有成长可言，因而不必大惊小怪、怨天尤人。

②不要急于“诊断”。心理问题本身多种多样，成因往往也很复杂，切忌盲目地从一些书籍上断章取义，或者道听途说，急于“对号入座”，认定自己患了什么病。弄清问题当然是必要的，但大学生的问题还是发展性的居多，很多都是“成长中的烦恼”，实在不必自己吓自己。

③转移注意。心理问题往往有这么一个特点，就是你越注意它，它似乎就越严重。所以，不要老盯着自己所谓的问题不放，不可过分关注自我，而应把注意力转移到学习、生活、工作的方方面面。有自己感兴趣的事情并全力投入是很有利于心理健康的。

④调整生活规律。很多时候，只要将自己习惯了的生活规律稍加调整，就会给自己整个的精神面貌带来焕然一新的感受。所谓的心理问题也随之轻松化解了。

⑤不要讳忌心理咨询。对于严重的、难以排解的心理问题，也可寻求专家咨询及心理卫生机构的帮助。

3. 个体维护与增进心理健康的一般原则与措施

①发展良好的自我意识。

②自尊自爱。

③发展良好的人际关系。

④发展良好的社会适应能力。

⑤放弃偏见，求助心理医生。

⑥积极实践，将上述观念用于自己的生活中，及时调整心理生活与反应。

4. 大学生心理健康问题原因分析及解决方法

大学生的心理问题复杂、多变，具有独特性，其引发原因更是多种多样，在具体处理过程中应全面细致地分析其诱因，以便对症下药，迅速有效地解决问题。

（1）环境、角度的变化引发心理冲突

大学生的角色地位及生活环境与高中时期有着很大的不同。首先，大学生要自己安排生活，靠自己的能力处理学习、生活、人际等方方面面的问题，但据调查，80%的学生在上大学以前在家没有洗过衣服，生活自理能力差，对父母有较强的依赖性，生活问题对这部分学生造成了一定的压力。其次，大学中评判学生优劣的标准已不再是单纯的学习成绩，还包括组织管理能力、人际交往能力及其他一些因素，这种标准的多样化使部分成绩优秀而其他方面平平的学生感到不适应，其自尊心受到强烈的震撼，心理上产生失落和自卑。

针对这种情况，提高独立生活能力是入学适应的第一步，也是适应社会生活的重要一步。其次，需学会正确地评价自己，在不同环境下能够客观地评价自己及他人的长处和短处，并认识到优、缺点是每个人都有的，应当发扬优点，克服缺点，而不能因为缺点的存在就自卑或自暴自弃。

（2）学习压力造成的焦虑心理

现在的大学对学生学习要求严格，若几门课程不及格就会面临失去学位甚至退学的危险，这就给学生造成了一定的心理压力。加之大学更注重学生的自学能力，部分学生由于学习方法不当导致成绩不理想，因而产生挫折感，伴之而生的紧张不安的情绪就是焦虑。适度的焦虑水平及必要的觉醒和紧张对人的学习、工作是必要的，但持续而重度的焦虑则会使人丧失自信，干扰正常思维，从而妨碍学习。

可以从以下几方面入手：首先应建立正确而适度的学习标准，确立适合的抱负水平，避免由于期望值过高而造成的过度焦虑。另外，应提高自学能力，掌握适合于自己的学习方法，制订良好的学习措施，有效提高学习成绩。如焦虑严重且持续较长，则要通过心理咨询帮助排除。

（3）人际关系不良导致情绪及人格障碍

随着经济的发展，社会财富的增加，现代化家电的普及，计划生育带来的城市家庭兄弟、姐妹观念淡化、邻里交往缺乏，青少年在相对封闭的环境中越来越不善交际。另外在大学中，人际关系比高中要复杂得多，要求学生学会与各种类型的人交往，逐步走向社会化。但部分学生不能或很难适应，总是以自己的标准去要求他人，因而造成人际障碍。人际关系不良会导致沟通缺乏，心理紧张，情绪压抑，产生孤独感，从而影响正常的学习和生活。

对于人际关系不良的同学，首先要学会正确对待自己和他人，克服认知偏见。此外要加强个性修养，战胜自卑、羞怯，纠正虚伪自私等不良个性特征。再次要掌握一定的交际原则和技巧，以便建立正常的人际关系，确保学习和生活的正常进行。

（4）爱情引起的情绪困扰

大学生正处于青春期，生理机能已经成熟，逐渐产生了恋爱的要求，但是如果在这个问题上处理不当，就会直接影响心理健康及学习和生活。目前，大学生存在的恋爱困扰主要是对两性交往的不适，性冲动的困扰及缺乏处理恋爱中感情纠葛的能力等。

大学生在校期间谈恋爱不宜提倡，但也不可压制，应进行正确的引导，正确对待异性交往，培养与异性交往的能力。正确对待自己和恋人，在因恋爱而发生情绪困扰时，应及时进行情绪疏通，使消极情绪得以合理宣泄，以保证正常的学习和生活，维护心理健康。

（5）就业压力造成的心理压力

大学毕业生找工作难是一个普遍问题，而要找一个理想的工作就更难了。择业过程中遇到的各种问题（如工作单位不如意，担心自己能力不足缺乏经验而不能胜任工作等），这些都给临近毕业的大学生造成巨大的压力。这种压力又以一些不正当的渠道宣泄出来，如乱砸东西、酗酒打架、消极厌世等。因此，大学生尤其是毕业生应进行职业辅导，调整择业心态，选择适合自己的工作是非常必要的。首先应了解自我，包括对自我身体素质和心理素质（如智力、兴趣、态度、气质、能力等）的认识，这方面可以借助于一些心理测验工具，诸如“气质调查量表”等来进行。其次要了解各种职业的基本情况。在这两方面的基础上选择适合自己特点的职业。同时还应学习基本的求职技巧，以便在求职过程中能发挥优势，表现出自己的真才实学来推销自我。最后还应正确面对求职中的挫折，调整心态，不断努力寻找机会。

（6）自身心理素质的不足

如自我认识片面，情感脆弱、冲动、不稳定，意志薄弱，怯懦、虚荣、冷漠、固执，缺乏正确的人生观和积极的人生态度，耐挫力差，不懂得心理健康，缺乏心理调节的技巧。应丰富心理知识，增强心理健康意识，学习心理调节的基本技能并力求训练和提高自身心理素质。

二、灰黑地带——障碍性问题

1. 概念及分类

障碍性问题分为一般神经症问题和精神障碍性问题。障碍性问题会给人带来明显的心理痛苦或损害人的社会功能，使人不能正常地学习、生活和工作。障碍性问题的来源非常复杂，涉及社会环境、生理遗传、教养方式、成长经历及应激压力各个方面。障碍性问题很难通过自身适应来解决，需要个体努力学习，向外求助或求医，这样才有可能解决问题。

2. 关于精神障碍的常见错误观念

精神障碍是无法医治的——及早接受治疗能够使精神病患者的病情好转。现代医学的发展，精神科药物的出现，使提高精神病治疗效果成为现实。只要病人能够严格遵照医嘱按时服药，定期复诊，不但可以减少复发的机会，而且精神病患者康复后可以和其他人一样参与社会正常的生活、学习和工作。

精神障碍是因为自己脆弱才会得——精神障碍的发病原因非常复杂，是遗传、社会、个体共同作用的结果。

精神障碍只要扛一扛就能过去——轻微的精神障碍在某些环境下可以自愈，严重的精神障碍涉及大脑神经递质的紊乱，并不是扛一扛就能过去的。

精神障碍最好不要吃精神类药物——药物是辅助身体运行的，运用不得当，再好的药物都是毒药，但是当身体需要药物帮助的时候，一定要遵医嘱，按时按量服用药物。

三、常见的心理障碍

以下常见心理障碍的鉴别只能由精神科医生通过专业的程序和标准进行诊断，是一个复杂且专业的工作，如果怀疑自己或他人有心理障碍，请到具有资质的医院做诊断，切勿对号入座，或轻信相关网络营销文字。

1. 焦虑症

焦虑症又称焦虑性神经症，是神经症这一大类疾病中最常见的一种，以焦虑情绪体验为主要特征，可分为慢性焦虑（广泛性焦虑）和急性焦虑发作（惊恐障碍）两种形式。主要表现为无明确客观对象的紧张担心，坐立不安，还有自主神经症状（心悸、手抖、出汗、尿频等）。

注意区分正常的焦虑情绪，所有人都会焦虑，焦虑是人面对压力情境下的正常情绪表现或者说是一种生物学的防御现象。病理性的严重程度通常与客观事实或处境的压力明显不符，或持续时间过长，焦虑症的症状表现为持续焦虑担心在6个月以上。主要症状表现为：

①身体、情绪过分紧张。在没有明显诱因的情况下，经常出现与现实情境不符的过分担心、紧张害怕，这种紧张害怕常常没有明确的对象和内容，或者担心的程度与现实的压力对象的危险性明显不匹配。感觉自己一直处于一种紧张不安、提心吊胆、恐惧、害怕、忧虑的内心体验中，影响自己的正常生活和个人发展。

②自主神经症状。如头晕、胸闷、心慌、呼吸急促、口干、尿频、尿急、出汗、震

颤等躯体方面的症状。

2. 抑郁症

抑郁症又称抑郁障碍，以显著而持久的心境低落为主要临床特征，是心境障碍的主要类型。临床可见心境低落与其处境不相称，情绪的消沉可以从闷闷不乐到悲痛欲绝，自卑抑郁，甚至悲观厌世，可有自杀企图或行为；甚至发生木僵；部分病例有明显的焦虑和运动性激越；严重者可出现幻觉、妄想等精神病性症状。每次发作持续 2 周以上，长者甚或数年，多数病例有反复发作的倾向，每次发作大多数可以缓解，部分可有残留症状或转为慢性。

迄今为止，抑郁症的病因并不清楚，但可以肯定的是，生物、心理与社会环境诸多因素参与了抑郁症的发病过程。生物学因素主要涉及遗传、神经生化、神经内分泌、神经再生等方面；与抑郁症关系密切的心理学易感素质是病前性格特征，如抑郁气质。成年期遭遇应激性的生活事件，是导致出现具有临床意义的抑郁发作的重要触发条件。然而，以上这些因素并不是单独起作用的，目前强调遗传与环境或应激因素之间的交互作用，以及这种交互作用的出现时点在抑郁症发生过程中具有重要的影响。

抑郁症可以表现为单次或反复多次的抑郁发作，以下是抑郁发作的主要表现。

（1）心境低落

主要表现为显著而持久的情感低落，抑郁悲观。轻者闷闷不乐、无愉快感、兴趣减退，重者痛不欲生、悲观绝望、度日如年、生不如死。典型患者的抑郁心境有晨暮夜轻的节律变化。在心境低落的基础上，患者会出现自我评价降低，产生无用感、无望感、无助感和无价值感，常伴有自责自罪，严重者出现罪恶妄想和疑病妄想，部分患者可出现幻觉。

（2）思维迟缓

严重的抑郁症患者思维联想速度缓慢，反应迟钝，思路闭塞，自觉“脑子好像是生了锈的机器”，“脑子像涂了一层糨糊一样”。临床上可见主动言语减少，语速明显减慢，声音低沉，对答困难，严重者交流无法顺利进行。

（3）意志活动减退

患者意志活动呈显著持久的抑制。临床表现行为缓慢，生活被动、疏懒，不想做事，不愿和周围人接触交往，常独坐一旁，或整日卧床，闭门独居、疏远亲友、回避社交。严重时连吃、喝等生理需要和个人卫生都不顾，蓬头垢面、不修边幅，甚至发展为不语、不动、不食，称为“抑郁性木僵”，但通过仔细的精神检查，患者仍流露出痛苦抑郁情绪。伴有焦虑的患者，有坐立不安、手指抓握、搓手顿足或踱来踱去等症状，严重的患者常伴有消极自杀的观念或行为。消极悲观的思想及自责自罪、缺乏自信心可萌发绝望的念头，认为“结束自己的生命是一种解脱”，“自己活在世上是多余的人”，并会使自杀企图发展成自杀行为。这是抑郁症最危险的症状，应提高警惕。

（4）认知功能损害

研究认为抑郁症患者存在认知功能损害。主要表现为近事记忆力下降、注意力障碍、反应时间延长、警觉性增高、抽象思维能力差、学习困难、语言流畅性差、空间知觉、眼手协调及思维灵活性等能力减退。认知功能损害导致患者社会功能障碍，而且影响患者远期预后。

（5）躯体症状

主要有睡眠障碍、乏力、食欲减退、体重下降、便秘、身体任何部位的疼痛、性欲减退、阳痿、闭经等。躯体不适的主诉可涉及各脏器，如恶心、呕吐、心慌、胸闷、出汗等，自主神经功能失调的症状也较常见；病前躯体疾病的主诉通常加重。睡眠障碍主要表现为早醒，一般比平时早醒2～3小时，醒后不能再入睡，这对抑郁发作具有特征性意义。有的表现为入睡困难，睡眠不深；少数患者表现为睡眠过多。体重减轻与食欲减退不一定成比例，少数患者可出现食欲增强、体重增加。

【扩展阅读】

看不见的伤痕

18岁的小王是个爱笑的姑娘，圆圆脸、齐刘海，一条粗粗的麻花辫，像是真人版的洋娃娃。她在一所重点中学读高三，成绩一直稳居年级前十名，还曾是学生会的宣传部部长。在老师、同学和父母眼中，她热情、开朗、乐观，是校园社团活动的积极分子，人缘也特别好。

可她自己却不这样认为。去年暑假前后，一向学习自觉主动的她突然怎么也提不起精神做功课，每天坐立不安，情绪极度低落。她自述："就好像陷入了一个黑洞，那里面强大的引力在不停地把我往里吸，我挣扎着，眼前却总是一片黑暗。"

起初，她以为自己是因为升入高三有些紧张，周末休息一下就会恢复，可这样的状态一直持续到了开学后。虽然每天坚持着正常上学，和同学有说有笑，没有人发现她有什么异常，但她心里清楚，自己"不太好了"。

强撑了一段时间后，她走进了学校的心理咨询室，笑嘻嘻地向心理老师讲述了自己的状态。然而，当她做完有关抑郁和焦虑的评估量表后，咨询师整个人都愣住了。结果显示，她在这两项上的分值都已接近"重度"的标准。

对于这样的结果，她并不意外，但她很快发现，没有人相信她病了。班主任老师劝她珍惜时间："有什么事不能等到高考完再说？"父母也无法将眼前笑眯眯的女儿和可怕的抑郁症联系在一起，在她的坚持下，父母才将信将疑地带她去了医院。可就连医生也告诉她，她的种种表现不过是高三学生常见的"高考综合征"，只要放松心情、端正学习态度，一定可以考出好成绩。

"我到现在都很无语，他们一直给我'灌鸡汤'，让我不要压力太大。道理我比谁都懂，可根本不是那么回事啊！”回想起当时的情景，她非常无奈。

她也曾试图向好友倾诉自己的挣扎，可只因对方好心的一句“感觉你最近的状态好多了”，她就再也没有开过口。

从那以后，她练就了一项“特异功能”：“前一秒眼泪已经在眼眶里打转了，下一秒就可以马上笑得特别灿烂地和别人说话。”

她原以为自己会这样一直撑下去，可情况还在一天天地变坏。她可以控制自己的面部表情，身体却开始慢慢失去控制：比如双手莫名其妙地颤抖不止；比如食量变得只有原来的一半；以前她可以一口气爬上六楼，但现在只爬了两层，心率就会直接飙到 170 次 / 分钟。一天晚上，她甚至突然在家中晕倒，去医院进行了全方位的检查，却查不出任何问题……

再后来，一些再平常不过的小事都会让她情绪崩溃，自己也说不出理由。每天，她的大脑会被各种奇奇怪怪却无比清晰的场景占据：端起一只杯子，脑海里会马上出现自己失手打碎了杯子，又被玻璃碎片割破手的画面；和家人、同伴一起过马路时，如果同行者因被车流阻挡比她慢了一步，她就会突然变得非常焦虑，仿佛看见车辆飞驰而来，同伴在自己眼前出了车祸。还有一次，只因看到爸爸一边抽烟一边把玩一只打火机，她就大哭起来。

但更多的时候，她还是会强迫自己把眼泪忍回去，努力对身边的每一个人挤出大大的微笑：“没办法啊，环境逼着我要撑下去。我不想让爸妈担心。”

分析：

案例中的小王是典型的“微笑抑郁者”。

微笑抑郁者的笑容其实是一种防御机制：他们当中，有人是因为对自身的心理问题感到羞耻；有人是因为拒绝承认自己的抑郁情绪；也有人是因为不愿成为别人的负担——所以，他们选择隐瞒自己的真实感受，将微笑当成自己的面具，希望能够维护自己“强大”的形象，独自解决问题。

性格内向者、不允许自己在任何领域失败的完美主义者和一贯以乐观形象出现在人们面前的“幽默者”都可能表现出微笑抑郁的倾向。

从医学上来说，抑郁症是一种致病机理尚不明确的复杂疾病，是遗传基因、成长经历、社会环境等多种因素综合作用的结果；另外，与抑郁确切有关的也包括早年的不良经历。

3. 强迫症

强迫症属于焦虑障碍的一种类型，是一组以强迫思维和强迫行为为主要临床表现的神经精神疾病，其特点为有意识的强迫和反强迫并存，一些毫无意义、甚至违背自己意愿的想法或冲动反反复复侵入患者的日常生活，患者虽体验到这些想法或冲动来源于自身并极力抵抗，但始终无法控制，二者强烈的冲突使其感到巨大的焦虑和痛苦，影响学习工作、人际交往甚至生活起居。

强迫症的病因复杂、尚无定论，目前认为主要与心理社会、个性、遗传及神经－内分泌等因素有关。许多研究表明，患者在首次发病时常遭遇过一些不良生活事件，如人际关系紧张、婚姻遇到考验、学习工作受挫等。强迫症患者个性中或多或少存在追求完美、对自己和他人高标准严要求的倾向。

强迫症的症状主要可归纳为强迫思维和强迫行为。强迫思维又可分为强迫观念、强迫情绪和强迫意向。内容多种多样，如反复怀疑门窗是否关紧，碰到脏的东西会不会得病，太阳为什么从东边升起西边落下。强迫行为往往是为了减轻强迫思维产生的焦虑而不得不采取的行动，患者明知是不合理的，但不得不做，比如患者有怀疑门窗是否关紧的想法，相应地就会去反复检查门窗确保安全；碰到脏东西怕得病的患者就会反复洗手以保持干净。一些病程迁延的患者由于经常重复某些动作，久而久之形成了某种程序，比如洗手时一定要从指尖开始洗，连续不断洗到手腕，如果顺序反了或是中间被打断了就要重新开始洗，为此常耗费大量时间，痛苦不堪。

强迫症的症状具有以下特点：

①属于患者自己的思维或冲动，而不是外界强加的。

②必须至少有一种思想或动作仍在被患者徒劳地加以抵制，即使患者已不再对其他症状加以抵制。

③实施动作的想法本身会令患者感到不快（单纯为缓解紧张或焦虑的，不视为真正意义上的愉快），但如果不实施就会产生极大的焦虑。

④想法或冲动总是令人不快地反复出现。

【扩展阅读】

一个强迫症患者的体验

一滴滴雨珠在窗玻璃上汇成一条条倾斜的水线，飞速地往下流。

这些雨已经断断续续下了两个星期了。三月的雨在年初总是如期而至，南方漫长的雨季，使得整个春季都是湿漉漉的，室内的墙是湿漉漉的，公寓的楼梯瓷砖更是水淋淋的。

我的头抵在公交车的窗玻璃上，呆望着窗外像散落的珍珠串的雨滴，纷繁，密集，心理却响起了防空警报，“咻，咻，咻”，整个内心世界瞬间充满了警惕的、红色的、刺耳的、令人不安的声响。

到底门有没有锁呢？到底门口有没有落东西呢？这两个问题就像两只秃鹫盘旋在我空旷的大脑上空。早晨，明明我已经拉过了三次门锁，站在楼梯口，回头看着地面重复了几次，顺便把地面按照区域切割成三块。“1，2，3。”“1，2，3。”“1，2，3。”“算了，再来一遍。”“1，2，3。”“1，2，3。”……这样重复检查了几次。可是我还是不放心。万一门没有锁呢？如果落了东西呢？那么我的家就直接暴露给别人了。我坚决不能落下任何东西，我可不想别人拿走我的东西。假如这些结果发生就太糟糕了。为了抵挡这汹涌如潮水的焦虑，我还是在脑海里再次回忆起刚才的画面，就像放幻灯片一样一帧一帧地过。

即使，我知道这些观念和行为很荒诞，但是我还是像上瘾了一样，像机器那样重复着，直到公交车的乘务员报出属于我该下的站名。每天都是如此，我必须得起身，观察座椅和地面有没有落东西，一遍又一遍，假如有该死的乘客立马坐在了我的位置，挡住了我的视线，没关系，我还是可以在夹缝中观察的，直到下车。

伴随着拥挤的人潮，我下了车。车子按照既定的线路，头也不回地开走了，溅起了地上的水洼，上班族们争分夺秒地往各自的公司方向疾走，只有我逆着人群。现实的公交车开走了，可是我的思维列车却停留在原地，我还在担心刚才车上有没有掉东西，每隔一个转折点，我都得试图百分之百弄清有没有落东西。

我的思维列车运行得是那么憋屈和不顺畅，断断续续就像便秘的感觉。打个比方，就像年老失修的绿皮火车，"咔，咔，咔"，轮子一圈接着一圈，可以观察到它的轨迹。什么时候可以结束这段念头呢？我意识到要迟到了，就开始大步流星地去往公司的方向。雨依旧在落着，令人心生厌倦，却也无可奈何。这是365天中的一天，普通的一天，上班的一天，重复的一天。

4. 恐怖症

恐怖症是以恐怖症状为主要临床表现的一种神经症。患者对某些特定的对象或处境产生强烈和不必要的恐惧情绪，而且伴有明显的焦虑及自主神经症状，并主动采取回避的方式来解除这种不安。患者明知恐惧情绪不合理、不必要，但却无法控制，以致影响其正常活动。恐惧的对象可以是单一的或多种的，如动物、广场、闭室、登高或社交活动等。本病以青年期与老年期发病者居多，女性更多见。

恐怖症的核心症状是恐惧紧张，并因恐怖引起严重焦虑甚至达到惊恐的程度。因恐怖对象的不同可分为社交恐怖症、广场恐怖症、幽闭恐怖症等，发作时有焦虑和自主神经症状，因此有反复或持续的回避行为。需要注意的是，一般人对有些对象均有恐惧的情绪，如害怕猛兽、黑暗等，但普通的恐惧情绪与恐怖症应加以区分，处境是否具有危险性、症状的严重性及有无回避行为是鉴别的要点。

【扩展阅读】

网友求助：恐怖情绪是一种怎样的体验

网友一：我是一个23岁的女生，从初中时就有了口吃的毛病，到现在越来越严重，工作生活都受到很大影响，我还有社交恐惧，有时候脑袋一片空白，即使和别人相处，也不敢表现真实的自己，说什么不敢说，做什么也不敢做，只有一个人的时候才是最自在的！我不知道这是怎么回事？说是社交恐惧，我和那些看上去很随和不强势的人相处会很轻松，可和那些自认为很强势的人相处就很恐惧！现在封闭太久，出去找工作总是结结巴巴，看医生吃药效果很慢。我不知道这到底是怎么回事，我很想弄清楚！我的爸爸妈妈小时候对我也没有怎么关心过，打骂倒是不少，他们从小对我都是负面的教育，很少得到他们的肯定，现在我和爸妈的关系也不是很亲密。

网友二：我是一个非常怕生的人，不喜欢接触陌生人，有点抗拒朋友带不认识的朋友来一起玩，所以朋友圈很小，不怎么喜欢大集体。而且我很怕众人的目光，如果对面有一群人尤其是年龄相仿的人走过来，心里就会很不安，走路都会有点不自然，更不要说上台讲话这些了。我特别怕一个人出门，感觉一个人的时候什么都做不好，也什么都不想做，宅在家里是最安全的。以致我现在特别黏我的男朋友，好像整个世界围着他转了，其实我不想这样，我该怎么改善这种情况？

5. 疑病症

疑病症又称疑病性神经症，主要指患者担心或相信患有一种或多种严重躯体疾病的持久的先占观念，病人诉躯体症状，反复就医，虽然反复医学检查均呈阴性且医生解释没有相应疾病的证据，但这也不能打消病人的顾虑，常伴有焦虑或抑郁。对身体畸形的疑虑或先占观念也属于本病，本病较少见，根据全国 12 个地区神经症流行病学的调查，其总的患病率仅为 0.15‰。某项调查中发现疑病症患者占神经症患者的 9.0%，而在精神科门诊连续 500 例分析中，在神经症中仅见 1 例，差异很大，国外统计本病占住院病人总数的 1%。两性间无差异，发病年龄男性多为 40 岁左右，女性多为 50 岁左右，老年人亦非罕见。

疑病症主要表现为对自己身体状况的不必要的过分关注，坚信自己患了某种躯体疾病；症状表现的形式多种多样，或对症状感知极为具体，描述逼真；烦恼，焦虑，四处求医，检查无阳性发现，仍不信服。

【扩展阅读】

隐藏心中的狂犬病

刘某，男，20 岁，大一学生，家在农村。因高二时被狗咬伤没有打疫苗而导致焦虑，失眠、头痛、心悸、身体日渐衰弱，上课、读书注意力不能集中，高中后一年半时间在濒于“应付”的状态中度过。

……

几天后，父亲带他补打了疫苗，但并没有消除他的恐惧和疑虑，失眠、头痛、心脏不舒服、吃不下饭，最严重时两天两夜没合过眼，身体到了弱不禁风的程度。几年来，看病花了不下 1.5 万元。

6. 进食障碍

进食障碍以进食行为的极度混乱为特征，包括神经性厌食症、神经性贪食症、异食癖和婴儿反刍障碍。神经性厌食症和神经性贪食症是明显相关的两种障碍，始于青少年期或成年早期；异食癖和婴儿反刍障碍是两种主要的儿童障碍，可能与神经性厌食症和神经性贪食症无联系。

①神经性厌食症的基本特征。拒绝维持最低限度的体重，尽管低于正常体重，但仍惧怕增肥或变胖；体形扭曲；女性因压制食欲而月经失调。

神经性厌食症患者的体重尽管已经明显低于正常体重甚至憔悴、瘦弱，仍认为自己很胖。他们极关注自己的体形，一般都不满意自己的躯体形象，其减肥途径是通过过度减少食物的总摄入量或过度运动，甚至通过自我引吐把食物排出体外。

神经性厌食症的显著特征是体重大幅下降，低于标准体重的85%，伴随的躯体症状是体温低、心跳减缓、血压过低、水肿和各种各样的新陈代谢紊乱，女性还可能出现体重过轻后无月经现象。该障碍多见于女性，12 ~ 18 岁女性的患病率是 0.1%。

②神经性贪食症的基本特征。周期性暴食，暴食期间缺乏对自己进食行为的控制，通过呕吐、吃泻药、限制饮食或过度锻炼控制增肥，同时经常被自己的体形和体重困扰。每周最少出现两次暴食且持续时间不少于三个月，才能被诊断为神经性贪食症。

患有神经性贪食症的个体常被体重所困扰，经常通过泻药、呕吐、节食等形式控制体重的增加。但由于暴食和速食，体重经常波动。这些人经常感到生活就是与饮食作斗争。该障碍始于青少年期或成年早期。对大一新生进行的调查显示，4.5%的女生和0.4%的男生曾有暴食历史。

③异食癖的基本特征。经常吃与营养无关的物质，如患有异食癖的婴儿常吃的典型食物是颜料、塑料、绳子、头发或布料，稍大一点儿的儿童则吃动物粪便、沙子、虫子、树叶等，但他们不厌恶食物。该障碍最早始于 1 岁或 2 岁的婴儿，也可能更早。

④治疗。可接受住院治疗，也可进行门诊治疗。药物治疗时，一般用抗抑郁药和抗焦虑药。心理治疗一般是矫正其对体形的歪曲认知。

7. 人格障碍

人格特质是指在重要的社会和个人背景下所表现出来的持久的观察、思考环境及自身的模式。只有当人格特质具有不可改变性和不适应性，且导致功能损害或主观痛苦时才形成人格障碍。人格障碍常始于青少年期或更早并贯穿整个人生，但中年和老年期表现不明显。

（1）形成原因

①遗传因素。卡德立特通过对一出生就寄养在正常人家中的有反社会行为父母的孩子的研究发现，22%的人后来被诊断为患有反社会型人格障碍，而亲生父母无反社会行为的孩子则没有一例有反社会型人格障碍，这说明遗传因素对人格的形成有一定的影响。

②社会因素。这是很重要的外部因素。人生活在社会中，其人格的形成必然受到社会环境的影响。童年时期家庭的影响最大，父母的离异、溺爱、忽视等对人格的发展有

不好的影响，因为孩子的行为方式大都是模仿成人而来的。同时，学校的不当教育、不好的同学关系和外界不良文化宣传的影响，都对不良人格的形成起很大作用。

③心理因素。不同的心理学流派对人格形成的影响因素有不同的解释。精神分析学派认为亲子关系、儿童出生后 5 岁前的生活经历对人格的形成有重要影响；行为学派认为不良人格的形成是错误的观察学习所致。

总之，形成人格障碍的因素来自多个方面，不是单方面的因素在起作用，应综合考虑各个方面才能恰当解释不良人格的形成。

（2）临床表现与类型

①偏执型人格障碍。偏执型人格障碍的基本特征是总把别人的行为理解成带有侮辱性或威胁性，这种行为倾向具有普遍性。该障碍始于成年早期，可在各种情境下出现。患者总是认为有人会以某种方式诈骗或伤害自己，频繁、毫无理由地质问朋友或同伴的真诚或可靠性，经常毫无理由地、病态地怀疑其配偶或性伙伴的忠诚。在一种新的环境下，具有该障碍的个体经常无端地认为某事具有潜在危险，如怀疑银行故意将其账户搞错。这种人易怒、易怀恨或因小的伤害记恨很久，从不和别人分享内心世界，害怕他人据此伤害自己。他们过度警觉，经常采取预防潜在性威胁的措施，经常把别人看成刁滑的、有防御性或有阴谋的。该障碍多见于男性。

②分裂型人格障碍。分裂型人格障碍的基本特征是表现出对社会关系冷漠、情感经历贫乏和感情冷淡的行为模式，具有持久性。分裂型人格障碍的个体从不渴望也不喜欢与他人有亲近关系，包括与家庭成员；喜欢独处；除了直系亲属，没有密友或仅有一个；他们总是选择单独的活动；无性欲；对他人的称赞和批评都无动于衷；没有大喜大悲的情感经历，生活很孤独。该障碍始于成年早期，出现于各种场合。临床上少见。

③反社会型人格障碍。反社会型人格障碍的基本特征是表现出不负责任、反社会的行为模式，始于儿童或青少年期，并持续至成年。作出诊断时，患者必须年满 18 岁且 15 岁前有品行障碍的历史。反社会型人格障碍的患者在儿童期的典型特征是撒谎、偷窃、旷课、恣意破坏公物、打架、离家出走等。成年后，这种行为模式丝毫没有改变，表现为金钱借贷上无信誉；不称职的父母；不遵守社会规范，不断表现出违反法律的反社会行为，如破坏公物、骚扰他人、偷盗和从事非法活动；易怒，具有侵略性，对家人有暴力倾向；做出不顾个人安危的事情，如超速。最后一点就是对自己伤害别人的行为从不后悔，认为是正当的。患者 30 岁以后，其反社会行为有下降趋势。该障碍女性始于青春期，男性始于儿童期。美国的调查显示，男性的患病率大约为 3%，女性低于 1%，多见于属于社会底层的人们。

④边缘型人格障碍。边缘型人格障碍的基本特征是表现出自我形象、人际关系和情绪不稳定性的行为模式。始于成年早期，在各种情境下都可诱发此障碍。边缘型人格障碍的个体总是表现出明显的、持久性的自我身份认同混乱，对自我形象、性爱对象、事业目标、交友类型或持有的价值观表现出不确定性或缺乏自我标准，经常感到空虚。情

绪的不稳定性表现在：突然变得郁闷、焦虑或兴奋，通常会持续几个小时，甚至几天；对自己的愤怒情绪缺乏控制，经常打架或出现其他暴力行为；人际关系不稳定、紧张；经常走极端，要么贬低他人，要么抬高他人；不能忍受孤独和被抛弃；经常表现出自杀威胁，以及自杀行为或自残。该障碍较常见，多见于女性。

⑤表演型人格障碍。表演型人格障碍又称歇斯底里型人格障碍，基本特征是过度的自我关注和情绪化。始于成年早期，可在各种场合下发作。表演型人格障碍的患者经常寻求或要求他人的安慰、认同或称赞，一旦不是关注的焦点就很失落。其典型的外在表现：情感肤浅、易变，易激动、兴奋，情绪表达夸张；以自我为中心；其要求需立刻得到满足，容不得半点延迟；过度关注自身魅力，表达常不合时宜；情感表达过于概括化，如形容其假期只会说“非常棒”，不会作进一步的细节描述。该障碍比较常见，且女性多于男性。

⑥自恋型人格障碍。自恋型人格障碍的基本特征是行为夸张，对他人的评价过度敏感且缺乏同情心。自恋型人格障碍的患者有一种夸大的自我重要感，如夸大自己的成就和才华，认为自己是特殊人物，只有同样特别的人才能理解自己。常常沉迷于幻想自己拥有很大的成就、权利及辉煌或完美的爱情；对那些比自己成功的人会经常忌妒；尽管幻想被现实击碎，但仍孜孜不倦地追求；自尊心脆弱，沉浸于想象他人的所作所为和如何评价自己；经常需他人的关注和赞美，虚荣心很强，不能忍受批评；人际关系很糟，缺乏同情心，如不能理解朋友因父亲的去世而不能参加宴会的行为；不合理地要求特别待遇，如排队时加塞。

⑦回避型人格障碍。回避型人格障碍的基本特征是社交困难、害怕负性评价和胆小。回避型人格障碍的患者过度关注别人的评价，易因批评而情绪低落，且常夸大他人对其的不赞成态度；一般不会和人交往，除非保证不会得到否认；除了家人，几乎没有或仅有一个朋友。回避需要人际接触的社会活动或职业活动，如拒绝需过多社会交往的提升机会；在社交场合，因害怕说出愚蠢的话或答错问题而常沉默寡言；担心在他人面前表现出焦虑或脸红。因胆小会拒绝做偏离其常规的事情；因不是自己常做的事，会夸大这些平常事情的潜在困难或风险，如仅因路途遥远或可能有暴雨就取消很重要的出行。回避型人格障碍的人从不渴望人际接触，却渴求社会认可和接受。该障碍较常见。

⑧依赖型人格障碍。依赖型人格障碍的基本特征是表现出依赖、顺从的行为模式。如果没有他人的保证和建议，依赖型人格障碍的患者对日常事情很难作出决定，甚至有关人生的重要决定也要由他人来作出。如一个成年患者会让其配偶决定他适合从事什么样的工作或在哪里生活等，一个儿童或青少年患者会让其父母决定每天该穿什么样的衣服、与何种人做朋友或怎样度过休闲时间等。过度的依赖导致其缺乏独立做事的能力，当独自处事时有无助感，当一份友谊结束时他们会感到世界末日到了。害怕不被赞同；尽管他人的决定是错误的，也会顺从；为了得到他人的喜欢而做有损自尊的事。该障碍多见于女性。

⑨强迫型人格障碍。强迫型人格障碍的基本特征是完美主义、固执、刻板、僵化。强迫型人格障碍患者常常追求完美，这种过于严格的、不能实现的完美标准常常妨碍任务的完成。过度注意规则、效率、细节、程序会阻碍其掌握大局。如一个患者找不到做事的清单，他往往会花费大量的时间去找，而不是依据记忆花少量的时间重新做一份，结果做重要事情的时间都被耽误了。患者经常关注工作中的上下级关系，虽然抵制其他人行使权利，但他仍固执地、不合理地要求别人按照他的方式办事。工作时，常排除娱乐时间和人际关系，即使有，也是事先计划好的；常被具有逻辑性的、智力的事情占据大脑，不能容忍别人的感情行为。同时，因害怕犯错误，常常回避或拖延作出决定，如因过多地考虑事情的重要性而不能按时完成任务。此外，还过于认真、小心谨慎，缺乏情感表达，吝于赞美别人。该障碍男性多于女性。

⑩被动攻击型人格障碍。被动攻击型人格障碍的基本特征是被动抵制社会和工作对其的要求。其抵抗行为是间接作出的，常导致工作效率普遍性、持续性下降。被动攻击型人格障碍的患者习惯性地厌恶和反对提高或维持各种职责的要求，尤其表现于工作环境中，也可能表现在履行社交职责方面；通过故意耽搁、游手好闲、故意忘记等计谋来表达其反抗行为；因不能完成自己分内的事而常使别人的工作努力毁于一旦。当分到自己不想做的工作时，常生气、争论；常抗议他人对自己的要求不合理，常鄙视、嘲笑对其作出不合理要求的领导。该障碍始于成年早期，表现于各种场合。

人格障碍患者一般不会主动就医，只是在与环境和社会发生冲突而感到痛苦时，非常无奈地到医院就诊。采用的心理治疗有认知治疗、家庭治疗、行为治疗等，采用的方法有个别治疗和小组治疗。这些疗法一般是帮助其认识个性缺陷之所在，鼓励他们改变自己的行为模式，并对其出现的积极变化予以强化，避免不成功的暗示，提供更多发展正常人格的机会。不管何种人格障碍，找到激发异常行为的场合或因素对处理和预防有重要意义。针对反社会型人格障碍患者的一些不同程度的危害社会的行为，可采用教育和训练措施，如收容于工读学校、劳动教养机构等。采用药物治疗时，常常是对症治疗，如对情绪低落者可使用选择性 5- 羟色胺再摄取抑制剂或三环类抗抑郁药等。

【扩展阅读】

遇到这几种“不正常人类”，你该怎么办

说谎、被害妄想症、无法信赖他人、社交恐惧症、完美主义、控制狂、强迫症、总是依赖别人……生活中，我们总会遇到各种各样的“不正常人类”，如果你遇到这些人，该如何与他们打交道？或者，如果你看见了自己的影子，是否可以从中获得什么启发呢？毕竟，这个世界没有所谓“完美”的人。

1. 表演型“不正常人类”

他们不会在他人面前展露真我，而是扮演惹人注目的角色。“要是我无法让他人倾倒，我就没有存在的价值”就是表演型人格障碍的本源。对这些人而言，唯一重要的就是他人的视线与评价。他们不会用真正的自己去吸引周围人的注意，而是创造出一个幻想中的“假我”。他们会误以为，那个活在空想中的人，才是真正的自己。

如何跟这种人交往呢？

①不要强行扯下他们的面具，站在观众的立场上欣赏他们的演技，为他们拍手叫好，给出他所期待的反应。

②失去耐心，有多远走多远。如果你试图扯下患者的面具，戳穿他们的谎言，他们就会立刻与你绝交，或是到处说你的坏话，把你描述成十恶不赦的坏人。

我们必须把握好一个度，不要让他一味满足于谎言与演技所带来的效果。要做到这一点，首先就得先了解这种人格倾向的性质，牢记“那人可能在说谎”，用冷静的态度处理一切事务。

2. 偏执型“不正常人类”

这类人无法真心信赖他人，总在担心与他们走得比较近的人会不会背叛自己，所以他们会选择与他人保持距离，无法享受亲密关系所带来的乐趣。对他们而言，“变得亲密”，就是怀疑与痛苦的开端。你与他们越是亲密，他们就越是想监视你，巴不得搞清你的一举一动。要是他人对此头痛不已，想要从亲密关系中抽身而出，便会激起患者的猜疑。有这类倾向的人非常孤独，容易受伤。

如何跟这种人交往呢？

①没有感情就没有伤害。切忌轻率地与他拉近关系。即便你们的关系已经很亲密了，也一定要保持恰到好处的距离。与这类人打交道时，必须避免太过深入的感情代入。要是你太过体贴他，“难以信赖他人”的心理就会产生反作用。换言之，他们会提出各种无理要求，以便验证“他人都不值得信赖”。

②千万不要跟他们斗。我们必须巧妙保持中立，尽量不引起他的注意，这才是最明智的做法。千万不要一时激动，跑去劝诫这类人。如果你不是完全中立的第三者，或是对他的性情了如指掌的人，贸然劝诫绝没有好结果。

难道这类人就无可救药了吗？未必。有偏执倾向的人生性多疑，但敌对势力一旦消失，他们就没了精气神。而且他们自己的精神状态也是起伏不定的，有高潮也有低谷。有时，他们的心情会与季节一同变换。我们可以回顾一下他们的变化倾向，归纳出一定的变化规律。

3. 依赖型“不正常人类”

这类人特别不擅长“自己拿主意”，放弃了自主性，将一切决定权交予他人。再小的决定，都要让父母、伴侣或朋友代劳。他们过分恐惧与他人发生冲突，或是害怕惹人厌烦，于是总会迁就别人。害怕独处，总想拉个人陪着自己。谈恋爱的时候，他们会觉得“离了他我就没法活了”。可分手后没多久，他们就会找到新欢。而且他们的择偶标准很低——“只要是对我好的人都行”，因此他们常会选中各方面配不上自己的人。但他们会无比依赖恋人，即便两方门不当户不对，他们也无所谓。不会拒绝，总是情不自禁地答应他人的请求——他们就是不会说“不”。这种态度，会把这类人卷进意料之外的麻烦事，也会让他们成为周围的人利用、压榨的对象。

如何跟这种人交往呢？

①别搭理他们，下次他就会自己判断。代理行为只会进一步削弱他们的判断能力与随机应变处理事务的能力，导致更严重的依赖。如果你察觉到自己出现了依赖的倾向，就得尽早鼓起勇气，自己作出决定，或是亲自出面与他人交涉。其实啊，只要当事人有这个心，就能把问题处理好，拿主意也不成问题。

②急死他，就是不告诉他答案。“那我到底该怎么办啊？”——他们就想要所谓的“正确答案”。要是你中了他们的圈套，把答案老实交代了，久而久之，他们就懒得思考了。一碰到问题，他们想让他人帮着想答案。

授人以鱼不如授人以渔。只有这样，才能锻炼这类人的思考能力。

4.强迫型“不正常人类”

这类人特别正经，做事一板一眼，无论是与人交往，还是完成工作，都以责任与义务为重，十分可靠。总是压抑自己的想法，对自己过分严厉。在他们眼中，善恶是非可谓黑白分明。他们坚信，犯错就是“大罪大恶”。他们不允许自己犯错。他们是天生的完美主义者，这也导致他们更容易患上抑郁症与身心疾病。乍看之下，他们正是“好人”的代名词。可好人要是过了度，就会对自己与他人造成负面影响。这类人会对自己的行事风格与工作方式制订细致入微的要求，而且他们还会把这些要求强加给周围的人。

勤奋，害怕变化。这类人特别勤奋。他们坚信努力定会有回报。在他们眼中，人世间最有价值的事情就是“努力”。这类人就是闲不下来。他们不会休息，也不会放松。他们的字典里没有“享受”二字。

“不舍得扔东西”。“东西”一词的涵盖面极广，除了普通的物品，还有人际关系、工作与环境。有强迫型倾向的人就是不擅长“扔”，什么都得留着。因为他们觉得，自己周围的人、物品与环境都成了他们的一部分，丢了一个，都会产生断手断脚一般的疼痛。这类人光是看到窗外的风景变了，都可能患上抑郁症。最容易在搬家后突发抑郁症的就是他们。他们对环境变化的抵抗力特别差。

人际关系异常稳定。不过这也说明他们为人正直，非常重视人际关系。除非出了什么天大的事，否则这类人绝不会主动与他人断绝来往。无论他们的配偶出了什么状况，他们都会与配偶厮守终生。因此，你若是想找个人白头偕老，不如找个有强迫型倾向的伴侣，这样就能有一段非常稳定的婚姻了。除非你烦透了他，明确表示“我要跟你分手”，否则他是不会主动抛弃你的。

战胜一个有强迫症的人很难，赢得友谊的方法有如下几种。

①他有他的规则，我有我的底线。与有强迫型倾向的人常年共事，或是常年一起生活的人都不会去改变他们，而是会选择“迁就”。不这么干，日子就没法过了，工作也无法顺利进行。

我们该如何与这类人和平相处呢？关键就在于，明确责任的范围与各自的职责。如此一来，就能让他专注于他的领域了。他会把他的小世界搞得井井有条，而他对秩序的支配欲也不会无限蔓延。如果你找了个有强迫型倾向的人做人生伴侣，也可以用这个方法。只要把规矩提前定好，他就会放下心来，无论是家务，还是子女的教育工作，甚至是夫妻生活，他都会积极参与进来。

②虽然很累，但还是得告诉他们解决问题的方法有很多。有强迫型倾向的人总会被自己的价值观牢牢框死，所以他们的视点比较单一。作为他们的伴侣或熟人，我们必须为他们提供多样的视角，弥补他们的不足之处，免得他们因视角单一错失良机。

这类人总觉得事情只有一种办法，不这么干就不行。要是事情没办成，他们便会觉得世界末日来了，甚至开始钻牛角尖。作为他们的伴侣与朋友，我们应该时刻提醒他们：选项有的是，谁也不知道哪个选项才是最合适的，每个选项都有利有弊。

8.精神分裂

（1）概念

精神分裂症是一种严重的心理病理形式，常有感知、思维、情感、行为、语言和交流等方面的障碍和精神活动的不协调，其特征包括思维和情感的分裂、突出的妄想或幻觉、显著的社会功能障碍。精神分裂症的患病率较高。

精神分裂症的临床症状复杂多样，可涉及感知觉、思维、情感、意志行为及认知功能等方面，个体之间症状差异很大，即使同一患者在不同阶段或病期也可能表现出不同症状。

①感知觉障碍。精神分裂症可出现多种感知觉障碍，最突出的感知觉障碍是幻觉，包括幻听、幻视、幻嗅、幻味及幻触等，而幻听最为常见。

②思维障碍。思维障碍是精神分裂症的核心症状，主要包括思维形式障碍和思维内容障碍。思维形式障碍是以思维联想过程障碍为主要表现的，包括思维联想活动过程（量、速度及形式）、思维联想连贯性及逻辑性等方面的障碍。妄想是最常见、最重要的思维内容障碍。最常出现的妄想有被害妄想、关系妄想、影响妄想、嫉妒妄想、夸大妄想、非血统妄想等。

③情感障碍。情感淡漠及情感反应不协调是精神分裂症患者最常见的情感症状，此外，不协调性兴奋、易激惹、抑郁及焦虑等情感症状也较常见。

④意志和行为障碍。多数患者的意志减退甚至缺乏，表现为活动减少、离群独处，行为被动，缺乏应有的积极性和主动性，对工作和学习兴趣减退，不关心前途，对将来没有明确打算，某些患者可能有一些计划和打算，但很少执行。

⑤认知功能障碍。在精神分裂症患者中认知缺陷的发生率高，约 85% 的患者会出现认知功能障碍，如信息处理和选择性注意、工作记忆、短时记忆和学习、执行功能等认知缺陷。

（2）症状表现

精神分裂症的主要症状为感知觉障碍、思维障碍、意志减退和行为障碍等，具体表现为以下几方面。

①幻觉，指没有相应的客观刺激作用于感官却出现的知觉体验。这种幻觉体验可能是生动的，也可能是模糊的，但患者多信以为真，在其支配下做出不合常理的举动，如在幻听的影响下会辱骂他人，甚至做出伤害他人的举动。幻觉有幻视、幻听、幻嗅、幻触等形式，其中前两种较常见。幻视指患者常常看到并不存在的人或物，如上帝、外星人等。幻听大都是命令性的、争论性的、评价性的，最常见的幻听内容是有人嘲讽或议论他的思想或行为。例如，一位中年女性出去买东西，刚一出门就听到有个声音说："长舌妇又出门了。"她听后十分气愤，扭头就回家，谁知声音马上又说："假装什么呀。"

②妄想，指尽管有明显的证据表明某种想法是错误的，但患者仍坚持其非理性的信念。常见的妄想有被害妄想和关系妄想。例如，患者总认为和他有矛盾的人会监视他、伤害他等；别人的一举一动、一颦一笑都是和他有关的。

③联想障碍（如联想松弛）、逻辑障碍（如逻辑倒错）的患者会出现语言不连贯，上下句之间缺乏内在的意义联系；自编词汇，出现"词语杂拌""音联韵联"，即连着说西瓜、黄瓜、傻瓜等。

④情感淡漠和不协调，表现为没有可察觉的情绪表达，对家人和朋友的关心反应冷淡、迟钝；情感反应与当时的情境不适宜，情感倒错，对痛苦的事情表现为开心等。

⑤意志活动减少，生活懒散，不讲个人卫生，行为紊乱，木僵（可以几个月不吃、不说、不动等），严重时出现蜡样屈曲（患者就像一个蜡做的人体模型，任人摆成各种姿势，且保持不变）、行为怪异（如脚尖走路、吃粪便）、作态（像小孩一样说话）等。

在精神分裂症的活跃期，患者表现为有幻觉、妄想、思维不连贯、行为紊乱，而在其他时间表现为情感迟钝、意志减退、情趣减低或社交缺乏。精神分裂症多为慢性的，即使最严重的病人也不总是处于活跃期。

（3）临床分类

①青春型又称混乱型。患者的行为缺乏一致性且非常混乱，思维不连贯且怪诞，表情呆板、漠然，说的话全是不完整的句子，社交退缩，人格几乎完全解体。

②紧张型以动作活动的紊乱为主要特征。患者有时会神情恍惚，处于一种木僵状态，保持一种奇怪的姿势很长时间不变，对外界的任何刺激都没有反应，表现为蜡样屈曲的症状。患者偶尔也会从木僵状态转成爆发状态，并出现暴力行为。患者的另一特征是极端执拗，对所有命令都原因不明地抵抗。

③偏执型是最常见的精神分裂症，发病晚于其他类型的精神分裂症。主要症状：夸大妄想，即声称自己是百万富翁、万能的上帝、像爱因斯坦那样的伟人；受迫害妄想，总觉得有人要谋害自己；嫉妒妄想，无理由地怀疑伴侣对自己不忠。与其他妄想型障碍

不同的是，偏执型精神分裂症患者还会出现幻觉，且其妄想内容更离奇。

④单纯型早期多表现为类似于神经衰弱的症状，如易疲劳、活动兴趣降低、嗜睡、学习效率低下等。患者社交活动减少，对生活感到无意义，懒散，幻觉、妄想不明显。发病初期常不被重视，被误认为“意志消沉，不求上进，有思想问题等”，故疗效差。

⑤未定型。精神分裂症是现实中存在的疑难病症，实际病人的情况则更复杂，有些患者症状表现是符合妄想、幻觉、思维不连贯、行为混乱中的一项还是多项往往很难描述清楚，这类患者被归为未定型精神分裂症。

（4）治疗

药物治疗是其治疗的基础，没有药物治疗，其他治疗就难以奏效。常见的药物有氯丙嗪、奋乃静、舒必利、氯氮平等。入院时配以心理治疗，告诉病人这是医院不是监狱，同时运用支持性心理治疗和整合心理治疗。还可将阳性强化、代币治疗等行为疗法用于慢性分裂症患者。同时采用社会技能训练，如用药自我管理、休闲娱乐活动、基本会话、整洁和自理生活等来帮助治疗。休克治疗（主要是无抽搐电休克治疗）疗效好，但病人和家属难以接受。另外，符合东方文化的社区—家庭康复模式使汕头市分裂症复发率由 45% 下降到 20% 以下，得到中国残疾人康复中心的肯定，目前正在广东省推广。

【扩展阅读】

小王，女，20 岁，大一学生。读高三的时候，学习很紧张，她出现失眠、多疑等症状，认为门外的行人和楼上的邻居故意弄出声音来影响她，让她不能好好地复习功课。为此，她常无故发火，甚至冲到邻居家大吵大闹。读书时不能在房间里读，要到卫生间里才能读，她说卫生间里更安静。当时，她父母发现她精神状态不好后，带她到一家医院求诊，诊断为精神分裂症，用利培酮等药物治疗后，精神症状改善。之后，小王继续读书上学并考上大学。上大学后，她害怕别人知道自己在服用抗精神病药物，有精神病史，会影响自己的名誉，于是自行停药。停药后不久，小王开始失眠、多疑，认为有人在她宿舍安装了监视器，自己的一举一动，都在别人的监视范围；觉得自己无论在做什么，楼上的同学都会马上知道，并有一些声音不断暗示她。为此，她常常半夜里不睡觉，拿着手电筒在宿舍里照来照去，看房间里到底有没有监视器。同宿舍的同学认为她的行为影响了她们的休息，她却觉得这是同学故意和她过不去。她对同学态度差，认为老师也对自己不好，成天疑神疑鬼地，认为别人都针对她，不能安心学习，学习成绩一落千丈。老师看她精神状态不好，通知了其父母。在父母带领下来到医院求诊，精神检查结果显示：小王有被害妄想和关系妄想，有思维被洞悉感，觉得自己想什么别人都会知道，有被监视感，紧张、情绪激动，不承认自己有病，不配合治疗。经过检查，被诊断为精神分裂症，用药物治疗及心理治疗 3 个月后，上述症状基本消失。

---

9. 精神活性物质所致心理障碍

精神活性物质所致心理障碍，即由于精神活性物质的无规律使用或滥用导致行为或心理出现适应不良的变化和症状。由于过度使用某种精神活性物质而导致持续性、周期性出现社会、工作、心理或生理问题，尽管情况会变得更糟，而且还会因这些活性物质使用的停止或量的减少而出现严重的戒断综合征，但使用者仍会继续下去。此种情况即构成心理障碍，包括精神活性物质依赖以及精神活性物质滥用。

依赖或滥用的精神活性物质有九类：酒精；苯丙胺或拟交感神经药品；大麻；可卡因；致幻剂；吸入剂；阿片样物质；苯环己哌啶；镇静剂、安眠剂、抗焦虑药。其中，酒精和镇静剂、安眠剂、抗焦虑药具有相似的特征，同属于镇静剂；可卡因和苯丙胺或拟交感神经药品具有相似的特征，同属于兴奋剂；致幻剂和苯环己哌啶具有相似的特征，属于致幻剂。这些物质的过量摄入或滥用，会导致各种器质性心理综合征。

【扩展阅读】

精神活性物质所致精神障碍患者纵火案

一名年轻女子唐某在其住处纵火，该女子在接受审讯时称，自己在吸食冰毒（甲基安非他命、甲基苯丙胺）后怀疑有人在其住处安装摄像头偷窥其私生活，自己无法控制于是放火。

唐某，女，25 岁，未婚，汉族，中专文化，夜总会小姐，暂住某市某公寓。唐自幼家境贫穷但家庭和睦，适龄读书，成绩中上，一直担任班干部，中专毕业后因收入低而频繁地更换工作。19 岁时从事夜总会小姐职业。个性：典型多血质，外向，喜冒险，渴望刺激，情绪稳定。作案情况：唐某于案发当日，即 2005 年 8 月 9 日早上吸食甲基安非他命，下午约 5 点，唐在自己住所用打火机点燃一个纸鹤后烧燃了窗帘、床单等物品，随后走出房间，将房门关上，阻挡多名想冲进去救火的邻居，并威胁邻居们："谁进来救火就杀死谁。"以致邻居们不敢救火，消防员赶到后才把火扑灭。唐被抓获归案后，公安局刑事科学技术科检其尿液结果：甲基安非他命呈阳性。

唐称自己于 2004 年过年前第一次接触毒品，当时服用的是摇头丸，后偶尔服用该毒品和 K 粉（氯胺酮）；并称自己于 2005 年 5 月 1 日开始频繁地吸食冰毒，在早期吸食后就能感觉到自己反应迟钝、记忆差、话多、舌头转不过弯，感觉到平时与自己无关的事与自己有关了，认为别人聊天都在说自己的坏话（短暂、片段的关系妄想），停用药物后能恢复正常，事后也能认识到自己的病态与吸食冰毒有关，并受到朋友的告诫。但因固执地认为自己有自控能力、不会再次出现精神异常而继续频繁吸食。2005 年 7 月 15 日，她在吸食冰毒后感觉有一个贩卖人口的国际集团要贩卖自己，自己被下了迷药，连出租车司机和警察也要害自己。在吸食间隔期，上述感觉未完全消失，且在再次吸食后上述感觉愈加强烈，故逐渐坚信那个国际集团要害自己（被害妄想）。唐称自己在案发前两天一直未曾睡眠，处于吸食冰毒后的兴奋状态，案发当天上午亦服用了少量（具体剂量不详）。案发时（下午约 5 点），突然感觉自己被那个国际集团用摄像头监控了，想去洗澡都没法脱衣服，觉得自己的自尊被人践踏（被害妄想）。为了挑战那个集团和放飞自己的心灵，所以采取了纵火行为，阻止邻居们救火是因为要留下那个集团迫害自己的证据，称直至鉴定当天那个集团还在迫害自己。

第四节　危机干预

【导入】

头脑风暴

假如你的室友在经历失恋、学业失败等一系列事情后一直闷闷不乐，平常就躺在寝室里，什么事都不想干。突然有一天她说要请大家吃饭，并且在吃饭的时候说她觉得活着太累了。吃完饭回来以后，她把自己最喜欢的东西都送给了寝室的同学，这时候你会怎么做?

一般而言，危机有两层含义：一是指突发事件，出乎人们意料发生的，如地震、水灾、空难、疾病暴发、恐怖袭击、战争等；二是指人们所处的紧急状态。当个体遭遇重大问题或变化感到难以解决、难以把握时，平衡就会被打破，正常的生活也会受到干扰，内心的紧张不断积蓄，继而出现无所适从，甚至思维和行为的紊乱，进入一种失衡状态，这就是危机状态。危机意味着平衡稳定的破坏，引起混乱、不安。危机出现是因为个体意识到某一事件和情景超过了自己的应对能力，而不是个体经历的事件本身。

心理危机是指个体在遇到突发事件或面临重大挫折和困难，当事人既不能回避又无法用自己的资源和应激方式解决时所出现的心理反应。

心理危机是一种正常的生活经历，并非疾病或病理过程。每个人在人生的不同阶段都会经历危机。由于处理危机的方法不同，后果也不同。一般有四种结局：一是顺利度过危机，并学会处理危机的方法策略，提高心理健康水平；二是度过危机但留下心理创伤，影响今后的社会适应；三是经不住强烈的刺激而自伤自毁；四是未能度过危机而出现严重心理障碍。

对于大部分人来说，危机反应无论在程度上或是时间上，都不会带来生活上永久或者极端的影响。他们只是需要有时间去恢复对现状和生活的信心，加上亲友间的体谅和支持能逐步恢复。但是，如果心理危机过强，持续时间过长，会降低人体的免疫力，出现非常时期的非理性行为。对个人而言，轻则危害个人健康，增加患病的可能，重则出现攻击性和精神损害；对社会而言，会引发更大范围的社会秩序混乱，妨碍和冲击正常的社会生活。

危机干预中，最紧急的事情是要防止出现自伤自毁甚至自杀的情况。本节着重介绍自杀的基本干预知识。

一、自杀原因分析

自杀是生物因素、心理因素、社会因素相互作用的结果，或者说是个体（心理素质、遗传）与环境（心理社会应激）相互作用的产物。对于一些大学生来说，内在精神疾病和外在应激环境是他们发生自杀行为的风险因素和易感因素。大学生自杀的原因，有的是由于婚恋受挫，有的是由于学习失败，有的是由于人际关系紧张，还有的是由于家庭不幸等。

1. 家庭因素

家庭是组成社会的细胞，父母是孩子的第一位老师。一个人在走向社会以前，家庭是其生长生活的主要场所，父母是对他影响最大的人。融洽的家庭氛围和父母良好的个人修养，对子女完整人格的形成起着“润物细无声”的效果；而破碎的家庭和双亲个人修养的缺乏，则是子女个性缺陷的催化剂。在对自杀者影响因素的分析中，家庭因素占有相当重要的地位。

（1）家庭教育的失误

家庭教育对人的心理健康极为重要，在相当多的情况下，青少年自杀是家庭教育失败的结果。从家庭系统论的观点看，家庭中任何成员心理上出了问题，说明整个家庭系统出了问题。孩子最易认同同性别的父母，父母不良的人格特点、对孩子的教育内容和教育方法不当，将严重制约儿童心理的健康发展。

（2）“期望”负荷过重

很多父母，他们没有机会实现自己心中的梦想，便将一切希望寄托在子女身上。“父愿子还”的特殊现象，使得当代大学生不仅承担着实现自身人生理想的压力，还自觉不自觉地承担着实现父辈人生理想的压力。

父母对子女溺爱是一种“害”，对子女过高的期望值、过强的人生压力，是另一种“害”。长期的应试教育和父母的溺爱，使一些学生不适应大学的学习和生活环境，生活上感到措手不及，学习上感到不堪重负，从而出现焦躁、压抑、孤独、忧郁等心理；而家长对子女过高的期望值，自身对前途的估计过分乐观，以及心理承受能力的不足，一旦学业考试受挫，或者就业不理想，一些大学生便感到失望甚至绝望。

2. 社会因素

人是一种社会化程度极高的动物：任何一个人都生活在一定的社会环境中，任何一个人都不能脱离社会单独生存下去。人与社会紧密联系的特性，成为社会环境与人之间相互影响的基础。人组成了社会，社会又对人作出种种限制和规范，直接影响个体的生活、感情、思想……在探讨大学生自杀的原因时，社会因素无疑是非常重要的一方面。

3. 躯体疾病

大量研究表明，在控制了其他危险因素的影响之后，躯体疾病特别是慢性和难治性躯体疾病，依然是自杀的重要危险因素。

4. 恋爱失败

爱情是一把双刃剑，除了甜蜜，还有苦涩。有些大学生对爱情充满理想化的幻想，将其作为唯一的精神寄托；有的心理不够成熟，不能有效控制自己的情绪和行为，容易陷入情感的旋涡不能自拔；还有的不善于处理恋爱中发生的各种矛盾，结果引发无尽的烦恼……一旦恋爱失败，他们常常作出极端之举，导致的自杀事件也屡见不鲜。

5. 学业受挫

很多大学生在中学时代学习成绩都是非常拔尖的，但进入大学以后，面对的竞争对手比以前要强大得多，加之不能适应新的学习环境，学习成绩排名的落后使许多人产生严重的挫折感，导致的自杀现象屡见不鲜。

二、自杀危险性的评估

有自杀倾向的大学生一般具有以下特征：遭遇了不能忍受的心理痛苦；心理需求遇到挫折；为了寻求解决的办法；在情感上感到绝望无助；对自杀的态度通常是矛盾的；想与别人交流，但找不到与人交流的途径；为了寻找出路和心灵的解脱。

一般来说，自杀前都有一些迹象出现，如果善于观察识别，许多自杀现象就可以避免。自杀的征兆可以表现在语言、行为和各种症状中。

哈金斯等人通过十余年的调查，发现至少有 2/3 的自杀者通过以下一种或多种途径明确表示了他们的目的：以往有过确切的自杀企图；声称想死；认为死后家庭会更好；宣称打算自杀；谈论自杀的方法。

以上这些研究成果，在对大学生自杀预兆的观察中有着指导和借鉴意义。大量的观察表明，下面这些情况的出现，是大学生自杀的危险警报：情绪低落或极度悲伤；感觉万念俱灰，自己一文不值，或者生活无目的，对任何事情无兴趣；格外关注死亡或暴力等话题，经常想“一死了之”；寻求服毒、刀枪或其他方式自杀；情绪剧烈摇摆，喜怒极度无常；饮食和睡眠习惯改变，外表、行为及性格反常；有危险或自毁行为，如疯狂驾驶、吸毒等；突然少言寡语，很平静；生活遭遇危机或挫折，包括学校、工作、人际关系问题、失业、离婚、亲人过世、经济困难、绝症诊断等；整理物品，包括把自己的所有东西送人或扔掉，对家人及朋友进行“诀别”访问，草拟遗嘱或者写绝笔信等。

归纳起来，自杀者及自杀未遂者的自杀预兆在情绪、认知、行为和躯体症状方面有如下具体表现：

①情绪方面。当事者往往表现出高度的紧张、焦虑、抑郁、悲伤和恐惧，部分人甚至会出现恼怒、敌对、烦躁、失望和无助等情绪。

②认知方面。在急性情绪创伤或自杀准备阶段，当事者的注意力往往过分集中在悲伤反应或想“一死了之，一了百了”之中，从而出现记忆和认知能力方面的“缩小”或“变窄”，判断、分辨和做决定能力下降，部分人会有记忆力减退、注意力不集中等表现。

③行为方面。当事人往往会有痛苦悲伤的表情、哭泣或独居一隅等“反常”行为。具体来说，可出现工作能力下降，从而不能上班和做家务；兴趣减退和社交技能丧失，从而日趋孤单、不合群、郁郁寡欢，以及对周围环境漠不关心；对前途悲观和失望，从而拒绝他人帮助和关心，脾气暴怒或易冲动。

④躯体症状方面。相当一部分当事人在自杀前会有失眠、多梦、早醒、食欲下降、心悸、头痛、全身不适等多种躯体不适表现，部分当事人还会出现血压、心电生理及脑电生理等方面的变化。

三、关于自杀的常见错误观念

社会上对自杀行为所持的态度和认识差别很大，其中有一些错误的观念应该予以纠正，以便在面对求助者时能够及时发现潜在的自杀危险行为，予以及时干预，具体如下。

1. 自杀无规律可循

自杀事件常常带有突发性，一旦发生，周围的人常感意外和诧异。其实，大部分自杀者都曾有过明显的直接或间接的求助信息，他们在决定自杀前会因为内心的痛苦和犹豫而发出种种信号。

2. 与想自杀的人讨论自杀将诱导其自杀

事实上，一般应该和可能自杀的人讨论自杀。受自杀困扰的人往往愿意别人与他倾谈，听他诉说对自杀的感受，如果故意避开不谈，反而会因被困扰的情绪无从分解而加重情绪问题。

3. 威胁别人说要自杀的人不会自杀

事实上，大量自杀死亡者曾经威胁过别人或者对他人公开过自己的想法。研究表明，50%的企图自杀者在自杀前曾向他人谈论过自杀，这种人很可能会有自杀的举动，必须高度重视。

4. 自杀是一种不合理行为

事实上，从自杀者的角度看，几乎所有采取自杀行动的人都有充足的理由。

5. 想过一次自杀，就会总想自杀

事实上，大部分人只是在他的一生中某个时候产生自杀企图。他们大多数能从短时的威胁中恢复过来，学会适应与控制，长久地生活下去，使自己的生活丰富多彩，免受自我冲突的威胁。

6. 一个人自杀未遂后，自杀危险可能结束

事实上，自杀行为最危险的时候是个人情绪高涨期，即想自杀的人严重抑郁后变得情绪活跃起来的时期。一个危险的迹象是在抑郁或者自杀未遂后出现“欣然”期。自杀危机改善后，至少在 3 个月内还有再度自杀的可能，尤其是有抑郁症状的人在症状好转时最有危险性。

7. 自杀总是一种冲动性行为

事实上，有些人自杀是冲动行为，另一些则是在仔细考虑之后才实施的。

四、自杀干预的原则

大量的危机干预经历表示，自杀的征兆可以分为三类：一是言语线索，比如把“活着真没意思”“我再也不能照顾你了”之类的话挂在嘴边；二是行为线索，如交代后事、将珍贵的东西送人、收集与自杀方式有关的资料等；三是情绪线索，如悲观失望、痛苦焦虑，以及绝食或暴饮暴食、失眠或嗜睡等。更具体的线索上文已经阐述过。那么碰到这样的情况，我们该怎么办呢?

如果身边有人出现上述情况，我们要耐心倾听，认可其表露出的情感，不要试图说服他们改变想法；要让他相信能走出困境，并鼓励其寻求帮助。如当事人要求对其自杀的想法予以保密时，切记不可答应，要立即陪他去医院接受评估和治疗。

1. 自杀干预的措施

美国急诊医师学会表示，一旦发现有人威胁要自杀，那么千万别大意，一定要保持冷静，并及时采取措施：

①不要让当事人单独一个人待着。不让其接触枪、刀、药等“自杀之物”。

②寻求学校相关机构、医院及其他专门机构的帮助。等待帮助的时候，一定要对当事人“洗耳恭听”，目光与他保持接触。

③对当事人问话，以了解其自杀方式以及是否真的是“有计划自杀”。

④如果当事人一旦实施自杀，应拨打急救电话，并尽可能实施现场急救。

2. 自杀干预访谈的原则——五要

①保持平静、沉稳，对当事人随之而来的暴风雨般的情绪要有心理准备。

②给当事人充分的时间倾诉，以便确定危机类型、诱发事件及严重程度，不要试图消解自己被当事人引起的沮丧感。

③必要时询问客观问题，只要得当，可有镇静作用。

④要直接面对事件，勿涉及深层及潜意识原因（这些留待以后再解决）。

⑤可向学校、社区、医务、法律等机构求援。

3. 自杀干预访谈的原则——十不要

①不要对求助者责备或说教。

②不要批评求助者或对他的选择、行为提出批评。

③不要与其讨论自杀的是非对错。

④不要被求助者告诉你危机已过去的话所误导。

⑤不要否定求助者的自杀意念。

⑥不要过分着急，要保持冷静。

⑦不要分析求助者的行为或对其进行解释。

⑧不要让求助者坚守自杀这一秘密。

⑨不要把自杀行为说成是光荣的、浪漫的、神秘的，以防止别人盲目仿效。

⑩不要忘记跟踪观察。

【扩展阅读】

如何疗愈心理创伤

1. 省察过去的伤痕

首先，我们应当学习不再把手指指向别人，认为都是别人害得我们变成今天的境况。心灵治疗的第一个步骤就是“自我省察”，了解自己在成长历程中曾发生的事，并用现在的眼光去检视。

从心理学的角度来看，使一个人特别愤怒或过度受伤的“情绪过激”反应，通常与小时候的原生家庭有关。

人要学习用现在的、较成熟的、更客观的立场审视过去所发生的事情。如果你的父亲曾对你很绝情，试着从新的角度来看，你可能会了解原来父亲也是不得已的，或者他只不过是不小心讲了一句话，对你的伤害没有那么真实、那么深。除非你能重新探索，否则很难从中解脱出来。纵使父亲对你的伤害是有意的，心灵探索与医治也能减轻伤害，帮助你接受别人的缺点，学会设身处地，找到父亲那样做的理由，进而饶恕他。孩子的承受力不够，遭遇一些事情时，有时会造成很深的伤害，但我们若能以成人的眼光追溯当时的情况，伤口也就没那么大了，这也证实为什么回顾心理历程很重要。

2. 了解自我防卫的三种形态

人际互动时，有三种自我防卫的形态。了解这三种形态，分析自己属于哪一种，然后清楚地知道问题出在哪里。

第一种是“讨好型”，以“讨好人”来保护自己。这种人总是笑嘻嘻的，保护自己的方式就是甜言蜜语，主动上前和人握手、打招呼，用“只要我乖，人就爱我”的内在誓言，希望天下所有人都爱他。但若是一直采用同一种方式面对问题而没有弹性时，就会出现状况。每个人应该不断成长，学习用更成熟的心态与方法去解决问题。

第二种是“攻击型”，在人还没有指责他之前，先凶狠地指责别人，与每个人保持距离。用这种方法可以隐藏自己的软弱，不轻易被人刺伤，但付出的代价太大了，因为他内心其实很需要爱，却用攻击的态度拒人于千里之外。

第三种是“隔离型”，既不攻击也不讨好别人，只是把自己隐藏起来，保持遥远的距离，冷眼旁观。有的人是“电脑型”，凡事用逻辑分析，过度运用理性，以隔离感情的方式保护自己，不和别人互动，也不把心事告诉别人，似乎离群索居，很难与人深交。有的人是“小丑型”，虽然表面上嬉皮笑脸，却从不开放自己的内心世界，他可以把你逗得哈哈笑，可是根本不与你分享心事。如此一来，虽达到保护自己的目的，但享受不到与人心灵相契的喜乐。

3. 写情绪日记能更了解自己

除了了解上述基本的心理防卫方式之外，我们还可以多看书，多听有关人际、心理方面的演讲，也可借情绪日记与生命线分析，更深入了解自己的情绪及与他人之间的心理互动。尝试写“情绪日记”，仔细思索生活中到底有哪些事会让你有情绪过激的反应，把这类事情记录下来，对于自己的成长、心理复健很有帮助。

如果我们没有勇气去面对过去一些痛苦的经历，一味地压抑自己受伤的情绪，反而会变成这些情绪的奴仆并受其控制。极力压抑、否认这些情绪，往往会在意想不到的时间、场合，以更大的强度爆发出来。因此，我们要常常自省，学习了解情绪、处理情绪。当我们处于情绪过激的危机状态时，正是我们重新学习的最好机会，这个及时反省的过程，可以帮助我们更深入了解潜意识中种种的心理运作。所以不要轻易放弃，反而该趁机努力一点一滴地记录下来，借着情绪日记，可以帮助我们省察、思考。

4. 运用生命线回溯过去

追溯记忆中悲伤或快乐的事件和过去的家庭历史，可以做生命线的分析或心理历史的分析，方法如下：在纸上画一条横线，左端写零岁，右端是现在的年龄，线的上方记录生命中较喜乐、有建设性的事件，下方则写下曾受伤害的历史事件。譬如你记得在 4 岁时全家出去玩非常愉快，那么就在线上写个“4”，然后把这个美好的回忆记在“4”的上方。7 岁时，因为数学没学好被爸爸打了一顿，这个负面的经历就写在“7”的下面等。

5. 找到一个安全的人保守秘密

情绪性或经验性上的学习远胜过只在知识性上的学习。当你在回顾时，身旁最好有个安全的人，这个人是很了解你的朋友，也是可以让你做真正自己的人。有时最亲密的人未必是最安全的人，因此要寻找可以帮你守密，也不会因你谈了某些深入的问题，而对你产生异样看法的人。同时，你也要自问能不能成为那个有恩慈、多倾听、少论断的人。当我们能真正倾听、接纳、了解彼此时，便在其中获得医治。而这种心灵相契、具矫正性的情绪治疗经验，是心灵医治过程中最重要的一环。

当我们用现在更大、更远、更成熟的眼光去检视昔日的伤痛，那些破坏的魔力才能消失、减少。多年前一个小孩所无法承受的苦痛，经过这些年的学习及智慧的长进再重新面对，会比较有能力解决当时的困难。

在心理回顾的过程中，如果所探索的只是些小小的不愉快，可以自己进行，若是比较大的伤害，譬如性侵害，就需要找受过专业训练的人来协助。这些人不但能保密，更了解医治的过程，知道如何去照顾、处理，帮人抚平创伤。

术业有专攻，不管是修理车辆、驾驶飞机，任何专才都必须经过长期学科、术科的训练，更何况是人生中最重要的婚姻与家庭？我们也要经过学习才能成为好父亲、好母亲、好子女，而心理治疗就是一个“个别化”的教育课程，教导一个人认识自我，了解自己和别人的情绪。

6. 改变生命密码，重塑自我

过去深沉的创伤，需要借着专业辅导帮助你走出伤痛，找到适当的支持团体，有人同行便不觉得那么孤单，也更有力量面对难题。也许我失败之处是别人曾经历过的，别人成功的经验可以帮助我，以此相互打气、扶持。

生命的列车呼啸而过，我们要经常检查心灵，以前有用，现在和将来都再也用不上的处理问题方式，都要以新换旧。

【心理测试】

焦虑自评量表 SAS

SAS 采用四级评分，主要评定症状出现的频度，其标准为：“1”表示没有或很少时间有；“2”表示有时有；“3”表示大部分时间有；“4”表示绝大部分或全部时间都有。20 个条目中有 15 项是用负性词陈述的，按上述 1—4 顺序评分。其余 5 项（第 5，9，13，17，19）注★号者，是用正性词陈述的，按 4—1 顺序反向计分。

请注意：1. 请根据你一周来的实际感觉在括号内填上适当的数字，不要漏评任何一个项目，也不要在相同的一个项目上重复地评定；2. 量表中有部分反向（即从焦虑反向状态）评分的题，请注意保证在填分、算分、评分时正确理解；3. 本表可用于反映测试者焦虑的主观感受，量表总分值仅能作为一项参考指标而非绝对标准。

1. 我觉得比平常容易紧张和着急（焦虑）。（　）
2. 我无缘无故地感到害怕（害怕）。（　）
3. 我容易心里烦乱或觉得惊恐（惊恐）。（　）
4. 我觉得我可能将要发疯（发疯感）。（　）
5★. 我觉得一切都很好，也不会发生什么不幸（不幸预感）。（　）
6. 我手脚发抖打颤（手足颤抖）。（　）
7. 我因为头痛、颈痛和背痛而苦恼（躯体疼痛）。（　）
8. 我感觉容易衰弱和疲乏（乏力）。（　）
9★. 我觉得心平气和，并且容易安静坐着（静坐不能）。（　）
10. 我觉得心跳很快（心慌）。（　）
11. 我因为一阵阵头晕而苦恼（头昏）。（　）

12. 我有晕倒发作或觉得要晕倒似的（晕厥感）。（ ）

13*. 我呼气、吸气都感到很容易（呼吸困难）。（ ）

14. 我手脚麻木和刺痛（手足刺痛）。（ ）

15. 我因为胃痛和消化不良而苦恼（胃痛或消化不良）。（ ）

16. 我常常要小便（尿意频繁）。（ ）

17*. 我的手常常是干燥温暖的（多汗）。（ ）

18. 我脸红发热（面部潮红）。（ ）

19*. 我容易入睡并且一夜睡得很好（睡眠障碍）。（ ）

20. 我做噩梦。（ ）

【结果统计与解释】

分析指标：

SAS 的主要统计指标为总分。将 20 个项目的各个得分相加，即得粗分；用粗分乘以 1.25 以后取整数部分，即得标准分。

结果解释：

按照中国常模结果，SAS 标准分的分界值为 50 分，其中 50 ~ 59 分为轻度焦虑，60 ~ 69 分为中度焦虑，70 分以上为重度焦虑。

思考题

1. 心理健康的定义是什么？你如何理解心理健康？
2. 如何识别自杀危险？
3. 你的心理健康程度和心理成熟度如何？如何改善？

第七章

学习心理

温水煮青蛙的故事告诉我们，要敏锐地觉察到环境的变化，改变旧有的模式，多思考、多学习，建立新的有效模式，才能适应变化的环境，更好地生存和发展。

第一节　学习概念及其相关理论

【导入】

观看视频“婴儿的成长”。刚出生12小时的婴儿就已经成为一个学习达人了。他已经学会辨别父母的母语节奏和其他语言的节奏是不同的，在语言方面也有自己的偏好，更喜欢在妈妈肚子里耳濡目染的母语，而不是其他语言。所以终其一生，我们都在学习。那么，学习究竟是什么呢？

一、学习的概念

“学习”一词，我国古代文献中早已有之。孔子曰：“学而时习之，不亦说乎？”“学而不思则罔，思而不学则殆。”这些观点，在一定程度上揭示了学习与练习、学习与情感、学习与思维的关系。但长期以来，人们对学习仍无一个统一的概念。

许多心理学家、教育学家和哲学家从不同的观点、角度提出了学习的定义。桑代克认为，人类的学习就是人类本性和行为的改变，本性的改变只有在行为的变化上表现出来；加涅认为，学习是人类倾向或才能的一种变化，这种变化要持续一段时间，而且不能把这种变化简单地归为成长过程；希尔加德认为，学习是指一个主体在某个现实情境中的重复经验引起的、对那个情境的行为或行为潜能的变化，不过这种行为的变化不能根据主体的先天反应倾向、成熟或暂时状态（如疲劳、醉酒、内驱力）来解释。联合国教科文组织在1987年所作的《学习，财富蕴藏其中》报告中指出：学习是指个体终身发展、终身教育的理念。

心理学领域中，广义的学习是指人与动物在生活过程中凭借经验产生的行为或行为潜能的相对持久的变化。这一概念包含三层意思：

①学习表现为行为或行为潜能的变化。通过学习，我们的行为会发生某种变化，如从不会游泳到会游泳。当然，有些学习不会在我们的当前行为中立即表现出来，但会影响我们对待事物的态度和价值观，即改变我们的行为潜能，如宗教信仰。

②学习所引起的行为或行为潜能的变化是相对持久的，如学会游泳后游泳技能将终生不忘。药物、疾病、疲劳等因素也会引起行为或行为潜能的变化，但这种变化是暂时的，因此不能称为学习，如运动员使用兴奋剂提高成绩，学生因疾病降低学习成绩等。

③学习是由反复经验引起的。有时候个体的生理成熟或衰老也会引起行为产生持久改变，如青春期少年的嗓音变化，这是由生理成熟引起的，与经验无关，所以不能称为学习。由经验而产生的学习主要有两种：一种是正规学习，如有计划的训练或练习、学

校的学习等；另一种是随机学习，因偶然的生活经历而产生，如幼儿被开水烫一次就知道开水不能摸。

二、学习理论及其分类

美国教育心理学家加涅提出了有理论支持也有技术操作支持的学习理论，这一理论解释了大部分课堂学习，并提出了切实可行的教学操作步骤。本节主要以加涅的信息加工理论的学习阶段为引导线，学习学习行为的各种理论，并在联系实际的基础上，思考学习理论在自身的学习经历上的体现，以及理论给我们的启示。

1. 学习动机理论

对于学习动机的实质及培养与激发的规律，心理学家提出了种种不同的理论观点，从不同的角度解释了人类的学习行为。需要层次理论和成就动机理论强调人天生有成长的需求，有内在的学习动机。行为主义的学习理论强调人会通过外界刺激与行为结果之间的联系来学习各种东西，如果有好的结果和外界诱惑，人会学习到某些规律，增加某种行为，强调了环境中的事物引发的外在动机。自我价值决定论区分了不同程度的外在动机和内在动机，以及动机的性质对学习的影响。自我价值理论阐述了学习效果的情况、对学习结果的认知，以及对学习动机的影响。

（1）需要层次理论

人本主义心理学家马斯洛认为，人的基本需要有五种，它们由低到高依次排列成一定的层次，即生理的需要、安全的需要、归属和爱的需要、尊重的需要和自我实现的需要。马斯洛认为，在需要的满足过程中，只有低层次的需要得到基本满足后，才能产生高层次的需要。其中，生理的需要、安全的需要、归属和爱的需要、尊重的需要属于基本需要，基本需要不满足，就无法有满足高级需要的动机。

需要层次理论说明，在某种程度上学生缺乏学习动机可能是由于某种缺失性需要没有得到充分满足而引起的。如家境清贫使得温饱得不到满足；父母离异使得归属与爱的需要得不到满足；教师过于严厉和苛刻，动辄训斥和批评学生，使得安全的需要和尊重的需要得不到满足等。从学习心理的角度看，人们进行学习就是为了追求自我实现，即通过学习使自己的价值、潜能、个性得到充分而完备的发挥、发展和实现。因此，自我实现是一种重要的学习动机。

（2）成就动机理论

成就动机这一概念源于20世纪30年代默里的有关研究，他把成就动机定义为一种努力克服障碍、施展才能、力求又快又好地解决某一问题的愿望或趋势。20世纪四五十年代，麦克莱兰和阿特金森等接受默里的思想，并将其发展为成就动机理论。

成就动机是在人的成就需要的基础上产生的，它是激励个体乐于从事自己认为重要的或有价值的工作，并力求获得成功的一种内在驱动力。例如，大学生想获得优良的学业成绩，想为社会经济发展做出更多的贡献等，都是其成就动机作用的表现。这种动机是人类所独有的，是后天获得的具有社会意义的动机。在人类的学习活动中，成就动机是一种主要的学习动机。

（3）行为主义学习理论

早期的行为主义学家强调行为结果的强化（如用食物作为动物行为的强化物）是行为的动机，这种动机就是外部动机，即为了得到其他的事物而选择学习，而不是人天生有学习的动力。如学生有了良好的行为习惯而得到教师的表扬，那么学生就会更好地维持良好的行为习惯，可是时间长了，良好的行为习惯没有再次得到教师的表扬，很有可能会随着时间的推移而逐渐消退。

班杜拉在他的动机理论中完善了行为主义的理论，他指出，人的行为受行为的结果因素和先行因素的影响。行为的结果因素就是通常所说的强化，他把强化分为三种：一是直接强化，即通过外部因素（奖励和惩罚）对学习行为予以强化；二是替代性强化，即通过一定的榜样来强化相应的学习行为或学习行为倾向；三是自我强化，即学习者根据一定的评价标准进行自我评价和自我监督，来强化相应的学习行为。他认为，在学习中没有强化也能获得有关的信息、形成新的行为，强化的作用在于激发和维持学生的学习行为。因此，他认为行为的出现不是由于随后的强化，而是由于人认识了行为与强化之间的依赖关系后形成的。

【扩展阅读】

看一看，想一想

从前有个老头，安静地住在一个院落里，可附近总有一群小孩来骚扰他。他们恶作剧地往老头的院子里扔石头，惹得老头发怒，然后一窝蜂地跑掉，第二天再来扔石头，乐此不疲。

过了很久，老头觉得再凶巴巴地发火也没用，就想了另一个办法。有一天，一阵石子雨后，老头和颜悦色地出现在孩子们面前，说：“欢迎你们来玩，从今天起我会给每个扔石头的孩子 10 块钱。”孩子们一听都高兴极了：“干坏事还给钱？真是太好了！”第二天孩子们来到老头家又是一顿扔，然后每人得到 10 块钱。

第四天就不一样了，孩子们扔完石头后每人只得到 5 块钱。又过了两天更少了，老头只给每个孩子 2 块钱，孩子们对待遇的降低都不满意，石子也不好好扔了。接下来老头更过分了，连屋都不出，一分钱不给。孩子们生气地说：“我们这么辛辛苦苦地扔石头，他还不给钱，不给他扔了！”困扰老头已久的问题就此解除。

从这个故事你想到了什么？对学习的启示是什么？

（4）自我决定理论

自我决定理论由美国心理学家德西和瑞恩提出。该理论指出，理解学生学习动机的关键是个体的三种基本心理需要：胜任需要、归属需要和自主需要。学习动机的能量和性质，取决于心理需要的满足程度。胜任是指在个人与社会环境的交互作用中，感到自己是有效的，有机会去锻炼和表现自己的才能。归属是指感觉到关心他人并被他人关心，有一种从属于其他个体和团体的安全感，与别人建立起安全和愉快的人际关系。自主是指个体能感知到作出的行为是出于自己的意愿，是由自我来决定的，即个体的行为应该是自愿且能够自我调控的。

自我决定理论强调人类行为的自我决定程度，将动机按自我决定程度的高低视作一个连续体，分为内部动机、外部动机和无动机三种类型。它认为社会环境可以通过支持自主、胜任、关系三种基本心理需要的满足来增强人类的内部动机、促进外部动机的内化、保证人类健康成长。

（5）自我价值理论

自我价值理论是美国教育心理学家卡文顿提出的，根据学生追求成功和避免失败的倾向，可以将学生分为四类。

①高趋低避者。这类学生的学习超越了对能力状况和失败状况的考虑，又被称为成功定向者。他们往往拥有无穷的好奇心，对学习有极高的自我卷入。

②低趋高避者，又称避免失败者。这类学生有很多保护自己胜任感的策略，使用各种自我防御术，从外部寻找个人无法控制的原因来解释失败。

③高趋高避者，又称过度努力者。他们兼具了成功定向者和避免失败者的特点。一方面对自我能力的评价较高，另一方面这一评价又不稳定，极易受到失败经历的动摇。他们往往有完美主义的倾向，给了自己太大压力，处在持续恐惧之中。

④低趋低避者，又称失败接受者。他们放弃了通过能力的获得来保持其身份和地位的努力。这些学生在面临学业挑战时表现出退缩，至少是被动的反应。他们用于学习的时间很少，焦虑水平也很低，对极少获得的成功不自豪，对失败也不感到羞耻。

自我价值理论可以较好地解释“有的学生为什么不肯努力学习”，而“有的学生

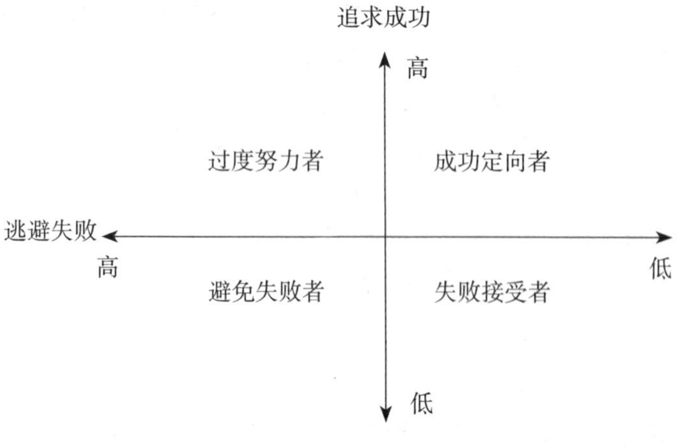

为什么要掩饰其努力或拒绝承认其努力”等问题。这些实质上都源于将成败归因于能力的一种自我价值保护的效应。表面看起来是学习动机的降低，实质上却是自我价值保护这一学习的内在动机的加强。或许可以说对学业的漠视、逃脱和倦怠，不是由于缺乏动机，而是因为动机过强。这种过强的动机不是正常的积极的动机，而是与胜任感的联系过于密切，从而采用一些自欺欺人的策略保护自我价值。

2. 注意、记忆理论

（1）维持注意力的方法

①加强对目的、任务的理解。有意注意是有预定目的的注意。人们对活动的目的、任务的重要意义理解得越清楚，对完成任务的愿望越强烈，那么与完成任务有关的一切事物也就越能引起和保持人的有意注意。例如，学生上课前进行预习，事先了解这节课要讲的内容，知道哪些地方自己没有看懂，那么听课的时候，就容易产生有意注意，就能更有效地在课堂上选择信息。

②合理组织活动。在明确活动的目的、任务的前提下，合理地组织活动，有助于集中有意注意。智力活动与实际操作相结合，有利于引起和保持有意注意。例如，在阅读有一定难度的科学论文时，边读边做笔记，有利于长久地保持注意而避免注意的分散。提出问题，有利于加强注意。在课堂教学过程中，教师适当地向学生提一些问题，这样不仅可以检查学生对知识的掌握情况，而且对学生集中和保持注意有重要作用。提出自我要求，有助于集中注意。根据任务的需要，经常暗示自己“一定要专心，不要走神”，这样可以起到集中注意的作用。

③稳定学习动机。间接兴趣是引起和保持有意注意的重要条件之一。所谓间接兴趣是指对活动结果的兴趣。间接兴趣越稳定，就越能对活动的对象保持有意注意。例如，人们开始学习外语时，常常觉得记单词、学语法非常枯燥、乏味；但当学习者认识到掌握了外语这一工具后，可以很好地吸收外国先进经验，与外国朋友进行交流，能找到好工作，就能够努力克服困难，专心致志地学习外语了。

④坚强的意志力。有意注意不仅在没有干扰的情况下进行，有时在有干扰的情况下还要求坚持进行，这就需要用坚强的意志排除干扰，才能维持有意注意。对注意的干扰，可能是外界的刺激物，也可能是机体的某些状态（例如疲劳、饥饿、疾病等），还可能是一些无关的思想和情绪等。人们如果想集中注意，除了采取一定的措施排除干扰外，还要用坚强的意志与干扰作斗争。这样既能锻炼意志，又能培养有意注意。

【扩展阅读】

鸡尾酒效应

在各种声音嘈杂的鸡尾酒会上，有音乐声、谈话声、脚步声、酒杯餐具的碰撞声等，当某人的注意力集中于欣赏音乐或别人的谈话，对周围的嘈杂声充耳不闻时，若在另一处有人提到他的名字，他会立即有所反应，或者朝说话人望去，或者注意说话人下面会说的话等。

（2）促进记忆效果的方法

①复习要及时。遗忘开始时较快，所以对新学习的材料要及时复习。复习在时间上的正确分配对识记效果有很重要的影响。连续进行的复习称为集中复习，复习之间间隔一定的时间称为分散复习。很多实验证明，分散复习比集中复习好。分散复习时间间隔的长短，要根据材料的性质、数量、识记已经达到的水平等来确定。一般认为，开始复习的时间间隔要短，以后可以长一些。

②注意排除前后材料的影响。复习时要注意材料的序列位置效应。对材料的中间部分要加强复习，避免前摄抑制和倒摄抑制的影响，类似材料的复习不要安排在一起。例如，文科的语文、历史、政治的复习不要安排在一起，而应和理科交叉安排。在复习时还要注意安排适当的休息。

③利用提取线索。当我们需要记起信息时，我们依赖于提取线索。长时记忆中缺乏提取线索导致的遗忘叫作线索遗忘，是最常见的遗忘形式。经验、相似的情景、大脑和生理状态均可以成为提取线索，唤起记忆。你的情绪是否和你要记起的场景的情绪相同也会影响记忆提取。开心时唤起开心的记忆，悲伤时唤起悲伤的记忆。

【扩展阅读】

记忆术：PQ4R 法

①预习（prepare）。预习涉及全部学习材料，确保对需要记忆的学习材料有一个清晰的表象。实验表明，如果记忆主体对所要记忆的内容有一个清晰的表象，那么对这部分材料的记忆比其他没有形成清晰表象的材料要容易得多，而且所耗费的时间要少得多。

②提问（question）。在预习之后，针对所要学习材料中有些不能被原有知识结构同化的内容提出问题，以使这一新知识能比较顺利地纳入知识结构。具体做法可以把各分段的标题改为适当的问句。例如，一个小单元标题是“记忆术”，可改为“什么是记忆术”或“记忆术对记忆材料有什么意义”等。

③阅读（read）。仔细阅读所要记忆的材料，做到反复阅读，试图回答自己在上一个步骤中所提出的问题。阅读时，要尽可能多地运用各种分析器参与记忆。实验表明，多种分析器参与记忆活动比单一分析器参与记忆活动的效果好。这就是说，在识记一篇材料时，要尽量做到边看、边读、边思考。

④思考（reflection）。在阅读时，思考如何回答在第二步骤中提出的问题，通过理解以达到成诵的水平。同时也可以想出日常生活中的一些例子，把所学材料与自己以前经历过的事情联系起来。

⑤复述（repeat）。通常要在学完一个小单元后，运用自己的话来概述这一单元所学的知识，尽量用自己的话来回答自己对本单元所提出的问题。如果有些内容不能用自己的语言完全复述出来，或复述错误，就要重新阅读记忆困难的那部分材料。

⑥复习（review）。在学习完所有的小单元后，应把整个材料各个小单元的知识要点和小单元的问题再回答一次。

---

3. 认知学习理论

20 世纪 60 年代以后，随着认知心理学的诞生，学习理论开始重视研究学习者处理环境刺激的内部过程和机制，用 S—O—R（O 即学习的大脑加工过程）模式来取代简单的没有大脑参与的 S—R 联结，强调有机体的学习是在大脑中完成的对于人类经验重新组织的过程，主张人类的学习模式不应该是简单地观察实施刺激以后的有机体的反应方式，而应该重视学习者自身的建构和知识的重组，应该强调不同类型的学习有不同类型的建构模式，主张在教学中要加强学习者有意义学习的比重，运用同化与顺应的方法有效地促成学习者知识结构的建立。

认知结构理论重视学科基本结构的掌握，主张让学生掌握概括性程度更高的概念或一般原理，以有利于后继新知识的同化和顺应。提倡有效学习方法的形成，认为学生不仅要学习内容，还要掌握并综合运用对客观事物归类的方法。主张学生的发现学习，倡导学生独自遵循他自己特有的认识程序亲自获取知识的一切方式。

4. 实践、反馈结果与学习效果的理论

班杜拉的社会认知理论认为儿童社会行为的习得主要是通过观察、模仿现实生活中重要人物的行为来完成的。成败归因理论进一步分析了反馈结果的性质带给个体的情绪感受。人们做完一项工作之后，往往喜欢寻找自己或他人取得成功或遭受失败的原因。

最早提出归因理论的是海德，他认为，了解人们行动的原因是理解世界和控制环境最根本的手段，并可以预言人们将如何行动。行为的原因或者在于外部环境（他人的影响、奖励、运气、工作难易等），或者在于个人内部（人格、动机、情绪、态度、能力、努力等）。如果把行为的原因归于环境，则个人对其行为结果可以不负什么责任；如果把行为的原因归于个人，则个人对其行为结果应当负责。

后来，罗特对归因理论进行了发展，提出了控制点的概念，并依据控制点把个体分为内控型和外控型。内控型的人认为自己可以控制周围的环境，无论成功还是失败，都是自己的能力或努力等内部因素造成的，他们乐于对自己的行为负责；外控型的人则感到自己无法控制周围的环境，无论成败都归因为他人的影响或运气等外在因素，他们往往对自己的行为不愿承担责任。

在海德和罗特研究的基础上，维纳对行为结果的归因进行了系统探讨，发现人们倾

向于将活动成败的原因即行为责任归结为以下六个因素，即能力高低、努力程度、任务难易、运气（机遇）好坏、身心状态、外界环境等。同时，维纳认为这六个因素可归为三个维度，即内部归因和外部归因、稳定性归因和非稳定性归因、可控制归因和不可控归因。最后，将三维度和六因素结合起来，就组成了下表所示的归因模式。

成就动机的归因模式

	稳定性		内在性		可控性	
	稳　定	不稳定	内　在	外　在	可　控	不可控
能力高低	+		+			+
努力程度		+	+		+	
任务难度	+			+		+
运气好坏		+		+		+
身心状态		+	+			+
外界环境		+		+		+

教师或权威人物对学生行为的期待、奖惩和归因，学生的性格类型，教育训练等都可以影响学生的归因。归因理论的研究表明，学生对学习结果的归因不同，其学习行为也会不一样，因此，可以通过改变归因方式来调整学习行为。一方面，学生应找出成功或失败的真正原因；另一方面，应试着从有利于今后学习的角度进行归因，哪怕这时的归因并不真实。一般而言，无论是优等生还是后进生，归因于主观努力的方面均是有利的。因为归因于努力，优等生不至于过分自傲，能继续努力，以便今后能继续成功；后进生不至于过分自卑，也能进一步努力学习，以争取今后的成功。

三、影响学习效果的重要因素

1. 智力

在 19 世纪后半叶，智力一词最早是由哲学家斯宾塞和生物学家高尔顿将古代拉丁词 intelligence 引入英文的，其意义是代表一种天生的特点及倾向性。有学者主张智力是学习的能力，智力高的人，能够学习较难的材料，学习成绩也较好；反之，智力低的人，只能学习容易的材料，学习成绩也不好。也有学者认为智力是抽象思维的能力，如判断力、理解力、推理力、创造力等，智力高的人能运用抽象思考能力解决问题。还有学者认为智力是信息加工的能力，编码和比较在解决智力测验的任务中作用最为重要，能迅速编码和比较的人通常比加工慢的人智力高。美国心理学者韦克斯勒采用综合的观点，认为智力是一个人心理能量的总和，此项能量能够使个人有目的地行动，使个人的思想有条理，并且能够对自身的环境作有效的适应。斯滕伯格也认为，“智力是从经验中学习和获益的能力，抽象思维和推理的能力，适应不断变化、模糊多样的世界的能力，以及激励自己有效地完成应该完成的任务的能力。”从这些定义中可以看出，智力对学习具有重要影响。

【扩展阅读】

真正决定一个人成功与否的关键是情商而非智商。

——丹尼尔·戈尔曼

多种智力中，最受瞩目的要数情绪智力。情绪智力包含准确地觉察、评价和表达情绪的能力；接近并 / 或产生感情以促进思维的能力；理解情绪及情绪知识的能力；以及调节情绪以助情绪和智力发展的能力。情绪智力包括以下四个方面。

①情绪的知觉、鉴赏和表达能力。从自己的生理状态、情感体验和思想中辨认自己情绪的能力。

②情绪对思维的促进能力。情绪影响对信息注意的方向；情绪生动鲜明地对与情绪有关的判断和记忆过程产生积极作用的能力；心境的起伏使个体从积极到消极摆动变化，促使个体从多个角度进行思考的能力；情绪状态对特定的问题解决具有不同的促进能力，如快乐可以促进归纳推理和创造性，抑郁可以促进演绎推理和深刻的思考。

③对情绪的理解、感悟能力。给情绪贴上标签，认识情绪本身与语言表达之间关系的能力，如对“爱”与“喜欢”之间区别的认识；理解情绪所传送意义的能力，例如伤感往往伴随着失落；理解复杂心情的能力，例如爱与恨交织的感情；认识情绪转换可能性的能力，例如愤怒可转换为满意，也可转换为羞耻。

④促进心智发展的能力。以开放的心情接受各种情绪的能力，包括愉快的和不愉快的；据所获知的信息与判断成熟地浸入或离开某种情绪的能力；察觉与自己和他人有关的情绪的能力，比如其明确性、典型性、影响力、合理性等；理解自己与他人情绪的能力，缓和消极情绪，加强积极情绪，并且做到没有压抑或夸张。

2. 非智力因素

大多数心理学家认为，非智力因素是指人的智力因素之外的那些参与学生学习活动并产生影响或者是对心理过程有着起动、导向、维持与强化作用的个性心理的因素，如兴趣、情感、意志和性格等。

根据非智力因素对心理活动的调节范围以及对学习活动直接作用的程度，可将非智力因素划分为三个不同层次：第一层次，指学生的理想、信念、世界观。它属于高层次水平，对学习具有广泛的制约作用，对学习活动具有持久的影响。第二层次，主要是指个性心理品质，如需要、兴趣、动机、意志、情绪情感、性格与气质等，这些属于中间层次。它们对学习活动起着直接的影响。第三层次，指学生的自制力、顽强性、荣誉感、学习热情、求知欲望和成就动机等，它们是与学习活动有直接联系的非智力因素，对学习产生具体的影响。下面是一些非智力因素对学习的影响：

①对活动的强烈需要和爱好是取得成就的重要因素。一个学生有学好某学科的能力，但由于缺乏兴趣，学习成绩并不突出，只有当学生对这门功课发生了兴趣，有了强烈的需要时，学习能力才能得到充分发挥，才能取得优良的成绩。

②对学科有积极的学习态度和热情也是取得成就的重要因素。包达列夫的研究结果显示：学生对一门学科的态度会在他的知觉、思维、记忆和想象等心理特性上留下痕迹。学生缺乏积极的态度，就会阻碍他的活动潜能的发展。他们认为成功的取得与热烈的情感是分不开的。

③焦虑与学习成功有一定的关系。斯皮尔伯格认为，能力中等而焦虑低的学生，其成绩优于同等能力而焦虑高的学生；能力低的学生，无论焦虑高低，其成绩均劣；能力强的学生，无论焦虑高低，其成绩均优。这与能力强的学生自我控制情绪的能力强有关。

④人的意志、性格与能力发展有关系。赛尔金娜指出，性格特征对能力发展，尤其是意志对科学家的创造力的发展来说是不可缺少的品质。有的研究者还指出，个人开朗的性格，对自己的潜力和成就能保持谦虚态度的品质，是真正的学者必须具备的一种性格特征。

第二节　大学生的学习特点

【导入】

学习就像羊吃草

小学：把草割下来嚼碎了给羊吃；

中学：把草割下来直接给羊吃；

大学：把草割下来放在旁边，你吃不吃是个人的事情；

硕士：把羊带到草地上，让其把草割下来吃，你割不割是个人的事情；

博士：据说、听说那边好像有一片草地，你过去把草割下来吃，你去不去是个人的事情。

大学的学习与高中的学习有诸多不同，从学习目的、学习内容、学习环境、学习方法等方面来看，大学生都需要根据环境的变化调整自己的心态与学习方法。

总的来说，高中的学习目标唯一，对分数的要求高，有明确的竞争标准和压力环境。大学的学习目标多样，对分数的要求灵活，竞争标准模糊，压力全面但很难找到明确方向，大学里没有人天天监督学生学习，想要获得成长需要自己主动学习。

1. 大学学习与高中学习在学习目的及学习内容上有差异

从学习目的的角度看，高中的学习就是为了考上大学，主要还是为了应试，有家长与老师监督学生学习。在大学则是为了培养个人能力，为将来的职业和生活幸福做准备，满足兴趣、培养特长、实现个人理想成为大学生学习的主要目的。高中的学习主要是外部力量驱动，如学校纪律的制约、家长老师的监督感化等；但进入大学后，学习的驱动力主要来自个人的主观能动性，表现在学习上就是无须外部压力而积极主动地学习。从学习内容（课程）的角度看，高中主要学习一般性的基础课程，大约十门；大学里每个学生则根据自身专业和兴趣学习不同于他人的课程，课程的容量、广度依赖于个人的学习目的及规划，另外，除了知识的学习，还强调各种技能的学习和锻炼，强调综合素质的提高。

到了大学，每个人具体的学习目的和学习内容因人而异。大学生需要在学校给出的教学资源之上再次自主挑选课程、自主学习。就大学生综合素质而言，每个学校培养的大学生基本素质各有侧重，每个专业培养的大学生基本专业能力和核心基本能力也有不同。

联合国教科文组织把大学生的主要任务界定为“四个学会”：学会做事、学会做人、学会与人相处、学会学习。

①学会做事。学会做事是指用一种善始善终的态度认真地对待和处理各种事务，坚持不懈并力求完善。学会做事不仅包括学会面对事情的态度，还包括学会做事情的方法、思维和毅力。

②学会做人。学会做人是指建构符合道德的价值体系，并承担个体的社会责任，热爱生命并感激生活的给予。学会做人还意味着除关注自己之外，还有对亲情和友情的看重，与亲朋好友之间的密切联系，对父母的关心和体贴，并承担应尽的义务。

③学会与人相处。为了更好地发挥自己的潜能，人们需要得到周围环境的支持和帮助，至少不应该受到别人有意的阻挠。良好的人际关系是营造个人工作和生活环境的必要前提，即使彼此不能成为朋友，也需要有一种相互尊重的关系，这是人际关系的最大特点。

④学会学习。学会学习是当今时代的总体要求，也是大学学习要求的改变所在。大量的知识需要在实际工作中不断学习和掌握，因此大学中对知识的掌握只是学习的一部分，更重要的是要学会学习的方法。学会如何学习不仅是大学学习的目标，也是未来胜任工作的关键。

2. 大学学习与高中学习的衡量标准不一样

由于大学的学习目标、学习内容的灵活性，每个大学生对自己的学习要求和学习标准都不一样。学校对学生的要求和衡量标准也比高中时期宽松、灵活许多。

从学习成绩检查评定的角度看，大学里成绩的评定方式更为灵活，有的是考试，有的是考查。总成绩一般由期中考试、平时作业、期末考试组成。大学里每一门课的考试都很重要，不及格要补考或重修。但考试分数不再像高中那样被过分看重。从学习竞争的角度看，大学里同学间考分高低的竞争减弱，综合能力的竞争增强。由于同学都是来自全国各地较出色的学生，客观上竞争压力比高中更大。进入大学，应试的压力陡降，但大学生学习的潜在压力会渐渐提升，由于目标和衡量标准的不确定性，大学生的学习压力和焦虑程度依然相当高。

3. 大学学习环境与高中学习环境不一样

大学的学习制度、学习场地、教授方式都与高中不一样。大学给了学生更多更灵活的学习资源，更少的约束，但同时也少了直接强制性的压力，这就需要学生们有自我管理、自主学习的能力。

从教学管理制度的角度看，高中是学年制，学籍处理以“年”为单位；大学是学分制，学籍处理以“学分”为单位，课程设置及学习进程具有较大的灵活性，学生可以提前或推迟毕业。大学还可以攻读第二学位或辅修第二专业。从学习环境的角度看，大学里有数量众多、各类专业的老师，有更优秀的学友、更优越的学习设备和场所。大学里自由支配的时间大大增多，各种社会活动层出不穷，为大学生自主全面地学习提供了良好条件。从大学课堂教学的角度看，高中主要是老师讲授，每一节课老师安排得非常具体，所讲内容主要源于教科书。老师精讲细讲，唯恐学生不懂。但在大学里，老师讲授的内容并非都来自教材。大学课堂节奏快，信息量大，介绍思路多，详细讲解少。鼓励学生提问或参与讨论，要求学生课后阅读大量的参考资料，强调学生自学。从课程学习方式方法的角度看，高中主要是啃书本、做习题；大学学习除此之外，还强调理论联系实际，如从实验课、教学实习、科学研究（做毕业论文）、毕业实习、社会实践活动以及平常数量众多的社会活动中去学习。

由于高中学习与大学学习的差异，从高中到大学，大学生在学习心态和学习方式上需要进行重大的转变，一是由被动学习变为主动学习，二是由跟随老师的学习安排变为自己掌握学习方法，找到适合自己兴趣和专业的学习方法。

（1）从“要我学”到“我要学”

大学和中学的教学模式有很大不同。大学老师教学是向学生传授新的知识和思想，启发学生的思维。大学的教育是启发式和自主性的。学校安排的公共课、公开课会比较多，自学和自由支配的时间也较多。成绩的好坏全靠个人平时的努力程度和学习态度。

所以，同学们一定要尽快从高中阶段的学习习惯中走出来，改变学习方法，逐渐地从“要我学”向“我要学”转变，掌握大学学习特点和规律，迅速摸索出一些适合专业及自身特点的学习方法。

当新生在确定所学课程后，应该为自己制订一个合理可行的学习计划，并坚持按照计划进行。如什么时候过英语四级，什么时候过英语六级，听什么样的选修课，是否要辅修第二专业等。计划一定要量身而定，量力而行。可以根据个人的实际情况将短期目标与长期目标相结合，制订操作性强，并且容易完成的计划。

此外，大学是一个开放的环境，开放的图书馆，开放的自习室，开放的学术环境，学会利用并运用好这些资源是一个大学生必备的能力。

（2）唤醒自己的专业兴趣

有的学生刚开学就问老师："这个专业我不喜欢怎么办？这所学校不是我理想的大学，是父母替我选的专业……"据调查，每年高校大约有近 20% 的学生所学专业与自己的兴趣不符。

现在报考大学选专业的时候，学生的选择性并不是很强，有的学生被录取的专业还是经过调配的，对所学专业完全陌生。因为不了解提不起兴趣，或者想方设法转专业，这是可以理解的。但已经选择了或被调配到某个专业学习是既成事实（即使将来可以转专业，学校对学生转专业的人数和整体成绩也是有要求的），那么，无论所学专业是不是自己喜欢的，都要努力认真地去学习，唤醒自己对专业的兴趣十分重要。

兴趣、热情、求知欲是学习的直接内在动力。很多学生刚开始并不喜欢自己的专业，对它完全不了解，但是接触过一段时间之后，会逐渐喜欢上它。面对一个全新的领域只有积极努力地去学习、探索，才有可能真正地了解它、热爱它，才有可能取得好成绩。

另外，现在的大学教育比较开放，很多学校支持学生辅修第二专业或读双学位。有的学校会在第二年给学习有能力的学生重新选择专业的机会；有的学校在学生学完两年基础课时再细分学科大类之中的专业攻读方向；学生可以根据自己的实际情况和学校的条件作出决策。但是更多的人要学会适应，在无法后退又不能转专业的时候，直面现实，努力挖掘专业的兴趣点，唤醒自己对专业的兴趣，是完成四年或五年大学学业的主要动力，也是为未来就业储备更多的专业知识。

第三节　大学生常见学习问题及其调适

【导入】

考不好的成绩

21 岁的丁某是一位在校的女大学生，上大学以来连连受到打击。期末考试的成绩出来了，她考得不如意，连寄予很高期望的英语六级也考得很差，刚刚过及格线。她觉得很丢人，怕同学、老师看不起自己，心情烦躁，觉得再这样下去自己前途渺茫，于是很着急。自己还有一年就毕业了，面对激烈的竞争，非常害怕自己被打败。成绩这么差，要考研担心不占优势；要工作，也怕没有好的单位愿意录取，觉得无路可走，心里很紧张、很害怕。如果出现那样的局面，父母和周围的人肯定会觉得自己没出息，不敢想象那样的场面，觉得自己快疯了，要被压垮了，想找人帮助自己。

一、学习动机不当

学习动机不当包括学习动机不足和学习动机过强，这两者都会影响大学生的学业效率。

1. 学习动机不足

由于没有明确“为什么活着”“为什么上大学”等这些根本问题，以及受到周围不良因素的影响，一些大学生会出现学习动机不足的现象，主要表现有：在日常生活中学习松散、懒惰，往往没有求知的欲望，在学习上没有成就感，对学习没有兴趣；平时不肯花时间和精力在学习上，上课不愿听讲，课后不愿看书、不愿动脑思考；对老师讲授的内容感到烦躁，对学习内容感到厌倦，认为学习只能带给自己烦恼；缺乏一定的毅力和耐力去克服学习上的困难，在学习中不会积极寻求有效的方法；没有确定的目标来指导学习，习惯于依赖他人的指导和要求；为学习而学习，甚至厌倦学习和逃避学习，将大多数时间消耗在与学习无关的娱乐消遣等活动上。

2. 学习动机过强

由于给自己设置了过高的学习目标，或错误地认为“只要努力就能成功”“苦读就能成才”等，一些大学生会出现学习动机过强的现象，主要表现有：在学习上自我期望值过高，超过了自己的实际水平；成就欲望过于强烈，不能接受失败；学习过于勤奋，把学习看得至高无上，把全部心思都用在了学习上，从不或很少从事娱乐和文体活动；有强烈的争强好胜心理，把分数和名次放在很重要的位置，总想取得第一名；很想得到老师、长辈或亲朋好友的肯定，嫉妒心强；由于学习压力大、长时间超负荷学习，常伴随学习焦虑和考试焦虑的现象；对自己要求过严，不允许失败，一旦失败就容易产生自责。

二、学习方法不当

大学的学习方法因大学学习的专业性、阶段性、自主性、探索性等特点而有别于中学，大学生必须结合自己的实际寻求适合的学习方法。学习是一种个人的活动，不同的大学生因个性特性、学科专业方向等的不同，应该采用的学习方法也各有特点。大学生学习方法不当主要表现在很多学生沿用高中时的学习方法，不能根据当前的学习内容进行调整，或者是照搬别人的学习方法，自己不能适应又不愿意更改。大学生在选择学习方法时应注意以下几个方面：

1. 根据个性特点来选择学习方法

每个人都有自己独特的个性，个性不同，则学习方法亦应有所不同。例如，对性格外向的同学来说，他们活泼好动，注意力转移快，思维敏捷，反应迅速，但坚持性差。因此，就不必强迫自己整天埋头复习，应用“交替学习法”，不断交换大脑优势兴奋中心，该玩时就玩得痛快淋漓，该学时就“两耳不闻窗外事”，必要时就用意志来约束自己。而内向型的同学则沉着稳重，感知事物细腻，思考问题有深度，学习认真能持久，但思路不宽，领会知识速度慢。这就应在发挥自己优势的同时，培养自己的发散性思维，开阔视野，拓宽思路，多与同学交流讨论。

2. 根据思维的状态来选择学习方法

人的思维状态在一天之中是有变化的，这些变化受时间、环境和情绪的影响，我们应根据变化特点，采取不同的学习方法。思维进入最佳学习状态时，就把最重要的功课或难题放在这个时间去复习、思考、背诵等。思维处在低潮时，可进行一些阅读、浏览、整理笔记、练习绘画等。

3. 根据不同学科来选择学习方法

各门学科都有其独特的规律，都有其基本的学科结构，因此在学习时，要掌握各门学科的基本知识结构，各个结构又有什么内容，怎样把它们联系起来。总之，方法的选择要因学科而异。

三、记忆力减退

知识在理解的基础上识记，然后应用于实践，无论是文科还是理工科，无论是理论还是实践，都需要记忆。但是在学习过程中，记忆力减退是让许多大学生感到头痛的问题，它不仅直接影响学习的效率，而且还会影响学生学习的兴趣和情绪。

1. 保持良好的情绪状态

心理学家研究认为，愉快的心情会引起人体内的一系列生理变化，如肌肉舒适放松，心脏有规律地跳动，体温略上升等。这些愉快的体验会引起身体的快感，在这种状况下学习，记忆效果会显著提高，而在不愉快的心情下，心律会加快，血压会升高，结果使人的精神不集中，记忆效果也不佳。

2. 掌握最佳记忆时间

人体的各种生理和心理功能每天会随着时间推移作规律性的运动。根据苏联科学家的研究，人在一生中，生物机能上午 7—10 时逐渐上升，10 时左右精力充沛，处于最佳工作和学习状态，之后趋于下降；下午 5 时再度上升，到晚上 9 时又达到高峰，11 时过后便又急剧下降。具体到每个人又不完全相同，因为每个人每天学习的最佳时间与其长期养成的学习、生活习惯有很大关系。为了提高记忆效果，大学生应注意观察自身特点，掌握了解自己最佳的用脑时间，把重要内容放到最佳时间去学习。

3. 遵循记忆规律，掌握科学记忆方法

（1）了解遗忘规律，及时复习

德国心理学家艾宾浩斯的研究表明，遗忘的规律是先快后慢，先多后少。因此，要克服遗忘就必须及时复习。复习的原则是及时、持久，当天学习的内容当天就要复习，此后随着时间的推移可以逐渐加大复习的时间间隔。

（2）不断变换记忆的起始位置实验

研究者先让参加实验者按一定顺序学习一系列的单词，然后让他们自由回忆，也就是说，不必按照他们学习的顺序回忆出来，想到哪个单词就说出哪个单词。结果发现，最先学习的和最后学习的单词的回忆成绩较好，而中间部分的单词回忆成绩较差，这就是心理学上的系列位置效应。由此可见，我们在学习的时候应该不断变换学习的开始位置。比如在背诵一篇课文时，不要每次都是从开始读到末尾，有时也应该从文章的中间部分开始读起，这样才不至于只记得开始和结尾部分，却忘了中间部分。

（3）善于把知识总结归类

知识是按照一定的网络结构保存在大脑里的。我们在学习的时候要善于把知识点总结归类，把零散的知识点并存于整个知识网络中去，这样可以避免遗忘。

（4）加深理解

对大部分事物，如果我们对它了解得越深，理解得越透彻，知道得越多，就越不容易忘记。比如在记外语单词时，不停地写、不停地念单词，不如比较一下这个单词与别的单词有什么联系，了解一下这个单词都能用在什么情景下，或看看这个单词的例句，虽然这样比较花费时间，但却是一种有效的记忆方式。

四、注意力涣散

注意是将心理活动指向和集中于一定的事物。心理宁静放松而又能将全部精力专注于工作学习，将取得事半功倍的效果。注意力与学习效率有着非常密切的关系。有关专家说，哪里有注意，哪里就会有思考和记忆。注意是认知和智力活动的门户，注意力涣散的调适方法如下。

1. 应用期限效果集中注意力

首先，只需设定一个期限，就能集中精神完成不感兴趣的工作。其次，对讨厌的工作制订计划只需考虑终了时间，终了时间一到，就会强迫你去完成它。最后，设置几个中间站，每个中间站之前注意力最佳。在学习过程中，设置几个中途终点，则会防止中间松懈现象。

2. 应用报酬效果集中注意力

首先，可以给自己定个奖赏作为学习的报酬，这个报酬可以依自己的需要和兴趣订立。其次，遇到困难的工作可用假想敌人和处罚来激励自己。

3. 利用目标明确化集中注意力

首先，将大目标明确化。对学习、工作不感兴趣时，往往只要能够明辨目标便能产生注意力。其次，把目标用文字或图表来表示就能提高注意力。

4. 应用愉快经验集中注意力

我们如果在学习、工作上体验到成功的滋味后，便可拥有愉快的经验，这种愉快的经验会鼓舞我们的斗志，从而接受不愿意做的工作和学习任务。

五、考试焦虑

考试焦虑是一种常见的学习心理问题，由于面临考试而引起的不安、忧虑、紧张甚至恐惧的情绪状态。多数人在面临重要考试时都会产生一定程度的考试焦虑，这是正常的、无害的。但过度的考试焦虑对学习及身心健康危害很大。大学生应该把考试看作对自己已经学习的知识的验证，从而帮助自己更好地决定以后如何学习，而不仅仅是对自己的评定。

1. 正确认识考试，稳定情绪

不要过分看重考试对个人前途的影响，不能片面认为考取大学是唯一的出路，应把考试看成检验自己十几年的学业水平，接受祖国挑选的正常程序，既要认识到高考是一种竞争，也不能过分强调竞争，更不能把考试视为下赌注。

2. 做好充分的考前准备工作

考试前做好精神、物质上的准备工作，有利于放松紧张心情，脚踏实地、有条不紊地进入应试状态。精神准备除了要调整好情绪，还要保证充足的睡眠。要重视科学用脑，不要开夜车，还要注意起床时间不要离考试时间太近，起床后应活动一下。物质准备除了生活上吃一些清淡、富于营养、易消化的食品外，还应做好交通工具、学习用品、生活用品、防暑的准备。

3. 正确评估自己，树立必胜信心

考前不要盲目乐观，更不能低估自己。振奋士气，树立必胜信心是防止"晕场"的有力保证，使自己始终处于自信而不自满，自尊而不自负的心理状态。

4. 自我放松，自我暗示

入场前，如仍处于紧张状态，可以作几次深呼吸，做两节广播操，哼几句流行歌曲，想点与考试无关但使自己高兴的事，或积极参与同学间的谈笑来转移注意力，冲淡紧张情绪。

【扩展阅读】

科学用脑

大脑是思维的器官，只要不在疲劳状态下积极思考，研究各种问题，不但没有害处，相反会越用越灵活。日本科学家通过一系列实验认为，懒惰会引起早衰，而长期从事脑力劳动的人到 60 岁时仍能像 20 岁那样思维敏捷。显然，防止大脑疲劳与勤奋学习并不矛盾，只要正确处理学习和休息的关系，把科学用脑与勤奋学习结合起来，不但能逐步提高学习效率，而且对身体也有好处。

1. 保证睡眠时间

睡眠是大脑皮层自然产生的一种弥漫性抑制。通过睡眠不但可以解除生理疲劳，防止超限抑制的发生，而且可以给正常的新陈代谢提供补充营养的机会，从而保证人体机能的和谐与平衡。对大学生来说，不但不应过多地牺牲睡眠时间，而且越是学习紧张越应保证有充足的睡眠。尤其是在临考之前或考试之中，以牺牲睡眠来“临阵磨枪”，只能是得不偿失之举。

事实上，睡眠的时间除了年龄以外，也和个人习惯、学习性质以及环境、气候、地域有关，所以时间长短，不能一概而论。为了保持睡眠的深度和时间，须尽量减少对感官的刺激（如噪声、强光、蚊虫骚扰等）和严格作息制度，培养良好的习惯，如晚睡前洗脚等。

2. 及时转移大脑兴奋中心

大脑皮层功能定位学说告诉我们，要使大脑皮层各个区域经常交换着工作，以防止某一区域的脑细胞疲劳。大脑皮层在做某一工作时，相应部分的脑细胞就处于兴奋状态，其他部分的脑细胞则处于抑制状态。在大脑皮层上形成兴奋区（工作区）和抑制区（非工作区），互相交替地活动着，随着工作性质的改变，兴奋区与抑制区不断轮换。这样不仅使大脑皮层上的各个区域轮流休息，而且由于兴奋和抑制相互诱导的结果，使原工作区加深抑制，从而更快地使疲劳的机体得到较好的恢复。因此，不同性质的学习内容互相轮换，动静配合，可使大脑皮层保持较长时间的工作能力。学习高等数学后听听音乐，看看报纸、小说；学习外语记忆单词后，看看电视或画册，使大脑左右两半球都能工作起来。一定的心理活动，总是发生在大脑皮层的特定区域，与此“无关”的其他区域总是处于相对的静息状态。当某种单一的活动强度过大或持续时间过长时，就会引起该区域的疲劳，从而降低该项活动的效率。

如果善于变换活动内容或使活动内容丰富化，就学习而言，克服单学科独进倾向，使各学科系统安排、交叉进行，就可以达到轮换休息的目的，虽延长了学习时间也不致疲劳，我们称之为科学用脑。

3. 注意休息与锻炼

体育锻炼不但可以增强学生的体质，而且可以提高他们的反应速度、灵敏度，培养意志的坚强性和进取精神。有利于适应更加紧张的考试活动，增强对紧张工作和工作时间的承受能力，推迟或减缓疲劳的产生。事实证明：经常从事体育锻炼的学生，他们的神经系统、血液循环系统、呼吸系统、消化系统等功能都较强。这是因为，体育锻炼使人体不断地分解和消耗能量，但经过恢复过程再合成的能量总是超过其原来具有的水平。生理学上称这种恢复过程为“超量恢复”。如果考生能经常从事体育锻炼，消耗和超量恢复的过程反复发生，体内就可以增加物质能量储备，体质不断得到增强，从而促进学生学习效果和考试成绩的提高。

体育锻炼和学习中的活动，能增进大脑皮层对刺激的分析判断能力，加强大脑皮层对肌肉和内脏器官的控制能力，促进血液循环，提高新陈代谢的功能，从而有利于增强体质，提高大脑反应的灵敏度。

4. 适当增加营养

营养不良会降低人体机制的兴奋限度，使之难以承受较为强烈或持久的刺激，影响人注意力的集中、进取精神和探求行动，从而降低人活动的效率。可以说，营养不良是产生生理疲劳的主要根源。只有充分保证人体活动所需要的营养，才能提高人体机制兴奋限度，防止生理疲劳过早或过易地发生。因此，可适当让自己吃些蛋白质丰富的食物。另外，补充乙酰胆碱，可以使人的记忆力明显增强。许多食物都含有这种成分，如鱼类、肉类等。

【扩展阅读】

名人读书趣闻

1. 鲁迅嚼辣椒驱寒

鲁迅先生从小认真学习。少年时，在江南水师学堂读书，第一学期成绩优异，学校奖给他一枚金质奖章。他立即拿到南京鼓楼街头卖掉，然后买了几本书，又买了一串红辣椒。每当晚上寒冷，夜读难耐时，他便摘下一颗辣椒，放在嘴里嚼着，直辣得额头冒汗。他就用这种办法驱寒坚持读书。由于苦读书，他后来成为我国著名的文学家。

2. 伽利略好奇善问

伽利略是意大利伟大的物理学家、天文学家，他在力学上的贡献是建立了落体定律，发现了物体的惯性定律、摆振动等时性、抛物运动规律，确定了伽利略原理。他在比萨大学读书期间就非常好奇，也经常提出一些问题，比如："行星为什么不沿着直线前进？"有的老师嫌他问题太多了，可他从不在乎，该问还问。有一次，伽利略得知数学家利奇来比萨游历，他就准备了许多问题去请教利奇。这一次可好了，老师诲人不倦，学生就没完没了地问。伽利略很快就学会了关于平面几何、立体几何等方面的知识，并且深入掌握阿基米德关于杠杆、体比重等理论。

3. 闻一多醉书

闻一多读书成瘾，一看就"醉"。就在他结婚的那天，洞房里张灯结彩，热闹非凡。大清早亲朋好友都登门贺喜，直到迎亲的花轿快到家时，人们还到处找不到新郎。大家急得东寻西找，结果在书房里找到他。他仍穿着旧袍，手里捧着一本书入了迷，怪不得人家说他不能看书，一看就要"醉"。

4. 华罗庚猜书

著名数学家华罗庚读书的方法与众不同。他拿到一本书，不是翻开书从头至尾地读，而是对着书思考一会儿，然后闭目静思。他猜想书的谋篇布局，斟酌完毕再打开书，如果作者的思路与自己猜想的一致，他就不再读了。华罗庚这种猜读法不仅节省了读书时间，而且培养了自己的思维力和想象力，不至于使自己沦为书的奴隶。

5. 侯宝林抄书

相声语言大师侯宝林只上过三年小学，由于他勤奋好学，使他的艺术水平达到了炉火纯青的地步，成为有名的语言专家。有一次，他为了买到自己想买的一部明代笑话书《谑浪》，跑遍了北京城所有的旧书摊也未能如愿。后来，他得知北京图书馆有这部书，就决定把书抄回来。适值冬日，他顶着狂风，冒着大雪，一连 18 天都跑到图书馆里去抄书，一部十多万字的书，终于被他抄录到手。

6. 高尔基救书

世界文豪高尔基对书感情独深，爱书如命。有一次，他的房间失火了，他首先抱起的是书籍，其他的任何东西都不考虑。为了抢救书籍，他险些被烧死。他说："书籍一面启示着我的智慧和心灵，一面帮助我在一片烂泥塘里站起来，如果不是书籍的话，我就沉没在这片泥塘里，我就要被愚蠢和下流淹死。"

7. 苏东坡选角度读书

苏东坡学识渊博，他有一种"各个击破"的读书法。他认为一本书每读一遍，只要理解和消化一个问题就行了；一遍又一遍地读，就能达到事事精通。一本书的内容是很丰富的，而人的精力有限，不可能一下子全部吸收，只能集中注意力了解某一个方面。比如想探究历代兴亡治乱的原因，那么就从这个角度去读；要探究史实典故，就换另一个角度再读一遍。这个方法虽有些笨，但这样读过之后，各个方面都经得起考验。

思考题

1. 大学生的学习特点是什么？
2. 结合学习理论，简述如何提高大学生的学习动机。

第八章

职业生涯规划

倘若人生毫无意义，那么你也不可能有伟大的一生；倘若工作毫无意义，那么人生也难以有何意义。在你离开人世的那一刻，如果能想到自己曾经为创造一项真正卓越的事业而尽到了绵薄之力，你可能会获得一种罕有的宁静感；事实上你也许会获得最深层的满足——回首往事，自己并未虚度年华，此生无憾。

——吉姆·柯林斯

第一节　大学生职业规划

【导入】

白马与驴子

话说有一匹白马，本身也没有什么与众马不同之处，只不过是一生下来，就在磨坊里干活，身体强壮，吃苦耐劳，而且老老实实，从来不会捣乱。此时有人想：西去路途遥远，去时可以当坐骑，东回时可以负重驮物，加上自己骑马的技术不是很高，还是要挑选一匹老老实实的马吧。选来选去，还是选中了这匹白马。没有想到，这一去就是十几年，等到一行回来的时候，这匹白马已经成了大功臣。白马衣锦还乡，来到了昔日的磨坊看望往日的老朋友。一大群驴子和老马围着白马，听着白马一行路上的见闻，看到白马今日的荣耀，大家个个羡慕不已。

白马很平静地对大家说："各位，我也没有什么了不起，只不过有幸被伯乐看上了，一步一步西去东回而已。这十几年，大家也没有闲着，只不过大家在家门口来回打转，其实，我走一步，你们也走一步，咱们走过的路一样长，也一样辛苦。"

是呀，众驴子都不言语啦。自己也没有闲着，怎么人家就成为成功人士，有荣誉有地位，自己还是老样子呢？

其实，这印证了一句话：选择不对，努力白费。辛辛苦苦一辈子，生活还是老样子。

在职业生涯道路上，努力固然重要，但是方向更重要。如果方向错了，哪怕是历尽千辛万苦，也只会得到事倍功半甚至是失败的结局。只有正确的方向加上勤奋努力，才能达到成功的彼岸。

人生是一个自我突破的历程，职业生涯决策的背后是责任和承担，我要为我的行为负责。市场经济社会没有终生职业，你是否有能力使自己终生有职业？

大学生的职业生涯规划就犹如钓鱼时选择池塘的大小一样，选对的池塘并不意味着一定是大的池塘，而应该关注的问题是：这个池塘是否有自己想钓的鱼；这个池塘的鱼我们是否能够钓起来。只有选对了池塘，我们才可以钓到大鱼，钓到更多的鱼。

一、职业规划的概念

职业生涯规划是指个人和组织相结合，在对一个人职业生涯的主客观条件进行测定、分析、总结研究的基础上，确定其最佳的职业奋斗目标，并为实现这一目标做出行之有效的安排。

职业生涯规划一般包括自我剖析、目标设定、目标实现策略、反馈与修订四个方面的内容。自我剖析就是全面、深入、客观地分析和了解自己。目标设定是指在自我剖析的基础上，设立明确的职业目标。目标实现策略是指通过各种积极的具体行动和措施去争取职业目标的实现。反馈与修订是在实施职业生涯目标的过程中，根据实际情况自觉地总结经验和教训，修正对自我的认知和对职业目标的界定。个人职业生涯规划要根据自身的现实条件、决定个人职业选择的外界机遇、制约因素以及对机遇与制约因素发展变化的预测，确立自己的职业方向、职业目标，选择职业生涯发展道路，制订发展计划、学习计划及实现职业生涯目标的具体行动方案，包括行动的具体策略与进程等。它要求大学生根据自身的兴趣、特点，详细估量内外环境的优势和限制，将自己定位在一个最能发挥自己长处的位置，选择最适合自己能力的事业。

美国全国职业信息协调委员会发布了一个职业生涯发展蓝图——《国家职业生涯发展指南》，其中阐述了有关高等学校的职业生涯发展的目标。

1. 自我认识

①认识到正视自我的作用。

②与他人互动的技巧。

③认识到成长与改变的重要性。

2. 教育与职业调查

①认识到教育成就对职业生涯机会的好处。

②认识到学习与工作的关系。

③了解与运用职业生涯信息的技巧。

④寻找和获得工作所必要的技能知识。

⑤了解工作与经济和社会的需求及功能间的关系。

3. 职业生涯规划

①做决定的技巧。

②生活角色相互关系的知识。

③对不同职业与男、女角色的认识。

④了解职业生涯规划的历程。

大学生职业规划存在的问题包括：大学生就业意识稀薄——不知道毕业后原来是要工作的；求学历程中职业意识缺位——不知道一切学历必须以职业定位为最终目标；求职技巧匮乏——不懂得求职技巧原来是连接大学与社会的跨海大桥，因而不知道如何向雇主推销自己、赢得机会；从业心态糟糕——进入职场后往往不懂得如何珍惜工作机会，竞争发展空间，处理与上司、同事、客户之间的复杂关系……这不是哪一个专业的问题，而是很多专业的毕业生都会遇到的情况。在这种情况下，大学生要早树立规划意识，了解社会需求，提前规划自己的大学生涯和职业生涯。

二、生涯规划的意义

【练习】

猜一猜

请同学们闭上眼睛，猜猜身边有多少人穿了红色衣服。

提问：红颜色在人群中一般会很显眼，为什么大家都没有注意到呢？

红颜色的确显眼，但为什么做这个活动时很少有同学会注意到那么多人穿红色衣服呢？在心理学中，有个名词叫“选择性注意”。所谓选择性注意，简单地说，就是人们在同时存在的两种或两种以上的刺激信息中，选择一种进行注意而忽略其他的刺激信息。所以，当没有人提示要注意红色信息时，它被忽略了，因为它不是一个目标。但当红色成为目标时，也许不仅在今天你格外注意谁穿了红色衣服，在今后几天，你都会关注身边的红色衣服。如果我们把注意力看成一种能量，那么很明显，目标帮助我们集中了能量。所以，当一个人在生涯发展中有目标时，他就容易集中所有的能量和资源去实现，成功的可能性会更大。

生涯规划是一个过程，规划的功能在于为生涯设定目标，并找出达成目标所需采取的步骤。目标可以为人生带来希望和意义，奥地利心理学家维克多·弗兰克凭借生命的意义成为奥斯威辛集中营中少有的幸存者，并开创了心理治疗中的“意义疗法”。他说：“你不要去问生命，你应该要回答生命对你的质询。”在生涯规划中，目标的制订是一个探索过程，这个过程帮助影响个人逐渐去厘清生命的价值与意义，并用行动去实现它。好像为飘忽不定的人生加了一个锚，无论风雨来自何方，人生之船都自有它的方向。

米凯洛奇指出：生涯规划有突破障碍、开发潜能和自我实现三个积极目的。一个人最大的幸福，是能以自己选择的方式生活。择其所爱，爱其所择的结果，会使一个人以己为荣，并呈现出圆融、丰足、喜悦、智慧和充满创造力的气质。

1. 职业生涯规划可以发掘自我潜能，增强个人实力

一份行之有效的职业生涯规划将会：引导你正确认识自身的个性特质、现有与潜在的资源优势，帮助你重新对自己的价值进行定位并使其持续增值；引导你对自己的综合优势与劣势进行对比分析；使你树立明确的职业发展目标与职业理想；引导你评估个人目标与现实之间的差距；引导你前瞻与实际相结合的职业定位，搜索或发现新的或有潜力的职业机会；使你学会如何运用科学的方法采取可行的步骤与措施，不断增强你的职业竞争力，实现自己的职业目标与理想。

2. 职业生涯规划可以增强发展的目的性与计划性，提升成功的机会

生涯发展要有计划、有目的，不可盲目地“撞大运”，很多时候我们的职业生涯受挫就是由于生涯规划没有做好。好的计划是成功的开始，古语讲，凡事“预则立，不预

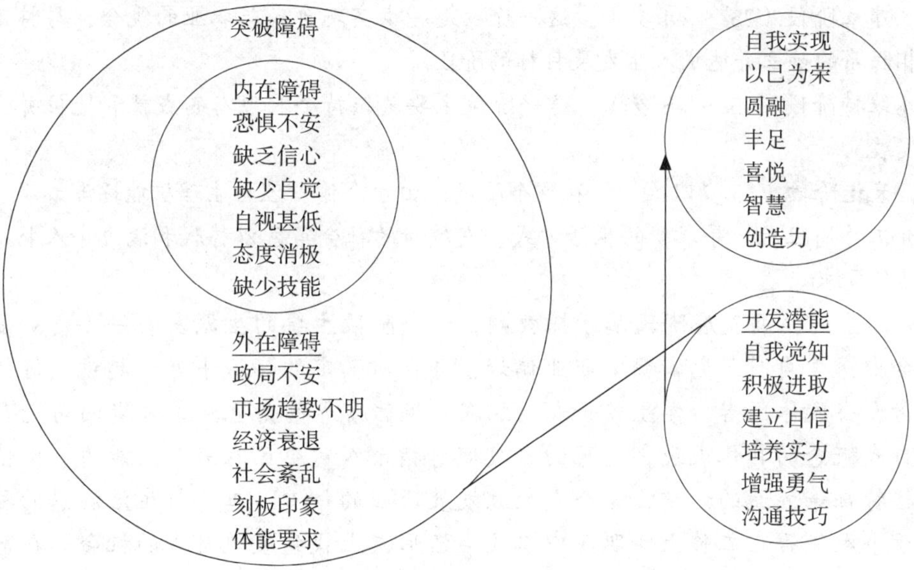

则废”就是这个道理。

3. 职业生涯规划可以提升应对竞争的能力

当今社会处在变革的时代，到处充满着激烈的竞争。物竞天择，适者生存。职业活动的竞争非常突出，尤其是我国加入 WTO 后。要想在这场激烈的竞争中脱颖而出并立于不败之地，必须设计好自己的职业生涯规划，这样才能做到心中有数，不打无准备之仗。而不少应届大学毕业生不是首先坐下来做好自己的职业生涯规划，而是拿着简历与求职书到处乱跑，总想会撞到好运气找到好工作。结果是浪费了大量的时间、精力与资金，到头来感叹招聘单位有眼无珠，不能“慧眼识英雄”，叹息自己英雄无用武之地。这部分大学毕业生没有充分认识到职业生涯规划的意义与重要性，认为找到理想的工作需要的是学识、业绩、耐心、关系、口才等条件，认为职业生涯规划纯属纸上谈兵，简直是耽误时间，有那时间还不如多跑两家招聘单位。这是一种错误的观念。实际上未雨绸缪，先做好职业生涯规划，磨刀不误砍柴工，有了清晰的认识与明确的目标之后再把求职活动付诸实践，这样的效果要好得多，也更经济、更科学。

【扩展阅读】

20 世纪五六十年代舒伯等人提出“生涯”的概念。从此，生涯规划不再局限于职业指导的层面。舒伯的生涯发展理论将生涯的过程视为从出生到死亡，把人的生涯发展分为成长、探索、建立、维持和衰退五个阶段：

①成长阶段（从出生至 14 岁）。这一阶段可以分为幻想期、兴趣期、能力期。

②探索阶段（15 ~ 24 岁）。这一阶段青少年通过学校生活和社会实践，对自我能力及角色、职业进行探索。

③建立阶段（25 ~ 44 岁）。这一阶段是逐步实现自我与职业的统合，与特定职业岗位相联系的确立并达成人生发展目标的阶段。

④维持阶段（45 ~ 65 岁）。这一阶段主要是维持个人现有的成就和地位并力求有新的发展。

⑤衰退阶段（65 岁以上）。在这个阶段，由于个体心理与生理机能逐渐衰退，主要是离开工作岗位后，寻求新的生活方式、发展新的社会角色以替代和满足个人物质和精神生活的需求。

大学生的生涯发展阶段属于探索期，这个阶段主要的生涯发展任务是从多种实践机会中探索自我，逐渐确定职业偏好，并在所选定的领域中开始起步。舒伯认为持家者、公民休闲者、学生、子女、配偶、退休者等的角色和工作者的角色都是一个人自我概念的具体表现，这里的自我概念指个人对自己在兴趣、能力、价值观以及人格特征等方面的认识，是个人生涯发展历程的核心。工作与生活满意的程度，有赖于个人能否在工作上、职场中以及生活形态上找到展现自我的机会。在舒伯的理论中，生涯规划更注重职业对人的意义。该理论认为，一个完美的人生，未必仅仅依赖于职业角色的完美与否，更多的非职业角色使人生有更多自我实现的可能性。好比一个学生的兴趣，如果不能从专业学习中得到百分之百的释放，那么就要认真规划一下自己的休闲角色，从而获得更多的自我实现。

【想一想】

《伊索寓言》中有这么一个故事：鹰从悬崖上飞下来，把一只羊羔抓走啦。乌鸦见了，非常羡慕，也想学老鹰的样子，便猛扑到公羊的背上，但脚却被羊毛缠住，怎么也飞不起来。后来，牧羊人见了，便跑上去把它抓住，剪下它翅膀上的羽毛送给孩子们。孩子们问是什么鸟，牧羊人说："这确确实实是一只乌鸦，可是自己却要充当老鹰。"

寓言分析：

①乌鸦盲目地学老鹰，说明没有正确认识自身（乌鸦与老鹰的区别），缺乏对自我的正确认识。

②乌鸦冲动地俯冲捉羊，说明对外界环境（羊羔与公羊的区别）的认识不清楚。

三、职业生涯规划的步骤

此处，以"我的旅游计划"为例，对职业生涯规划的步骤进行阐述。

安静下来，找到自己呼吸的节奏，想想自己一直想拥有的一次旅游是什么样的，并为自己制订一个详细可行的旅游计划。

- 这个旅游计划包括哪些具体内容？
- 你制订这个计划经过了哪几个步骤？
- 你将如何落实这个旅游计划？

• 这个过程与职业生涯规划有哪些相似之处?

• 找个同学或朋友，与他交流一下你的旅游计划。

其实，生涯规划并不难，它和制订一份旅游计划有很多相似之处。如目标的制订、实现的过程，都和一个人的兴趣爱好和自身条件等相关，对目标和过程的选择没有绝对的好坏之分。俗话说，条条大路通罗马。不同的路有不同的风景，所以在旅游行程的选择上，没有哪条路是绝对好的，只有对某人某时比较合适的路。对个人的生涯发展来说也是如此。对目的地信息的了解，可以让行程更有把握。无论对信息有多么细致的了解，也要有对风险和意外的心理准备。你能否如愿以偿地实现目标，这在很大程度上取决于你是计划的推动者还是依赖别人或环境，后者常让人陷入抱怨而无所作为。

具体而言，一个系统的生涯规划应当包括觉知与承诺、认识自己、认识工作世界、决策、行动和再评估 / 成长六个步骤。

（1）觉知与承诺

了解到生涯规划的重要性和作用，并愿意花时间来规划自己的生涯。

生涯规划是一个过程，是一种面对生涯发展的态度，它未必能立竿见影，马上为自己带来理想的工作。就好像我们所播下的种子，未必能马上发芽一样。所以，对生涯规划要有合理的预期。

（2）自我探索

系统化的生涯规划是一个“从内而外”的过程。因此，在生涯规划时，首先要认识自己，诚实地自问：我有哪些人格特质？我的兴趣是什么？哪些东西是我生命中不能缺少的？我最看重什么？我有哪些技能是与众不同、赖以为生的？其他如健康、性别、民族等。

（3）探索工作世界

工作世界信息和自我信息是生涯规划中重要和基础的部分。对工作世界的了解具体包括：专业与职业的关系；工作世界的宏观发展趋势；具体职业对工作人员的要求、条件和待遇等；继续教育方面的选择。

（4）决策

决策是综合整理和评估信息的部分，在决策时有可能因信息不全而重新回到前面两个步骤，具体内容包括：综合与评估信息；目标设立与计划；处理决策过程中的各种问题：生涯信念、障碍。

（5）行动

行动是将全部的探索和思考落实的阶段。要通过行动来实现自己设立的工作目标。通常包括：具体的求职过程；制作简历、面试。

有可能在与现实的接触过程中，你对自己有新的发现，由此对生涯发展有新的思考。所以，虽然我们为了方便学习，将生涯规划人为地割裂成不同的步骤，但无论在哪个步骤，自我与外部信息的探索都不会停止，不要忽略这些部分带给你的新启示。

（6）再评估 / 成长

当学生在实践中迈出生涯的重要一步——进入工作世界时，随着外部环境的变化，你们或许会继续沿着过去的规划前进，也有可能发现过去的规划已不适合自己，或者发现过去的规划并不尽如人意。这就需要再次进行生涯探索，修正生涯规划。所以说，生涯规划是一个循环的过程，需要一辈子来探索。

四、职业规划的相关方法

为自己设计职业生涯规划，可使用一些简便易行的方法。这里介绍一种“5W 法”归零思考。这是一种被许多人士成功应用的方法，依托的是归零思考的模式，从问自己是谁开始，如果能够成功回答完五个问题，你就有最终答案了。

5 个“W”是——

Who am I？（我是谁？）

What will I do？（我想做什么？）

What can I do？（我会做什么？）

What does the situation allow me to do？（环境支持或允许我做什么？）

What is the plan of my career and life？（我的职业生涯规划是什么？）

回答了这五个问题，找到它们的最高共同点，你就有了自己的职业生涯规划。

对于第一个问题“我是谁？”应该对自己进行一次深刻的反思，有一个比较清醒的认识，优点和缺点都应一一列出来。

第二个问题“我想做什么？”是对自己职业发展的一个心理趋向的检查。每个人在不同阶段的兴趣和目标并不完全一致，有时甚至是完全对立的。但随着年龄和经历的增长而逐渐固定，并最终锁定自己的终生理想。

第三个问题“我会做什么？”则是对自己能力与潜力的全面总结，一个人职业的定位最根本的还要归结于他的能力，而他职业发展空间的大小则取决于自己的潜力。对于一个人潜力的了解应该从几个方面着手去认识，如对事的兴趣、做事的韧力、临事的判断力以及知识结构是否全面、是否及时更新等。

第四个问题“环境支持或允许我做什么？”这种环境支持在客观方面包括本地的各种状态，比如经济发展、人事政策、企业制度、职业空间等；人为主观方面包括同事关系、领导态度、亲戚关系等，两方面的因素应该综合起来看。有时我们在做职业选择时，常常忽视主观方面的东西，没有将一切有利于自己发展的因素调动起来，从而影响了自己的职业切入点。而在国外通过同事、熟人的引荐找到工作是最正常也最容易的。当然，我们应该知道这和一些不正常的“走后门”等歪门邪道有着本质的区别。这种区别就是这里的环境支持是建立在自己的能力之上的。

明晰了前面四个问题，就会从各个问题中找到对实现有关职业目标有利和不利的条件，列出不利条件最少的、自己想做而且又能够做的职业目标，那么第五个问题“我的职业生涯规划是什么？”自然就有了一个清楚明了的框架。

【案例】

5个“W”

Who am I？

菏泽学院蒋震机电工程学院机械电子专业学生，优秀学生干部；学业成绩优秀；动手能力强，喜欢做一些发明小创造；思维缜密，有强烈的好奇心、求知欲；英语水平高；性格不内向但也不是特别活跃，不太喜欢与人打交道。

What will I do？

想成为某大型公司的研发人员，从中学起就喜欢将所学的理论知识应用到实际中去，也很好奇一些大型设备的自动化功能；其次是当一名老师，最好是大学老师，因为学校可以为我做科研提供比较便利的条件和空间；另外，家里人想让考公务员，捧个铁饭碗。

What can I do？

中学时曾多次参加市里的创新比赛，也多次获奖。目前在实验室跟着老师和学长搞创新，每当自己焊接好一块电路板，而且让它实现了一定的功能之后，我总是很有成就感。自己已经自学完单片机的相关内容，而且跟学长学了一些画机械图的相关软件。正在为 2013 年的山东省机电产品创新大赛准备作品。

What does the situation allow me to do？

家里亲戚推荐去一家公司做研发，机电行业是我国当前和相当长一段时间内人才需求十分旺盛的行业；各类技术学校或职业培训部门稀缺本专业教师；英语和数学都比较好，打算考研，如果有可能的话继续读博。

What is the plan of my career and life？

职业生涯规划的选择，如以下三种：

（1）到一家企业做研发人员。

（2）到一所学校做教师。

（3）做公务员。

第二节　职业生涯规划——自我探索

【导入】

有两兄弟，他们同住在一幢公寓楼里。一天，他们一起去郊外爬山。傍晚时分，等他们回到公寓楼的时候，发现一件事：大厦停电了！这真是一件令人沮丧的事情。为什么呢？因为很不巧，这两兄弟是住在大厦的顶楼。那么，顶楼是几楼呢？那就更加不巧了，顶楼是八十楼。很恐怖吧。虽然两兄弟都背着大大的登山包，但看来也是别无选择，哥哥对弟弟说："我们爬楼梯上去吧。"于是，他们就背着一大包行李开始往上爬。

到了二十楼的时候，他们觉得累了。弟弟提议说："哥哥，行李太重了，不如这样吧，我们把它放在二十楼，我们先上去，等大厦恢复电力，我们再坐电梯下来拿吧。"哥哥一听，觉得这主意不错："好啊。弟弟，你真聪明呀。"于是，他们就把行李放在二十楼，继续往上爬。卸下了沉重的包袱之后，两个人觉得轻松多了。

他们一路有说有笑地往上爬。但好景不长，到了四十楼，两人又觉得累了。想到只爬了一半，往上一看，竟然还有四十楼要爬。两人就开始互相埋怨，指责对方不注意停电公告，才会落到如此下场。他们边吵边爬，就这样一路爬到了六十楼。

到了六十楼，两人筋疲力尽，累得连吵架的力气也没有了。哥哥对弟弟说："算了，只剩下最后二十楼，我们就不要再吵了。"于是，他们一路无言，安静地继续往上爬。

终于，八十楼到了。到了家门口，哥哥长吁一口气，摆了一个很酷的姿势："弟弟，拿钥匙来！"弟弟说："有没有搞错？钥匙不是在你那里吗？"

好，大家猜猜发生了什么事？

是的，钥匙还留在二十楼的登山包里！

系统化的生涯规划是一个从内而外的过程，在职业生涯发展道路上，只有进行深入的自我探索，才能深入全面地了解自己，从而找到适合自己的职业角色。本节主要从职业兴趣、职业性格、职业能力和职业价值观来帮助个体更好地了解自己在生涯规划中所展现的人格特质，并选择与自己的人格特质相匹配的职业，从而提高个体的工作满意度、职业稳定性、职业效能感和职业成就感，达到自己概念和职业的和谐。自我管理是自我意识的重要组成部分，也是自我探索的重要行为表现，有效的时间管理和情绪管理可以帮助个体提高办事效率、把握机会。

一、职业自我探索的渠道

做职业规划其中一条路径就是了解自己，了解自己的价值观、优势、兴趣、爱好。在此为大家介绍几种探索的渠道。

1. 反思自己羡慕的他人的工作

我们都曾经有过羡慕别人工作的经历。在人生的某个特定阶段，或者在某个特定的场合，比如我们参加某个培训或论坛，有时会觉得从事那个人的工作该是多么地幸福。有些羡慕只是一个很短暂的念头，很快就消失了；而有些羡慕会在我们的脑海中一直徘徊。

当然，我们的这种羡慕往往是对我们所理解的被羡慕对象最光鲜的一面的片面理解，当我们理解了那份工作的全部，或许我们并不喜欢很多背后的东西。但是毕竟我们羡慕别人的工作，这种感觉往往是我们自身兴趣的一种投射。一个喜欢 IT 的人会羡慕比尔·盖茨而不会是周杰伦；一个对管理感兴趣的人会羡慕张瑞敏的工作而不太可能是王朔的工作。所以，找个安静的地方静静地回忆在过去的某段时间里你曾经对某个工作比较强烈的羡慕经验，从中是否可以找到你乐意为之奋斗的工作。

2. 职业生涯兴趣测验

这类测试有很多，可以在网上搜一下，或者看一下相关的书籍。几种不同的方法互相印证，基本上能够发现自己大致的兴趣点。不建议单纯地花钱去做测试：一是这样的人存在的问题比较严重，如果通过上面那么多的方法都不能发现自己的兴趣，不是很有功力的顾问或者咨询师很难给你比较好的建议，反而会把你搞得很糊涂，还不如找自己周围比较成功的朋友听一下他们的建议。二是职业咨询是个很专业的工作，而有的咨询师本身都没有成功的职业经历，他们只是比你多熟悉一些工具而已，咨询于他们而言只是一个糊口的工具，以己之昏昏，岂能使人之昭昭。万一你找了一个不称职的咨询师说不定会越帮忙越乱。当然，那些真正有功力的咨询师还是会对你的职业发展提出有价值的建议的，但无论如何最重要的决策人和执行人仍然是你。事实上，来自你这个行业的成功人士的建议更有价值，所以如果有机会，研究一下你所在行业的成功人士的经历或者有机会向他们请教或许能够有所收获。

3. 用行动去探索自己不喜欢和喜欢的东西

兴趣的产生不是凭空的，而是在不断接触外部事物的过程中形成的。有的人经历非常丰富，他能够从众多的行为中比较出哪些行为能够给他形成正向激励，而哪些行为只能够给他带来负面反馈。通过这样的比较，他就会自然而然重复那些能够形成正向激励的行为，并且在不断重复的过程中将这一行为变得更强。比如，喜欢数据分析的人，他能够从这份工作中获得足够的正向激励，所以他就愿意花更多的精力，学习更多数据分析方面的知识和技巧，将这一能力变得更加强大。相反，如果他看到数字就头疼，他就没心思在这方面花费更多的精力了。再比如，适合做销售的人，他能够很快拿到订单，这对他形成一种正向激励，即使工作中遇到了难搞的客户，他也会去研究如何搞定这样的客户。而对于不适合做销售的人来说，长期拿不到订单，会让他们的信心丧失殆尽，进而产生怀疑自己的念头。

4. 用回馈分析法探索自己的优势

回馈分析法就是在你准备做一件事情之前，记录下你对结果 / 效果的期望，在事情完成之后，将实际的结果 / 效果与你的预期进行比较。通过比较，你会发现什么事情你可以做好，什么事情你是做不好的。

思考以下问题：

- 你对目前的工作哪些方面最满意？哪些方面最不满意？你认为理想的工作是怎

样的？

• 你曾经做过的什么事情让你最有成就感？

• 你学到的新知识和新技能，哪些你学得很快并且非常有兴趣学？哪些学得很认真但总是很吃力而且掌握不好？

• 记下你的成绩、受到的肯定和觉得有收获、充实的事情。

将这些答案记录下来，大约三个月或半年分析一次，如是几次你就能够逐渐明白你的兴趣所在。即使你没有参加工作，你也可以从自己的生活中获得类似的资料。

除了了解自己的兴趣、优势，还要了解职场信息。对职业进行关注、调查、体验是职业规划的另一个不可或缺的步骤。了解职位有很多方法，对应届生而言，实习是最佳手段。参加讲座和博览会，定期查询行业和公司的网络可以了解行业与公司基本信息，向职场过来人，尤其是职称优秀者咨询，能够获得职业需求第一手信息。研究网络上的招聘启事可以了解这个职位的职责和要求是什么。在缺乏系统教育的情况下，大学生更要学会调查自己感兴趣的职业需求，做好自己的职业规划。

【扩展阅读】

避免六种职场状况

工作中碰到很多大学生在处理自己职业选择中的一些做法，值得商榷，提出来给大家思考，最好能够避免：

①老让家长出面处理自己的职业选择问题。从选专业、到找实习、到推荐工作，老让自己的家长帮自己说话，这基本上就是自废武功了。有些单位甚至很明确，那么大的孩子还让家长来说事的，基本就不用考虑了。

②一通简历散天下。因为无爱，所谓乱爱。没有专业爱好、没有实习经验、没有职业特长的同学，更喜欢到处发简历，而且是统一格式。这类找法最笨、效率最低，远不如仔细研究某一家单位，写一封有针对性的应聘函加上一些自己的作品、实习资料、社会实践推荐信有效。

③只有课程意识没有岗位意识。学校的课程相当于供方，单位的岗位相当于需方，有岗位意识后就可以充分收集相关信息，并在这方面做一些必要的相关人员的专门访问，掌握了解情况尤其是基层基础岗位的工作要求，从而有针对性地提高自己。

④自贬身价而不是适当的姿态。什么是适当的姿态？就是愿意从基层做起，愿意多付出努力，愿意与团队配合，愿意学习新知。什么是自贬身价？表示可以不要钱干活，表示干啥都行，表示啥都听领导的，表示自己真的啥也不知道。

⑤争当官而不是争做业务骨干。大部分组织的基石是业务骨干，尽管成为业务骨干以后有很大的概率担任管理者，但是很多既没专业爱好也没专长的同学却更愿意选择管理岗位，在大部分情况下应届学生争取管理岗位恰恰不是受人欢迎的做法。做管理者有更多的业务表率、协调能力与示范能力的要求，而以己之短易其所严，被剔除的可能性

更大。

⑥关心待遇而不是关心专属职业能力。实际上在今天的单位中，有了专属的职业能力：方法论、专门经验、交流而得到的新知识，往往直接意味着得到更好的待遇，或者有了更好的筹码来谈判更好的待遇，但更多的学生对于这类能力的价值意识不够，因此对于待遇给予更多的关注，反而成为功利色彩更浓的易被挑剔群体。

二、职业生涯自我探索

1. 自我兴趣探索

兴趣是影响人们工作满意度、职业稳定性和职业成就感的重要因素，同时也是对职业进行分类的重要基础。因此，兴趣是生涯规划中进行自我探索的一个重要方面。

【兴趣岛测试】

你适合什么职业

假设你正驾驶着一架小型飞机（没错，假设你有）横跨太平洋。忽然飞机的引擎冒烟，显然就要坠毁，按照国际环保条约，15 秒后就会自动爆炸以免产生废物。换言之，你只能跳伞，可能你一辈子也不会碰上有船把你救走——你可能会在岛上生活一辈子。

岛屿 R：自然原始的岛屿。岛上保留有热带的原始植物，自然生态保持得很好，也有相当规模的动物园、植物园、水族馆。岛上居民以手工见长，自己种植花果蔬菜、修缮房屋、打造器物、制作工具。

岛屿 I：深思冥想的岛屿。岛上人迹较少，建筑物多僻处一隅，平畴绿野，适合夜观星象。岛上有多处天文馆、科博馆以及科学图书馆等。岛上居民喜好沉思、追求真知，喜欢和来自各地的哲学家、科学家、心理学家等交换心得。

岛屿 A：美丽浪漫的岛屿。岛上充满了美术馆、音乐厅，弥漫着浓厚的艺术文化气息。同时，当地的原住民还保留了传统的舞蹈、音乐与绘画，许多文艺界的朋友都喜欢来这里找寻灵感。

岛屿 S：温暖友善的岛屿。岛上居民个性温和、十分友善、乐于助人，社区均自成一个密切互动的服务网络，人们多互助合作，重视教育，弦歌不辍，充满人文气息。

岛屿 E：显赫富庶的岛屿。岛上的居民热情豪爽，善于企业经营和贸易。岛上的经济高度发展，处处是高级饭店、俱乐部、高尔夫球场。来往者多是企业家、经理人、政治家、律师等，衣香鬓影，夜夜笙歌。

岛屿 C：秩序井然的现代岛屿。岛上建筑十分现代化，是进步的都市形态，以完善的户政管理、地政管理、金融管理见长。岛民个性冷静保守，处事有条不紊，善于组织规划。

第一步：

我的度假岛屿：

选择 1：__________，因为____________________

选择 2：__________，因为____________________

选择 3：__________，因为____________________

第二步：将教师分成六个区域，分别代表六个岛屿，大家按照自己选择的第一个岛屿就座。同一岛屿的人交流一下，自己为什么选择这个岛屿，看看大家有什么共同的兴趣爱好。归纳出 2 ~ 3 个关键词，每人思考自己在这个岛上做的事，并给自己的岛屿命名。

我们的岛屿关键词：____________________

我想在岛上做什么：____________________

我们的岛屿的名字：____________________

第三步：岛屿图画。每个小组合力画出自己选择岛屿的图画，请一位代表用两分钟的时间来展示，介绍岛屿关键词、岛屿名字以及图画的含义。

2. 自我性格探索

【案例】

小吴，高校法律专业学生。自认为很感性，但法律专业要求更多的理性，常感到困惑。

小林，大三，优秀学生。自认为内向，怕难以适应工作，想继续读研改变性格。能否改变？

当我们使用右手吃饭时很得心应手，但使用左手吃饭时却有些力不从心。在其他事情上也是如此，每个人天生有自己擅长的一面，也有自己不擅长的一面，就如我们的右手和左手，它们没有好坏或对错之分，如果能够找到一个适合的环境，使我们在其中发挥自己的长处和优势，那么我们就会很自信，往往会取得佳绩。相反，如果要求我们做不擅长的事情，那么多半会感到不舒服、不自在，而且可能干不好工作。如果我们知晓自己性格上的“左右手”，并了解与之相适应的环境和职业，就能帮助我们作出合乎自己情况的职业选择。这样的最佳匹配，使我们更容易成为有效的工作者。

性格类型没有对错，不要盲目地去羡慕别人、崇拜别人，相信自己、找到自己的优点。它是一种倾向和动力，是一种态度和行为方式，是一种智能和能力。它在不同人的身上表现不同。世界上的每一个人都是独一无二的。每一种性格类型和每一个人都能带来独特的优势。哪一种性格类型最符合你，是由你自己来作最后判断的。你的性格结果是根据你在回答问题的选择来建议你最可能属于哪一种性格类型；只有你自己才知道你真正的性格类型。

性格没有对错，在工作或人际关系上，也没有更好或更坏的组合。一个人的优势越能适应某种环境，就越能获得高效成功的职业。比如，一个主动型的人，如果在一个管理方法比较专制的公司长期工作，就会感到不舒服。如果他敢于走出来（当然是经过反复谨慎的考虑之后）独立经营，对于他来说，也许是一种极大的释放。

【扩展阅读】

通过 MBTI 了解性格

什么是 MBTI？ MBTI 是一份性格自测问卷，它是由美国的心理学家凯恩琳·布里格斯和同是心理学家的女儿伊莎贝尔·布里格斯·迈尔斯根据瑞士著名心理分析学家荣格的心理类型理论和她们对于人类性格差异的长期观察和研究而形成的。经过了长达 50 多年的研究和发展，MBTI 已经成为当今全球最为著名和权威的性格测试。

MBTI 的应用领域包括：自我了解和发展；职业发展和规划；组织发展；团队建设；管理和领导能力培训；解决问题能力；情感问题咨询；教育和学校科目的发展；多样性和多元文化性培训；学术咨询。

MBTI 通过四项二元轴测量人在性格和行为方面的喜好和差异。这四项轴如下所述。

（1）人的注意力集中所在和精力的来源：外向型（E）和内向型（I）

我们以自身为界，可以将世界分为外部世界和内部世界。外向的人倾向于将注意力和精力投注在外部世界，而内向的人则相反，较为关注自我的内部状况。外向与内向的个体之间的区分是广泛而明显的，并不像我们平时讲的“外向者健谈、内向者害羞”那么简单。

（2）人获取信息的方式：感觉型（S）和直觉型（N）

不同类型的个体接收信息的方式不同。感觉型的人关注的是事实本身，注重细节；而直觉型的人注重的是基于事实的含义、关系和结论。

（3）人作决策的方式：思考型（T）和情感型（F）

思考型的人比较注重依据客观事实的分析，一视同仁地贯彻规章制度，不太习惯根据人情因素变通。情感型的人常从自我的价值观念出发，变通地贯彻规章制度，比较关注决策可能给他人带来的情绪体验，人情味较浓。

（4）人对待外界和处世的方式：计划型（J）和情绪型（P）

计划型的人目的性较强，一板一眼，喜欢有计划、有条理的世界和生活。情绪型的人适应性强，关注新信息，喜欢变化，会考虑可变因素，喜欢随意、自在的生活。计划型的人较为果断，而情绪型的人总希望获得更多信息后再决断。

【心理测试】

MBTI 职业性格测试

性格类型没有好坏，只有不同。每一种性格特征都有其价值和优点，也有缺点和需要注意的地方。清楚地了解自己的性格优劣势，有利于更好地发挥自己的特长，而尽可能地在为人处世中避免自己性格中的劣势，更好地和他人相处，更好地作重要的决策。清楚地了解他人（家人、同事等）的性格特征，有利于减少冲突，使家庭和睦，使团队合作更有效。

如果不能准确界定，请回答下列测试问卷。每题考虑的时间不得超过 10 秒钟（同所有心理测验一样，别想太多，用直觉答）。

1. 你倾向从何处得到力量：

（E）别人。

（I）自己的想法。

2. 当你参加一个社交聚会时，你会：

（E）在夜色很深时，一旦你开始投入，也许就是最晚离开的那一个。

（I）在夜晚刚开始的时候，我就疲倦了并且想回家。

3. 下列哪一件事听起来比较吸引你：

（E）与伴侣到有很多人且社交活动频繁的地方。

（I）与伴侣待在家中做一些特别的事情，例如观赏一部有趣的录影带并享用你最喜欢的食物。

4. 在约会中，你通常：

（E）整体来说很健谈。

（I）较安静并保守，直到你觉得舒服。

5. 过去，你遇见你大部分的情人是：

（E）在宴会中、夜总会、工作上、休闲活动中、会议上或当朋友介绍我给他们的朋友时。

（I）通过私人的方式，例如个人广告、录影约会，或是由亲密的朋友和家人介绍。

6. 你倾向拥有：

（E）很多认识的人和很亲密的朋友。

（I）一些很亲密的朋友和一些认识的人。

7. 过去，你的爱人倾向对你说：

（E）你难道不可以安静一会儿吗？

（I）可以请你从你的世界中出来一下吗？

8. 你倾向通过以下哪种方式收集信息：

（N）你对有可能发生之事的想象和期望。

（S）你对目前状况的实际认知。

9. 你倾向相信：

（N）你的直觉。

（S）你直接的观察和现成的经验。

10. 当你置身于一段关系中时，你倾向相信：

（N）永远有进步的空间。

（S）若它没有被破坏，不予修补。

11. 当你对一个约会觉得放心时，你偏向谈论：

（N）未来，关于改进或发明事物和生活的种种可能性。例如，你也许会谈论一个新的科学发明，或一个更好的方法来表达你的感受。

（S）实际的、具体的、关于“此时此地”的事物。例如，你也许会谈论品酒的好方法，或你即将要参加的新奇旅程。

12. 你是这种人：

（N）喜欢先纵观全局。

（S）喜欢先掌握细节。

13. 你是这类型的人：

（N）与其活在现实中，不如活在想象里。

（S）与其活在想象里，不如活在现实中。

14. 你通常：

（N）偏向于去想象一大堆关于即将来临的约会的事情。

（S）偏向于拘谨地想象即将来临的约会，只期待让它自然地发生。

15. 你倾向如此做决定：

（F）首先依你的心意，然后依你的逻辑。

（T）首先依你的逻辑，然后依你的心意。

16. 你倾向比较能够察觉到：

（F）当人们需要情感上的支持时。

（T）当人们不合逻辑时。

17. 当和某人分手时：

（F）你通常让自己的情绪深陷其中，很难抽身出来。

（T）虽然你觉得受伤，但一旦下定决心，你会直截了当地将过去恋人的影子甩开。

18. 当与一个人交往时，你倾向于看重：

（F）情感上的相容性：表达爱意和对另一半的需求很敏感。

（T）智慧上的相容性：沟通重要的想法，客观地讨论和辩论事情。

19. 当你不同意情人的想法时：

（F）你尽可能地避免伤害对方的感情，若会对对方造成伤害，你就不会说。

（T）你通常毫无保留地说话，并且对情人直言不讳，因为对的就是对的。

20. 认识你的人倾向形容你为：

（F）热情和敏感。

（T）逻辑和明确。

21. 你把大部分和别人的相遇视为：

（F）友善及重要的。

（T）另有目的。

22. 若你有时间和金钱，你的朋友邀请你到国外度假，并且在前一天才通知，你会：

（J）先检查你的时间表。

（P）立刻收拾行装。

23. 若在第一次约会中，你所约的人来迟了，你会：

（J）很不高兴。

（P）一点儿都不在乎，因为你自己常常迟到。

24. 你偏好：

（J）事先知道约会的行程：要去哪里、有谁参加、你会在那里待多久、该如何打扮。

（P）让约会自然地发生，不做太多事先的计划。

25. 你选择的生活充满着：

（J）日程表和组织。

（P）自然发生和弹性。

26. 哪一项较常见：

（J）你准时出席而其他人都迟到。

（P）其他人都准时出席而你迟到。

27. 你是这种喜欢……的人：

（J）下定决心并且做出最后肯定的结论。

（P）放宽你的选择面并且持续收集信息。

28. 你是此类型的人：

（J）喜欢在一段时间里专心于一件事情直到完成。

（P）享受同时进行好几件事情。

根据上述问题的答案，可以看出自己在四个轴各自的倾向性（用四个字母表示），从而得到自己的MBTI性格类型。这四个轴的二元通过排列组合形成了16种性格类型，查询一下哪些职业可能比较适合你自己。

MBTI 16种性格类型的职业倾向

ISTJ • 管理者 • 行政管理 • 执法者 • 会计 或者其他能够让他们利用自己的经验和对细节的注意完成任务的职业。	ISFJ • 教育 • 健康护理（包括生理、心理） • 宗教服务 或者其他能够让他们运用自己的经验亲力亲为帮助别人的职业，这种帮助是协助或辅助性的。	INFJ • 宗教 • 咨询服务（包括个人、社会、心理等） • 教学/教导 • 艺术 或者其他能够促进他们情感、智力或精神发展的职业。	INTJ • 科学或技术领域 • 计算机 • 法律 或者其他能够让他们运用智力创造和技术知识去构思、分析和完成任务的职业。

续表

ISTP • 熟练工种 • 技术领域 • 农业 • 执法者 • 军人 或者其他能够让他们动手操作、分析数据或事情的职业。	ISFP • 健康护理（包括生理、心理） • 商业 • 执法者 或者其他能够让他们运用友善、专注于细节的相关服务的职业。	INFP • 咨询服务（包括个人、社会、心理等） • 写作 • 艺术 或者其他能够让他们运用创造和集中于他们的价值观的职业。	INTP • 科学或技术领域 或者其他能够让他们基于自己的专业技术知识独立、客观分析问题的职业。
ESTP • 市场 • 熟练工种 • 商业 • 执法者 • 应用技术 或者其他能够让他们利用行动关注必要细节的职业。	ESFP • 健康护理（包括生理、心理） • 教学 / 教导 • 教练 • 儿童保育 • 熟练工种 或者其他能够让他们利用外向的天性和热情去帮助那些有实际需要的人们的职业。	ENFP • 咨询服务（包括个人、社会、心理等） • 教学 / 教导 • 宗教 • 艺术 或者其他能够让他们利用创造和交流去帮助促进他人成长的职业。	ENTP • 科学 • 管理者 • 技术 • 艺术 或者其他能够让他们有机会不断承担新挑战的工作。
ESTJ • 管理者 • 行政管理 • 执法者 或者其他能够让他们运用对事实的逻辑和组织完成任务的职业。	ESFJ • 教育 • 健康护理（包括生理、心理） • 宗教 或者其他能够让他们运用个人关怀为他人提供服务的职业。	ENFJ • 宗教 • 艺术 • 教学 / 教导 或者其他能够让他们帮助别人在情感、智力和精神上成长的职业。	ENTJ • 管理者 • 领导者 或者其他能够让他们运用实际分析、战略计划和组织完成任务的职业。

3. 自我技能探索

技能是人们通过后天学习和练习而获得的能力，通常表现为某种动作系统和动作方式。能力是人们顺利实现某种活动的心理条件，它不仅包含了一个人现在已经达到的水平，而且包含了一个人所具有的潜力。一般我们的技能经常是与以后的工作联系在一起的。技能主要分为专业知识技能、可迁移技能、自我管理技能。只有将三种技能结合在一起，才能真正达到提高丰富自我技能的目的。

能力与几个概念的区别与联系：

（1）能力倾向/技能

能力倾向是你的天赋和潜能，区别于你已经发展起来的技能。

举例："她是块跳舞的材料"，其实指的就是一种舞蹈的能力倾向，其表现出来的特性有身材匀称、协调性好、节奏敏感度高等。虽然现在她还不会跳舞，但如果接受一定的训练，她的舞会跳得比一般人更好。技能则是指在能力和知识的基础上，通过反复练习发展起来的能力。

（2）能力和兴趣的区别

兴趣和能力常有相同的类型和名称，它们之间的联系确实也很密切。我们有兴趣的事物，常常比较容易培养出相应的能力。但是能力和兴趣不能画上等号，它们之间可能存在冲突。兴趣说明的是我们喜欢做什么，而能力则说明的是我能够、擅长做什么，喜欢做什么和擅长做什么不一定重合。

举例：你喜欢足球，但从小身体弱，不能亲自上场踢比赛，只好通过观看足球比赛来满足自己的爱好；你能写一手好字，但并不喜欢帮人写宣传广告，碰到这样的事总是能躲就躲。兴趣和能力是两个不同而又相互独立的概念。

职业能力是在职业活动中需要具备的能力。职业能力直接影响职业活动效率和职业活动是否能够顺利完成。职业能力可分为专业知识技能、可迁移技能和自我管理技能。

①专业知识技能。专业知识技能是指具体的、专业化的、针对某一特定工作的基本技能。例如会计记账、教师讲课、医院人员解释心电图等。这些技能涉及你学习的科目，它们是你所懂得的东西，一般用名词来形容。比如政治学、经济学、汽车制造、机械设计等。专业知识技能除了通过正式的专业教育之外，还能通过课外培训、专业会议、讲座或研讨会、自学等学到。

②自我管理技能。通常指一个人的行事风格或特点，一般用形容词或副词来表达。比如，认真的、严谨的、有创造力的等。但是它们实际上也是一种能力。无论一个人是先天具有还是后天习得，它们都需要学习和练习。用人单位对它们的重视程度也越来越高。自我管理技能可以非常容易地从非工作生活中迁移到工作领域。

③可迁移技能。可迁移技能指在某一种环境中获得，并可以有效地移用到其他不同环境中去的技能，是一个人能够持续运用和最能够依靠的技能。如从事保险推销员工作时练就的善于与人们沟通交往的技巧，在其当上公司的销售经理时，也极有可能用到

这些技巧去同客户打交道，建立良好的关系。可迁移技能通常用动词来表达。比如，教学、组织、说服、管理、计算、调查、分析、设计等。可迁移技能可以从生活中的方方面面得到发展，同时又可以很容易地被迁移到其他情境中。

【练一练】

撰写成就故事

请写出生活中令你有成就感的具体事件并对其进行分析，看看你在其中使用了哪些技能（尤其是可迁移技能）。这些"成就事件"不一定是工作或学习上的，也可以是课外活动或家庭生活中发生的，比如同学聚会、一次美好而难忘的旅游，等等。它们不必是惊天动地的大事，只要符合以下两条标准，就可以被视为"成就"：①你喜欢做这件事时体验到的感受；②你为完成它所带来的结果感到自豪。如果同时你还获得了他人的认可和表扬那就更好了，不过这并不重要。

在撰写成就故事时，每一个故事都应当包含以下要素：①你想达到的目标，即需要完成的事情。②你面临的障碍、限制或困难。③你的具体行动步骤，即你是如何一步步克服障碍、达成目标的。④对结果的描述，即你取得了什么成就，最好能够量化评估（用某种方法量化或以数据说明）。

至少写出五个故事（越多越好）。如果有条件的话，请和两三个同伴一起逐个进行分析讨论，在其中你都使用了一些什么样的技能。最后看看在这些故事中是否有重复出现的技能，它们就是你喜爱施展并擅长的技能。将这些技能按优先次序加以排列。

---

4. 自我价值观探索

什么是价值观？其实价值观就是我们在生活和工作中所看重的原则、标准或品质。它指向我们一生中最看重的东西，因此它也是一套自我激励机制。舒伯认为职业价值观是个人追求的与工作有关的目标，即个人的内在需求及从事活动时所追求的工作特质或属性。它是人生价值观在职业问题上的反映。从价值观的角度来说，职业发展成功还是失败的判别就是你是否得到了你想要的生活，你的职业所带来的生活方式是否符合你的价值观念。

简单地说，价值观就是你的一个过滤器。它决定了什么对你最重要，什么对你不重要，什么是有意义有价值的，什么是无聊乏味的。如果你的价值观与你的工作相吻合，那么你会觉得很开心，很带劲；如果不相吻合，那么就会感到很无奈很痛苦。而这些感受通常是金钱和威望不能弥补的。有些人虽然勉强从事着一份与自己价值观不符的工作，但是却以损失情感、精神甚至是身体为代价。

很多人在工作中最看重的是能够有更多的培训和学习机会，有较大的发展空间；还有很多人在工作中最看重的是创造性、挑战性，这样可以使他们更具活力；也有一些人最看重的是能否有更多的休闲时间，有没有假期，能不能更多地与家人待在一起；还有一些人看中的是获得更多的报酬与金钱，以便过上上等的生活；等等。

职业价值观也称择业观，是价值观在职业选择上的体现，它对人们的择业决策起着指导和决定性作用。我们考察职业价值观是在职业选择和职业生活中，在众多的价值取向里优先考虑的那种价值。

【练一练】

回旋沟通

1. 如果我有 100 万美元，我将 ______________________________。
2. 在生活中我最想得到的是 ______________________________。
3. 如果我只剩下 24 小时的生命，那我将 ______________________________。
4. 我将给我的孩子的忠告是 ______________________________。
5. 如果在一场大火中我只能救出一件东西，那么它将是 ______________。

【小游戏】

“我的五样”

在我们的生命中需要许多东西，有许多想要的东西，就像在自选超市中，我们拿着购物筐什么都想装进来。但是，现在要你在这琳琅满目的东西中，只能选择在你生命中对你最重要的五样东西。这五样东西，可以是实在的物体，比如食物、水或钱；也可以是人或动物，比如父母、朋友、兄弟姐妹、宠物等；可以是精神追求，比如宗教或理想；也可以是爱好和习惯，比如旅游、音乐或吃素；可以是抽象的事物，比如理想和信念；也可以是具体的物品，比如一个瓷瓶或一组邮票。总之，你要把你生命中、内心中最珍贵、最重要的五样东西找出来，然后把它写在纸上。

活动程序：

请在白纸上端中间郑重地写下你的名字。

请写下你生命中最重要的五样东西。

请你拿起笔，在你的“人生五样”中去掉一个。

命运是残酷的，它又在向你发起挑战。你必须在剩下的四样中再划掉一样。

命运又在捉弄你，你又遇到了人生的重大变故，在剩下的三样最珍贵的东西中，还得去掉一样。

最后从你仅剩的两个挚爱中再涂掉一个！

你的纸上只剩下了一样东西，这就是你最宝贵的东西！

按照涂掉的先后顺序给你的“人生五样”重新排序，好好记住这个顺序吧，它们就是你的人生优先排序。与同学分享自己的感受！

第三节　工作世界探索与职业决策

【导入】

头脑风暴

列举出与手机相关的尽可能多的职业，并将所有联想到的职业都记录到黑板上。

讨论：从这个活动中你想到了什么？

简单的一个手机，涉及许多的人和职业，比如从管理到制造，从研发到市场。很多专业和技能是可以相通的，同一专业可以从事很多职业，比如机械设计专业毕业的学生，可以从事助理、售前工程师等与人打交道的工作，也可以做研发等与概念相关的工作。因此，探索工作世界也是我们在职业中具有主动性的重要表现。

一、工作世界探索

正所谓知己知彼，百战不殆，只有了解外界的环境，才能更好地发挥自己的才干。

1. 职业世界探索的作用

（1）促进正确的生涯决策

如果同学们能够清晰、全面地了解工作世界，知道尽管毕业生众多，竞争激烈，只要自己仔细了解企业用人要求及工作发展的普遍路径和规律等，就能够结合自己的特点在社会中找到属于自己的工作，从而做出合理的生涯决策，而不是盲目跟风追逐所谓的“好工作”，最后却迷失在求职大军中。

在探索工作世界的过程中，有的同学往往会陷入两难的境地。比如，前往大城市找一份不稳定、目前也不很理想的工作，但是未来的学习、发展机会可能会很多；回到家乡小城镇有个待遇不错的、稳定的工作，但是自己将来的发展前景非常有限，缺乏挑战性。世间的事没有完美的，外部条件总给我们设立这样或那样的限制，看上去似乎很难，也会有些沮丧，但是深入地思考，就会发现我们正是在这种两难的选择当中，越来越知道什么是对自己真正重要的，也越来越了解自己是谁，从而调整自己的行动，走出属于自己的生涯道路。

（2）培养和提升能力

很多同学寄希望于学校、职业辅导老师或其他专业的职业辅导工作人员能告诉他们工作世界是什么样的，但结果常常令人失望，每个人（包括专业的职业辅导人士）由于个人知识、经验的局限，不可能完全掌握所有工作世界的信息，所以工作世界的探索更多地需要同学们自己来完成。在这个探索的过程中，同学们可以培养和提升自己的很多能力，比如自我管理能力中的为自己负责任，可迁移技能中的沟通、搜集、观察等。

（3）进一步认识和了解自己

在探索工作世界的过程中，会调整自己的认知，放弃一些因为现实条件所不能选择的东西，这个过程会使个体更加清晰哪些东西是自己真正重视的，哪些东西是对自己真正重要的，也越来越了解自己是谁，从而调整自己的行为，走出属于自己的生涯道路。

2. 生涯人物访谈

生涯人物访谈是了解工作世界的一个重要方法，处于近与远的中间，在效率和信息的真实性上有比较好的平衡。这种方式是指同学们对身居自己感兴趣职位的人进行采访。接受采访者最好是在这个职位上已经工作了 3 ~ 5 年甚至更长时间的人。为防止访谈中的主观影响，应至少访谈两个，如既与成绩卓然者谈，也与默默无闻者谈，这样效果会更好。访谈时，同学们应明确访谈的目的是收集供职业生涯决策的信息，而不是利用生涯人物来找工作，以免引起双方的尴尬。

建议同学们在正式进行访谈前，至少做两件事：一是为自己准备一个“30 秒广告”，因为在访谈过程中，对方可能会问到你一些情况，比如你的职业兴趣和目标等；二是对需要提出的问题做一些准备，这样有助于访谈的深入进行，能够取得较高的效率。

（1）进行生涯访谈的流程

①找到人。找到人被大学生认为是很困难的一件事，但仔细想想其实这也是不难的。比如自己院系老师的推荐，父母亲人及他们的朋友，各种职业 QQ 群，各种专业论坛，博客，网站等，只要是可以提供交流的平台，就有已经工作的人，只要你多问问，是很轻松就可以找到人的，只不过让人家马上答应你的访谈是有点难的。

②确定人。其实确定人远远比找到人难，因为你找到的很多人都是陌生人，而人家又不欠你一个访谈，所以如何运用技巧让人家答应你接受访谈才是能力的体现。一般来说人都是友善的，大家都是愿意积极进取的热心青年，尤其是你的请教曾经是他的遗憾时，他更乐意帮助你。所以，感谢是第一要素，共情是关键因素，赞美是促进因素，掌握好这三点，再辅之以较短时间如 15 分钟的约定是很容易确定访谈对象的。

③准备好访谈提纲。当你拿到人家提供给你的 15 分钟或 1 小时的时间时，你要体现这些时间的价值尤其是让人家感到有价值是很难的，不能在闲聊中浪费人家的时间，否则人家也是不满意的，所以制订一个访谈提纲就很重要了。具体内容可以参照下文里的访谈内容的介绍，但一定要注意的是你的问题最好不要超过你所约定的时间，除非人家愿意并主动提出延长时间。

④正式访谈。正式访谈时，准时是第一要求，包括准时开始与准时结束。在访谈中如果人家明确表示不愿意或不耐烦，那你一定要及时结束，因为这里的问题一定是自己

的，所以你要回去总结，而不能无效地僵持，与其在不愉快中拖延到结束，还不如主动离开以少占用别人的时间。所以在正式访谈前的预演很重要，如果可能，最好找个伙伴一起做预演。

⑤汇报与感谢。无论你是以什么样的心情和状态结束访问的，事后你都要将访问的记录和个人的心得提交给人家：一方面是对别人的价值肯定，一方面也是让人家给你具体的建议与评价，同时也是自己有礼貌的表现。要注意的是，一定要把自己的心得写下来，还要表示对人家的感谢。

（2）都要访谈什么内容

①访谈对象的基本情况。包括他目前在哪个单位工作，什么岗位、什么职务，他的个人基本信息。

②他的工作状态。包括他是怎样找到或做到这个岗位的，他平常一天的工作是怎样的，岗位的核心工作内容和职责是什么。

③入职的任职资格。包括他认为这个岗位或职业的核心知识、技能及经验是怎样的，什么样的证书、培训是做这份工作所必需的，个人什么样的素养和品质是此岗位的必备条件，访谈对象在大学期间是如何准备的，大学生应怎样做才更容易进入这个工作领域（前提是让访谈对象充分了解你）。

④职业的发展前景。包括这个职业的一般薪酬标准和潜在收入空间，这个职业的一般晋升发展路线是什么，这个职业在我国及全球的发展前景怎样，和这个职业相关或相似的职业有哪些等。

（3）职业访谈的注意事项和忠告

①找人是个问题，但不是影响你做不做职业访谈的决定性因素，其实当你做了之后就会发现，如何问出你想要的答案才是最难的。

②你提出的问题是要仔细思考的，不能不经大脑。

③确定贵人是偶然的，但如果你不去访谈，贵人是不可能自动且主动地来找你的。

④访谈不一定就是见面聊，电话、邮件都可以，但尽量不要 QQ 交谈，那样太浪费人家的时间，况且也说不清楚。

⑤整理录音或记录文字是件烦琐的事，但这是你必须要做的事情，除非你让人家给你用文字作答。

⑥你最好搭个伴，这样当你们一起敲陌生人的门或者访谈时都会有个照应，更重要的是鼓励你能够完成此次生涯人物访谈作业。

以下是一些问题举例：

- 在这个工作岗位上，每天都做些什么？
- 你是如何找到这份工作的？
- 你是如何看待该领域工作将来的变化趋势的？
- 你的工作是如何为实现组织的总体目标贡献力量的？

- 你所在领域有“职业生涯发展通路”吗?
- 本职业需要什么样的人?
- 到本领域工作所需的基本前提是什么?
- 就你的工作而言，你最喜欢什么?最不喜欢什么?
- 什么样的初级工作最有益于学到尽可能多的知识?
- 本领域初级职位和略高级职位的薪水是多少?
- 工作中采取行动和解决问题的自由度如何?
- 本领域有发展机会吗?
- 本工作的哪部分让你最满意，哪部分最有挑战性?
- 什么样的个人品质或能力对本工作的成功来讲是最重要的?
- 你认为将来本工作领域潜在的不利因素是什么?
- 依你所见，你在本领域工作遇到了什么样的问题?
- 对于一个即将进入该工作领域的人，你愿意提出特别建议吗?
- 本工作需要特别的知识、技能和经验吗?
- 这种工作需要什么样的教育或培训背景?
- 公司对刚进入该工作领域的员工提供哪些培训?
- 还有哪些方法能帮助我深入了解该工作领域?
- 你的熟人中有谁能做我下次的采访对象吗?当我打电话给他的时候，可以用你的名字吗?
- 根据你对我的教育背景、技能和工作经验的了解，你认为我在做出最终决定之前还应在哪个领域、什么样的工作上进行深入的调查研究呢?

3. 个人职业库的构建

工作世界的信息浩如烟海，对处于大学阶段向社会不断观望的大学生而言，确实会存在搞不清应该从哪儿入手的窘境，更谈不上如何进行了。如果有一个探索范围，则会容易很多。通过前面单元的“自我探索”可以帮助个人初步形成一个的探索范围。自我探索中的兴趣、性格探索，每一部分最后有相应适合的职业出现。此外，每个人还有自己心目中理想的职业，可以把它们也列出来。这样就获得了一个职业清单，看看这些职业有什么共同点，就可能启发你想到更多值得探索的职业。结合你的能力和价值观再次从职业清单中进行筛选，最终就得到你预期的职业库。

简单举例说，学生小王期待做商业方面的工作，但是具体选择什么工作因其对社会还不太了解而难以决定。性格探索的结果是他适合做人力资源管理、咨询顾问、教师等，兴趣探索的结果是他应该做社工、教师、培训人员，能力探索的结果是他可以做教育、销售、客户服务等工作，价值观探索的结果是他期待做服务、自由职业、护理等工作。从小王职业探索得出的各种选择中，我们可以看到，教师职业、教育工作出现的频率最高；社工、客户服务、服务、护理等虽然名称不同但都明显体现了帮助他人的特点。所以，最适合小王的职业首先具有与人打交道、帮助他人的特点，其次还有沟通性、商业性等特点，由此他可以列出或搜索一些符合这些特点的职业，比如培训、咨询顾问、客户服务等，进行详细调查。

研究表明，在做决策时，太多的信息容易让人迷失，反而使人拿不定主意；而过少的信息又起不到让当事人了解客观事实的作用。所以，在形成预期职业库的时候，库的大小根据自己的情况要有适当的平衡，通常 5 ~ 10 个职业调查是比较适中的。在信息探索过程中，抛开自己固有的想法，保持开放的心态，就容易获得客观的信息，也将有助于个人职业生涯的构建。

二、职业生涯决策

决策是为了达到一定目标，采用一定的科学方法和手段，从两个以上的方案中选择一个满意方案的分析判断过程。

职业决策是一个复杂的认知过程，通过此过程，决策者组织有关自我和职业环境的信息，仔细考虑各种可供选择的职业前景，做出职业行为的公开承诺。

我们可以看出，职业决策是一个过程，而不单单是一种结果。生涯发展过程中面临许多需要决策的问题，高三学生面临选填大学志愿，大学四年级的学生面临考研和就业，中年业务部经理想要转业，全职妈妈想要二度就业等，但你往往认为选择决策只是面临选项的时候才发生的事情。其实，人每天都在面临选择。因此，需要使决策成为学生普遍拥有的一种能力。

1. 职业决策的特征

（1）决定即存在

我们的决定，决定了我们，这是存在主义大师萨特的名言。今天你之所以在这里是你昨天选择的结果，明天你将去哪里也是你今天决策的结果。

【举例】

今天我要穿什么衣服，评估一下我的感受，核实一下天气预报，还要考虑户外活动多久，做什么，和什么人会面。决定穿什么是以了解自己和你有哪些选择为基础的。

（2）决定的难为：不确定与难舍

做决定通常会伴随着焦虑，焦虑的来源很多，其中大部分来自“不确定”和“难舍”。做决定让人坐立难安的根源是对选择的“不确定感”。我什么都不害怕，也不害怕丢钱，但我害怕不确定性。也许你会问：我怎么能够知道从长远来看，选择 A 会比选择 B 更好呢？做决定让人坐立难安的另一个根源是对选择项目的“难舍”。鱼和熊掌难以兼得是另外一种煎熬。抉择从表面上看是“取”，反面是“舍”，一体两面，难以割舍。驴子在两堆草中间饿死就是鲜活的例子。决定做出后，会经历“下决定的后悔期”，其特征是对所“取”者缺点的评价值会上升，而其优点的评价值会下降，所“舍”者相反。经过短暂的天人交战，一种选择是肯定先前决定的正确性，另一种选择是全盘推翻，重新来过。

有人发展出一套股票买卖的经验法则。买股票靠 IQ，卖股票靠 EQ。IQ 是逻辑分析，EQ 是难舍能舍，在做决定时两者的重要性不分上下。

（3）决定的复杂：剪不断，理还乱

生涯决策的问题之所以造成困扰，在于其影响因素之纷杂，往往使人剪不断，理还乱，陷在生涯选择的泥沼中。

（4）决定的要素：“轻重”与“概率”

职业决策的两个基本点是选择因素的“轻重”和“概率”。选择因素的“轻重”与难舍有关。轻重的权衡使得个体必须舍轻就重，如何介于伯仲之间则形成难以割舍的局面。选择项目的“概率”与不确定有关。不确定是笼统的感觉，涉及对选择项目能否达成选择因素要求的一种心理期待，期待的量化就是概率。

2. 职业决策风格

生涯决策不同类型的表现有以下几种。

（1）理智型

此种类型合乎逻辑，系统地收集生涯相关的充分信息，且分析各个选项的利弊得失，按部就班，以做出最佳决定。

（2）直觉型

此种类型是凭借自己在特定情境中的感受或者情绪反应，做出直接的决定。这类型的人做决定全凭感觉，较为冲动，很少能系统地收集相关信息，但他们能为自己的抉择负责。

（3）依赖型

此种类型是指等待或依赖他人为自己收集信息且做决定，较为被动和顺从，十分关注他人的意见和期望从而选择。

（4）回避型

此种类型拖延不果断，倾向于不考虑未来的方向，不知道自己的目标，不思考，也不寻求帮助。

（5）自发型

此种类型不能容忍决策的不确定性以及由此带来的焦虑情绪，具有强烈的及时性，对快速做决策的过程有兴趣。

总的来说，理智型、直觉型和自发型这三种风格比较积极主动，而依赖型和回避型则比较消极被动。不同的决策风格都有其优劣之处，可以在某种程度上满足决策者的需要，重要的是识别自身的决策风格，并有针对性地进行调整。

3. 生涯决策的注意事项

决策制订是一种广泛的生活技能，良好决策的重要性不言而喻，如果决策不正确，执行力越好越糟糕。天道有时惩勤，你辛辛苦苦往上爬一架梯子，然而多年以后等你爬到顶端，才发现原来梯子搭错了墙。

（1）最佳标准（理想标准）和接受标准（妥协标准）

做一个决定通常会在“退而求其次”的过程中完成。最佳选择往往不是中选项目，最后被选中的几乎都是次佳的选项。次佳却是最合适你的选择。

（2）我们关注过程，而不是结果

职业规划不是一个确定的选择，而是一个过程。将注意力集中在生涯决策的过程上，而不是一个选择的事件上。如果你考取了选调生，同时还考取了研究生，请问你如何决策？如果两个学生面临同样的抉择，选择可能会不同。

（3）消极认知重构为积极思维

发现自己头脑中的许多垃圾，把消极认知重构为积极思维。不是没办法，而是过去的方法失效了，需要探索新办法。

说法 1：当我必须做决定时，我会变得很焦虑，以至于我无法思考问题。

说法 2：许多人在制订重大决策时都会很焦虑，焦虑的确使清晰的思考变得更难，然而放弃决策或依赖他人做决策对我来说都不是好主意，在有能力的人的帮助下，我能获得我需要的信息。

（4）决策的理性与非理性

感性与理性决策宛如太极图，就动态的观点，理性的极致蕴含着感性，感性的极致蕴含着理性，秋水共长天一色，动静相生，尽在其中。遇到情绪波动的时候不做重大决定。

（5）生涯决策技巧的广泛应用

生涯决定的技巧可以通过学习获得。形形色色的决策技巧经过实验证实，可以通过学习迁移的过程应用在其他相似的情境。

【小组活动】

我的职业决策发表会

根据上课前的扑克牌分组的情况组成若干 4 人小组，每人一份“职业决策承诺书”。一个承诺人，三个见证人。要求同学们大声表述自己的职业目标和备选职业目标。比如：我会强化对第一优先选择的承诺，同时我还有第二和第三的选择。

大学阶段是重要的职业探索期，即扩大生涯空间与可能性。选择本身不是最大的问题，最大的问题是遵循或执行这个选择。根据我对同学们的了解，许多人是思想上的巨人，行动上的矮子。也许你已经制订了自己的十年规划，但是你问过自己："我明天干什么？"凡心有所想，必身体力行。

提示：实现理想的方式是用 20% 的时间把路看清楚，然后用 80% 的时间去"拉车"前行。

【拓展训练】

每人完成一份个人简历，在班级模拟面试。

【扩展阅读】

毛毛虫吃苹果

毛毛虫都喜欢吃苹果，有四只要好的毛毛虫长大了，各自去森林里找苹果吃。

第一只毛毛虫跋山涉水，终于来到一棵苹果树下。它根本不知道这是一棵苹果树，也不知道树上长满了红红的可口的苹果。当它看到其他的毛毛虫往上爬时，稀里糊涂地就跟着往上爬。没有目的，不知终点，更不知自己到底想要哪一颗苹果，也没想过怎样去摘取苹果。它的最后结局呢？也许找到了一颗大苹果，幸福地生活着；也可能在树叶中迷了路，过着悲惨的生活。不过可以确定的是，大部分的虫都是这样活着的，没想过什么是生命的意义，为什么而活着。

第二只毛毛虫也爬到了苹果树下。它知道这是一棵苹果树，也确定它的"虫"生目标就是找到一颗大苹果。问题是它并不知道大苹果会长在什么地方？但它猜想：大苹果应该长在大枝叶上吧！于是它就慢慢地往上爬，遇到分枝的时候，就选择较粗的树枝继续爬。于是它就按这个标准一直往上爬，最后终于找到了一颗大苹果。这只毛毛虫刚想高兴地扑上去大吃一顿，但是放眼一看，它发现这颗大苹果是全树上最小的一个，上面还有许多更大的苹果。更令它泄气的是，要是上一次选择另外一个分枝，它就能得到一个大得多的苹果。

第三只毛毛虫也到了一颗苹果树下。这只毛毛虫知道自己想要的就是大苹果，并且研制了一副望远镜。还没有开始爬时就先利用望远镜搜寻了一番，找到了一颗很大的苹果。同时，它发现当从下往上找路时，会遇到很多分枝，有各种不同的爬法；但若从上往下找路时，却只有一种爬法。它很细心地从苹果的位置，由上往下反推至目前所处的位置，记下这条确定的路径。于是，它开始往上爬了，当遇到分枝时，它一点也不慌张，因为它知道该往哪条路走，而不必跟着一大堆虫去挤破头。比如说，如果它的目标是一颗名叫"教授"的苹果，那应该爬"深造"这条路；如果目标是"老板"，那应该爬"创业"这条路。最后，这只毛毛虫应该会有一个很好的结局，因为它已经有自己的计划。但是真实的情况往往是，因为毛毛虫的爬行相当缓慢，当它抵达时，苹果不是被别的虫捷足先登，就是苹果已熟透而烂掉了。

第四只毛毛虫可不是一只普通的虫，做事有自己的规划。它知道自己要什么苹果，也知道苹果将怎么长大。因此当它戴着望远镜观察苹果时，它的目标并不是一颗大苹果，而是一朵含苞待放的苹果花。它计算着自己的行程，估计当它到达的时候，这朵花正好长成一颗成熟的大苹果，它就能得到自己满意的苹果。结果它如愿以偿，得到了一颗又大又甜的苹果，从此过着幸福快乐的日子。

第一只毛毛虫是只毫无目标，一生盲目，没有自己人生规划的糊涂虫，不知道自己想要什么。遗憾的是，我们大部分的人都是像第一只毛毛虫那样活着。

第二只毛毛虫虽然知道自己想要什么，但是它不知道该怎么去得到苹果，在习惯中的正确标准指导下，它做出了一些看似正确却使它渐渐远离苹果的选择。而曾几何时，正确的选择离它又是那么近。

第三只毛毛虫有非常清晰的人生规划，也总是能做出正确的选择，但是，它的目标过于远大，而自己的行动过于缓慢，成功对它来说，已经是明日黄花。机会、成功不等人。同样，我们的人生也极其有限，我们必须把握。单凭我们个人的力量，也许一生勤奋，也未必能找到自己的苹果。如果制订一个适合自己的计划，并且充分借助外界的力量，借助许许多多的望远镜之类的（在我们现实生活中可以理解为找个贵人帮自己），也许第三只毛毛虫的命运会好很多。

第四只毛毛虫不仅知道自己想要什么，也知道如何去得到自己的苹果，以及得到苹果应该需要什么条件，然后制订清晰实际的计划，在望远镜的指引下，一步步实现自己的理想。

其实我们的人生就是毛毛虫，而苹果就是我们的人生目标——职业成功。爬树的过程就是我们职业生涯的道路。毕业后，我们都得爬上人生这棵苹果树去寻找未来，完全没有规划的职业生涯注定是要失败的。

希望同学们在大学开始就拥有制订职业生涯规划的意识！

思考题

1. 职业生涯规划的步骤是什么？评估一下自己在生涯规划方面的情况，考虑哪些部分是需要特别努力的？

2. 大学生职业生涯规划中的自我探索主要包括哪些方面？你是如何看待的？

参考文献

［1］樊富珉．大学生心理健康教育研究［M］．北京：清华大学出版社，2002.

［2］韩进之．教育心理学纲要［M］.2 版．北京：人民教育出版社，2003.

［3］韩延明．大学生心理健康教育［M］．上海：华东师范大学出版社，2007.

［4］林信洁．戒毒人员心理健康指南［M］．成都：电子科技大学出版社，2017.

［5］刘电芝．儿童发展与教育心理学［M］．北京：人民教育出版社，2006.

［6］吴才智，蒋湘祁．大学生心理健康［M］.2 版．上海：华东师范大学出版社，2013.

［7］谢宝国，李冬梅．大学生生涯规划与职业发展［M］．北京：电子工业出版社，2011.

［8］郑希付．心理咨询原理与方法［M］．北京：人民教育出版社，2011.

［9］钟谷兰，杨开．大学生职业生涯发展与规划［M］.2 版．上海：华东师范大学出版社，2016.